學術筆記叢刊

札迻

〔清〕孫詒讓 著
梁運華 點校

中華書局

圖書在版編目(CIP)數據

札迻/(清)孫詒讓著;梁運華點校. -北京:中華書局,
1989.1(2012.2 重印)
(學術筆記叢刊)
ISBN 978-7-101-00374-1

Ⅰ.札… Ⅱ.①孫…②梁… Ⅲ.筆記-中國-清代
-選集 Ⅳ.Z429.49

中國版本圖書館 CIP 數據核字(2006)第 029924 號

責任編輯:張力偉

學術筆記叢刊
札 迻
〔清〕孫詒讓 著
梁運華 點校
*
中華書局出版發行
(北京市豐臺區太平橋西里 38 號 100073)
http://www.zhbc.com.cn
E-mail:zhbc@zhbc.com.cn
北京瑞古冠中印刷廠印刷
*
850×1168 毫米 1/32 · 14 印張 · 2 插頁 · 295 千字
1989 年 1 月第 1 版 2012 年 2 月北京第 3 次印刷
印數:5301-7300 冊 定價:43.00 元

ISBN 978-7-101-00374-1

前言

孫詒讓（一八四八——一九〇八）字仲容，號籀廎，浙江瑞安人。十九歲（清同治六年）中舉，曾官刑部主事。因淡於榮利，稱病家居著述達四十年。主要著作有札迻、周禮正義、墨子閒詁等二十餘種。札迻十二卷，是孫詒讓第一部問世之作，成於清光緒十九年（一八九三年）。全書校勘訂正了秦、漢至齊、梁間七十八種古書中的譌誤衍脱千餘條，是他三十多年研讀古書心得的集録。「凡所考論，雖復簡絲數米，或涉瑣屑，於作述閎恉，未窺百一，然匡違茜佚，必有誼據，無以孤證肊說，貿亂古書之真」，是他遵循的基本原則。俞樾曾給以高度評價，說他「精孰訓詁，通達假借，援據古籍以補正訛奪，根柢經義以詮釋古言，每下一說，輒使前後文皆怡然理順」。該書不僅對閱讀和整理有關古書可提供直接參考，而且對了解清代樸學及其研究方法，提高研讀和整理古書的能力，亦可得到有益的啟示。

札迻是孫詒讓自刻本，刊成於清光緒二十年。本書以清光緒二十一年八月重斠正修版本爲底本，凡有校改之處，均一一出注。胡懷琛札迻正誤共十二條，作爲附録，置於書末。由於點校者學力所限，錯誤之處，盼讀者指正。

一九八五年六月梁運華

俞序

昔人有謂盧紹弓學士者曰：「他人讀書，受書之益。子讀書，則書受子之益。」盧爲憮然，蓋其言固有諷焉。余喜讀古書，每讀一書，必有校正。所著諸子平議凡十五種，而其散見於曲園、俞樓兩雜纂者又不下四十種。前輩何子貞先生謂余曰：「甚乎哉，子之好治閒事也！」余亦無以解也。今年夏，瑞安孫詒讓仲容以所著札迻十二卷見示，讎校古書共七十有七種，其好治閒事，蓋有甚於余矣。至其精孰訓詁，通達叚借，援據古籍以補正訛奪，根柢經義以詮釋古言，每下一說，輒使前後文皆怡然理順。阮文達序王伯申先生經義述聞云：「使古聖賢見之，必解頤曰：『吾言固如是。數千年誤解，今得明矣。』」仲容所爲札迻，大率同此。然則，書之受益於仲容者，亦自不淺矣。余嘗謂校讎之法出於孔氏。子貢讀晉史，知「三豕」爲「己亥」之誤，即其一事也。昭十二年公羊傳：「伯于陽者何？公子陽生也。子曰：『我乃知之矣！』」何劭公謂：「知『公』誤爲『伯』，『子』誤爲『于』，『陽』在，『生』刊滅闕。」是則讀書必逐字校對，亦孔氏之家法也。漢儒本以說經，蓋自杜子春始。杜子春治周禮，每曰「字當爲某」，即校字之權輿也。自是以後，是正文字，遂爲治經之要。至後人又以治經者治羣書，而筆鍼墨灸之功徧及四部矣。夫欲使我受書之益，必先使書受我之益。不然，「割申勸」爲「周田觀」，「而肆赦」爲「內長文」，且不能得其句讀，又烏能得其旨趣乎？余老矣，未必更能從事於此。仲容學過於余，而年不及余，好學深思，以日思誤書爲一適，吾知經疾史恙之待治於仲容者，正無窮也。光緒二十一年夏，德清俞樾。

自序

詒讓少受性迂拙，於世事無所解，顧竊嗜讀古書。咸豐丙辰丁巳閒，年八九歲，侍家大人於京師澄褱園，時甫受四子書，略識文義。庋閣有明人所刻漢魏叢書，愛其多古册，輒竊觀之，雖不能解，然瀏覽篇目，自以爲樂也。年十六七，讀江子屏漢學師承記及阮文達公所集刊經解，始窺國朝通儒治經史小學家法。既又隨大人官江東，適當東南巨寇蕩平，故家祕臧多散出，閒收得之，亦絫數萬卷。每得一佳本，晨夕目誦。遇有鉤棘難通者，疑牾絫積，輒鬱轖不怡。或窮思博討，不見耑倪，偶涉它編，迺獲塙證，曠然昭寤，宿疑冰釋，則又欣然獨笑，若陟窮山，榛莽霾塞，忽覯微徑，竟達康莊。邢子才云：「日思誤書，更是一適。」斯語亮己，卅年以來，凡所采獲，咸綴識簡耑；或別紙識録，朱墨戢孴，紛如落葉。既又治周禮及墨翟書，爲之疏詁，稽覽羣籍，多相通貫，應時楄記，所積益衆。中年早衰，意興零落，惟此讀書結習，猶復展卷忘倦，綴艸雜遝，殆盈匧衍矣。竊謂校書如讐，例肇西漢，都水別録，閒舉譌文，若以「立」爲「齊」，以「肖」爲「趙」之類，蓋後世校字之權輿也。晉、唐之世，束晳、王劭、顔師古之倫，皆著書匡正羣書違繆，經疏史注，咸資援證。近代鉅儒，脩學好古，校刊舊籍，率有記述，而王懷祖觀察，及子伯申尚書，盧紹弓學士，孫淵如觀察，顧澗蘋文學，洪筠軒州倅，嚴鐵橋文學，顧尚之明經，及年丈俞蔭甫編修，所論著尤衆。風尚大昌，覃及異域，若安井衡、蒲阪圓所箋校，雖疏淺亦資攷證。綜論厥善，大氏以舊刊精校爲據依，而究其微恉，通其大例，精㪅博攷，不參成見。其諟正文字譌舛，或求之於本書，或旁證之它籍，及援引之類書，而以聲類通轉爲之鎋鍵，故能發疑正讀，奄若合符。及其蔽也，則或穿穴形聲，捃摭新異，馮肊改易，以是爲非。乾、嘉大師，唯王氏父子郅爲精博，凡舉一誼，皆塙鑿不刊。其餘諸家，得失閒出，然其稽覈異同，啓發隱滯，咸足餉遺來學，沾溉不窮。我朝樸學超軼唐、宋，斯其一耑與！詒讓學識疏譾，於乾、嘉諸先生無能爲役，然深善王觀察讀書雜志及盧學士羣書拾補，伏案㪅誦，恆用檢覈，閒竊取其義法以治古書，亦略有所寤。嘗謂秦、漢文籍，誼恉奥博，字例文例多與後世殊異，如荀卿書之「案」，墨翟書之「唯」、「毋」，晏子書之以「敚」爲「對」，淮南王書之以「士」爲「武」，劉向書之以「能」爲「而」，驟讀之，幾不能通其語。復以竹帛梨棗，鈔刊婁易，則有三代文字之通叚，有秦、漢篆隸之變遷，有魏、晉正艸之輥淆，有六朝、唐人俗書之流失，有宋、元、明校槧之羼改，逵徑百出，多歧亡羊，非覃思精勘，深究本原，未易得其正也。今春多暇，檢理匧臧，自以卅年覽涉所得，不欲棄置，輒取秦、漢以逮齊、梁故書雅記都七十餘家，丹鉛所識，按册迻録，申證厥誼，閒依盧氏拾補例，坿識舊本異文，以備甄攷，漢、唐舊注，及近儒校釋，或有囘穴，亦坿糾正，寫成十有二卷。其羣經、三史、説文之類，誼證緐博，別有著録，以竢續訂。凡所攷論，雖復觕絲數米，或涉瑣屑，於作述閎恉，未窺百一，然匡違茵佚，必有誼據，無以孤證肊説，貿亂古書之真，則私心所遵循，而不敢越者。儻坿王、盧諸書之後，以裨補遺闕，或有所取爾。編寫既竟，謹舉漢、唐以來校讐家之例，論厥要略，覬與學者共商榷焉。光緒十有九年十一月，瑞安孫詒讓敍。

目録

卷一

卷二

卷三

卷八

卷九

卷十

卷十一

卷十二

附録

札迻卷一

易乾鑿度鄭康成注聚珍版本。張惠言易緯略義校。

卷上

「君臣取象，變節相和。」

案：孔穎達易疏序引「和」作「移」，是，當據正。

「故易者，所以經天地。」官本校云：「錢本作『繼天地』。」

案：范欽本、盧見曾本及易正義引竝作「繼」，似是。後文云：「天子者，繼天理物。」

「度時制宜，作罔罟，以畋以漁，以贍人用。」

案：易正義引「作」下有「爲」字。「人用」作「民用」，此沿唐本避諱字。

「故三王之郊，一用夏正，所以順四時，法天地之道也。」

案：范、盧本竝作「法天地之通道」，杜臺卿玉燭寶典引同。此本誤挩。寶典又引鄭注云：「三微而一著，自冬至正月中爲天據後注，疑當作「自冬至至正月中爲泰」。郊之地。」疑當作「郊天也」。今本此注全挩，而書末後人附注中約引之，當參校補正。然杜氏所引，亦有挩誤。

「天子者，繼天理物，改一統，各得其宜。」

案：太平御覽七十六引作「改一統政」，玉燭寶典引作「改正統一」，疑當從杜引爲正。

卷下

「陽生秀白之州，載鍾名，太一之精也。」鄭注云：「『載』猶『植』也。齊人下疑挩「語」字。唐孫思邈有齊民月令，非鄭君所得引。月令云：『乾爲金。』今月令無此文，蓋以義推之。金於鍾律爲商，人象乾德而生殖之。一，姓也。商，名也。」

案：依注，則正文「載鍾名」下當有「商」字。

注云：「計下分三百八十五。」又云：「此爲計下分門，張氏略義引汪萊云：「宜爲『闊』。」時作法耳。計下分以四寸汪云：「宜爲『分』。」一爲中。」又云：「日月從黃道外則即計下分，汪云：「挩『闊』字。」從内則下。」汪云：「挩『狹』字。」

案：「計下分」竝當作「斗下分」。古麻周天三百六十五度四分度之一，分繫二十八次，冬至日在牽牛，故餘分在斗下者四分一，麻算家謂之斗分。晉書麻志引姜岌云：「殷麻以四分一爲斗分。」又王蕃云：「古緯斗下分七百三十三里十七步五尺一寸八分强。」宋書麻志祖沖之云：「六家麻其術斗分多。」此云「斗下分闊」，即謂「斗分多」也。「斗」與「計」艸書形近而誤。

「各居應其國中以動靜逆順。」注云：「各居其國者，甲乙屬東，於國各有所主，若甲爲齊，乙爲東夷，王者起於此國中。『動』謂河、洛之水，『靜』謂陵陸之地，以應動靜，謂之張云：「衍。」龍虵見於此。」

案：據注，則正文當作「各居其國中，以應動靜逆順。」今本「應」字錯著上句「居」字下，遂不可通。

「孔子曰：『洛書摘六辟曰建紀者，歲也。』」

案：「六」當作「亡」。初學記二十九引洛書摘亡辟，即此書也。易緯通卦驗云：「孔子表洛書摘亡辟曰『亡秦者，胡也』云云。」又六法有「七九摘亡」之文。是類謀亦云：「乙録摘亡，去惡降災。」注云：「摘其辟君爲惡者之名。」初學記六又引河圖云：「洛水者，地理陰精之官，帝王明聖，龜書出文，天以與命，地以授瑞，按天合際，居中護羣，王道和洽，吐圖佐神，逆名亂教，摘亡弔在，故聖人觀河、洛也。」此即洛書摘亡辟之義。「摘」與「讁」通。「摘亡辟」，言讁亡國之君也。

「泰表載干。」注云：「山爲石體，有以行懼盧本作「體」。難之器。云應在上六，於人體俱須。」

案：注「有以行懼難之器」，當作「有似扞難之器」，「懼」字衍文。「俱須」，疑當作「值頭」，竝形之誤。

「夬表升骨履文。」注云：「名夬者，五立於辰在斗魁，所指者北斗在骨足。履文，夬人之表象明也。」

案：依注説，則正文「升骨」當爲「斗骨」，隸書「斗」作「升」，與「升」形近而誤。

「遯表日角連理。」注云：「衡者，平地。連理，或謂連珠者。」

案：注「地」當作「也」。「連理，或謂連珠者」，白虎通義聖人篇引傳云：「伏羲日禄衡連珠。」羅泌路史太昊紀注引孝經援神契云：「伏羲日角而連珠衡。」宋均注云：「珠衡，衡中有骨，表如連珠。」鄭即據援神契校此書也。

「否表二好文。」注云:「細或謂之時。」

案:此注難通,疑「細」當作「緯」,言緯文「好文」二字,別本或作「之時」也。

「觀表出準。」注云:「艮爲山澤,山通氣,其於人體則鼻也。艮又門闕,觀謂之闕,準在鼻上而高顯,觀人表出之象。」

案:依注則正文「出準」當作「山準」。白虎通義云「伏羲山準」是也。注「觀人表出之象」,「出」亦當爲「山」。

「此皆律麻運期相一匡之神也。」

案:「相」下有缺字。「一匡」,「匡」當爲「匝」。大意言律麻運期迭相代,一周匝而復始也。

「初世者戲也,姬通紀。河圖龍出,洛書龜予,演亦八者七九也。」注云:「初世也,周禮曰:『凡日行水逆地功爲之不行。』或『勒』。伏羲初遺十言之教而畫八卦,至文王乃通其教,演著陰陽人象之言者也。」

案:此正文及注,范本、盧本皆殘缺,文不綴屬,惟官本略完備,然亦挩誤不可讀。攷工記匠人云:「凡溝逆地防謂之不行。」鄭蓋即引彼文。以文義推校緯文,「初世」當爲「防世」,注當作:「防世者,周禮曰:『凡溝行水逆地防謂之不行。』或作『勒』。謂正文「防」字或作「勒」。伏羲初造十言之教而畫八卦。」鄭意「戲」即伏羲,「防世」即指畫卦之事。今本正文及注「防」竝譌「初」,注引攷工記又譌「功」者,譌也。「溝」譌「日」,「謂」譌「爲」,「造」譌「遺」,又「或」下挩「作」字,遂不可通。「人象」疑

「爻象」之誤。

「以春秋西狩題范本作「顯」。釗表命。」

案：「釗」當作「劉」，形近而誤。謂題録漢受命之符也。上云：「題録興亡。」公羊哀十四年西狩獲麟傳，何注云：「夫子素案圖録，知庶聖劉季當代周，見薪采者獲麟，知爲其出。」即其義也。

「夫天道三微而成一著，三著而體成。」注云：「三微而成一著，自冬至至正月中爲泰卦。三著成體，則四月爲乾卦。以三微一著之義，則與三著成體不協，蓋寫之誤也。原經之義，三而成一，著一爻也，三著成體，乃泰卦也。是則十日爲微，一月爲著矣。十有八變而成卦之數，恐未盡注意，范本、盧本作「義」。故不改。」

案：此正文二句，與上文不相屬，而與前孔子説益六二義「三王之郊，一用夏正」章文正同。注「三微而成一著」二句，亦與玉燭寶典引鄭注略同。見前。以下云云，又皆駁鄭注義，蓋後人約舉正文及注，而駁正其義，舊本當別書附綴册末，傳寫者誤連屬末章之後耳。

注又云：「隨上六拘繫之，乃從維之言。六二欲九五拘之，推六既爲政應，又非其事，『六二』蓋當作『上六』，先師不改，故亦不改。」

案：此亦駁前説隨上六章「上六欲待九五拘繫之」之義，當別爲一條。審校文義，似所見本緯文「上六」誤作「六二」，今本二字已改正，故與此不相應也。下主歲之卦至末，又别駁鄭注義，當自爲一條，蓋原分三事，傳寫誤并爲一也。

易稽覽圖鄭康成注聚珍版本。

卷上

「推易天地人之元術。」注云：「已上寫出一紙本經，易緯無之。此於三備上録出，以廣本耳。」

案：此唐人校書所注補，蓋此術及上推天元甲子之術，皆三備文也。釋湛然止觀輔行記宏決云：「孔子有三備卜經，上知天文，中知人事，下知地理。」素問通評虛實論王冰注云：「形度具三備經。」又調經論注云：「循三備法，通計身形，以施分寸。」疑亦即指三備人事篇中有人身形法也。又史記孔子弟子傳正義引易中備，孔子爲商瞿筮，「當有五丈夫子」，亦即三備中篇之文。惠棟易漢學謂是辨終備，非也。隋書經籍志有易三備三卷，即此書。

「食外曰莘，食下曰根。」

案：「莘」當作「葉」，形近而誤。爾雅釋蟲云：「食葉蟘，食根蟊。」即此。

易辨終備鄭康成注聚珍版本。

「煌煌之耀，天爲之岡。」鄭注云：「皆以乾岡圖言盡繫於天也。」

案：正文及注「岡」竝當作「綱」，古微書引正文不誤。

「三五環復，七十六載閏反常。」注云：「言天終則後始者耳也。」

案：注「後」當作「復」，「也」字衍。

「慧隕，物恎悖淫。」

案：「恎」當作「怪」。下注云「物怪踴躍出見」云云，文義難通，疑當在此句下。

「負之傍害。」注云：「負之示聞。」

案：注「示」當作「未」。

「長大，卒嬉暴大楊。」注云：「楊楊，大貌也。」

案：依注，正文「楊」字當重，今本誤挩。

「沈藏相桐，水害澅滂滂。」注云：「沈藏，當藏以物。相當爲桐射發立也。」

案：此注與正文不相應，疑鄭意緯文「相桐」爲「相射」之譌，注當云：「桐當爲射發立也。」今本「當爲」下有「桐」字，乃校者不解而妄增。

「神靈悉存，八八通時。」注云：「在，察也。」

案：注「在」當依正文爲「存」，「存」、「在」形近而誤。

易通卦驗鄭康成注

聚珍版本。張惠言易緯略義校。

卷上

「孔子曰：『大皇之先，與燿合元。』」

案：禮記疏序引作「天皇之先，與乾曜合元」。

「君五期，輔三名。」

案：周禮、禮記疏序引「君」、「輔」下竝有「有」字，或賈、孔所增，非緯元文。

「遂皇始出，握機矩，表計宜，其刻曰蒼牙通靈。昌之成，孔演命，明道經。」

案：周禮疏序引「遂」作「燧」，「宜」作「寘」。書序疏引同。御覽七十八皇王部引作「表計寘圖」，又「牙」作「渠」。此注云「圖緯計演」，下注又云「作計演之圖」。下文「一角期偶」章注則云：「自虙戲方牙記此，「記」疑當爲「訖」。皆斗冥圖言之也。」「言之」疑當爲「之言」。參互校審，似當作「計寘圖」，今本挩誤。凡作「宜」、作「演」、作「冥」者，皆「寘」之譌。又「蒼牙」、「蒼渠」未知孰是。下注亦云「蒼渠」，似御覽不誤。

鄭注云：「矩，法也。遂皇，謂燧人，在虙羲前，始王天下，但持斗機運之法，指天以施教令，作其圖緯之計演，時無書，刻曰蒼精牙肩之人，能通神靈之意，謂虙羲將作易也。」

案：周禮序疏引燧人下有「風姓」二字。「但持斗機運之法」作「言遂皇持斗機運轉之法，指天以施政教」。又書序疏引鄭注云：「刻謂刻石而記識之。」今本無之。御覽七十八引「計演」作「計寘」，「時無書」下，有「刻石而謂之耳」六字，則書疏所引，即此處挩文也。又御覽「牙肩」作「渠肩」，亦通。

「虙方牙蒼精，作易無書以盡。」注云：「虙戲時質道樸，作易以爲政令而不書，但以畫見其事之形象而已矣。」

案：「慮」下當有「戲」字，御覽七十八引作「伏犧」可證。「盡」，御覽作「畫」，與注義合，當據正。

「後執期仲之歲，有人侯牙，渠倉軀演步，有鳥衡雌，始感龍鳳，興昌光提，亡鳥龜排。」

案：此文殊難通。詩大雅文王敘孔疏引作：「有人侯牙，蒼姬演步，有鳥將顧。」此「牙」下「渠」字衍。「蒼軀」當作「蒼姬」。「有鳥」下無「將顧」二字，檢後文「亡則地裂山淪鬼夜哭」下有「將顧」二字，注云：「執期者，五期三名也。有人侯牙眉牙肩之表，「眉」、「肩」二字，必有一誤。必爲侯者也。是謂文王演易而步之行也，「行也」上疑挩「步」字。時有赤鳥銜丹書受之。」與此正文相應。乃悟彼正文「將顧」并注皆當移著此「有鳥」之下。但此節「衡雌」以下當接何文，無古書援引可以校驗，以文義推之，疑當接下「坎候野十刃之魚四射」之下。蓋「衡雌」以下，至「黑而聖」，皆六法離法章之錯簡，故有「離炁亂」之文，而「六法」始乾，次離，次艮，次兑，次坎，而終於坤，與後注云「著六法，則以乾爲始，坤爲終」之文亦正符合。若如今本，則六法始艮，而乾乃次坎後，其誤明矣。

「七九摘亡，名合行之蒙孫。」

案：以下文校之，當作：「行之名合蒙孫。」

「興雷炁感，上鉤鈐躍。」

案：六法通例，皆以興亡對舉，此「上」當爲「亡」之誤。

「上之名行合，四卦炁亂也。」

案：以上下文校之，當作「亡行之名合」，「亡」，即所謂「七九摘亡」也。下又缺二字。後兑法云「亡行之名合胡誰」是其證也。「四卦」當屬「烝亂也」爲句，非亡者之名。

「興星感紀土五殘、無旗、枉矢見。」

案：「星感紀」疑當作「星紀感」。「土」當作「亡」。「無旗」疑當作「尤旗」，「尤」譌爲「无」，轉寫又作「無」。謂蚩尤旗也。史記天官書云：「五殘星，出正東東方之野。其星狀類辰星，去地可六丈。」「蚩尤之旗，類彗而後曲，象旗。見則王者征伐四方。」「枉矢，類大流星，虵行而倉黑，望之如有毛羽然。」是也。

「震烝于昴。」

案：疑當作「震烝逆乎昴」，上文云「坎氣逆乎陽」可證。

「權合寶。」

案：杜臺卿玉燭寶典引「合」作「含」，又引注云：「北方爲坎，權稱錘，在北方，北方主用藏，故曰含寶之也。」「之」字疑衍。今本注全挩。以注推之，似當以作「含」爲正。

「亡則地裂、山崙、鬼夜哭。」

案：此下當接下「七九摘亡，名合討吾」云云。

「法曰乾，其表握，合元斗，執機運。」

案：疑當作「其表握，執機運，合元斗。」後離法云「其表握衡合提翼」可證。

「其與侯房精謀，亡茀刺心斗。」

案：「與」當爲「興」，「興」與「亡」文亦相對。

「法曰坤。」

案：六法例説，其表德及興亡所感，又亡之名所合及代者所起之方，其謀法之人，諸法或備或否。惟坤則一切無之，必有佚挩。

「秦爲赤軀非命王。」

案：「軀」當爲「驅」，聲之誤也。言秦爲漢驅除，非受命之王。漢書王莽傳贊云：「昔秦燔詩、書以立私議，莽誦六藝以文姦言，皆亢龍絶氣，非命之運，聖王之驅除云爾。」顔注蘇林云：「非命，非天命之命也。」師古云：「言驅逐蠲除，以待聖人也。」

「虙羲作易，仲仲命德，維紀衡。」

案：玉燭寶典引「仲」字不重，「衡」作「衝」，是，當據正。

注云：「衡猶當也。維卦起數之所當，謂若艮於四時之數當上春。」

案：寶典引「衡」作「衝」，「維卦」作「維者」，「上春」作「立春」，竝當據正。

「以日冬至日始，人主不出宮。」注云：「冬至時，陽炁微，事欲静，以得其著定也。」

案：寶典引「宮」下有「室」字，注「冬至」下有「日」字，「陽氣」下有「微」字，「得」作「待」，是，當據正。

「天下人衆亦在家從樂五日，以迎日至之大禮。」

案：寶典引「在家」作「家家」。又引注云：「從，猶就也。日旦冬至，君臣俱就大司樂之宮，臨其肆樂。「肆」與「肄」通。祭天，圜丘之樂以爲祭，事莫大此焉，重之也。天下衆人亦家家往者，時宜學樂，此之謂。」今本注全捝，當據補。

「人主致八能之士，或調黄鍾，或調六律，或調五聲，或調五行，或調律厤，或調陰陽，政德所行。」官本校云：「按禮記月令孔疏作：『夏至，人主從八能之士，或調黄鍾，或調六律，或調五音，或調五聲，或調五行，或調律厤，或調陰陽，或調政德所行。』與此文異。」

案：寶典引「或調黄鍾」以下竝與孔同。又引注云：「致八能之士者，謂選於人衆之中，取於習曉者。使之調焉，謂和調之。五行者，五英也。律厤者，六莖也。陰陽者，雲門、咸池也。政德所行者，大夏、大護、大武三者也。」今本竝捝。

「人敬稱善言以相之。」注云：「相，助。差若言助之明心扣。」

案：寶典引作：「相，助也。善言助之明心和，此之謂也。」是，當據正。

「然擊黄鍾之磬。」

案：寶典引「然」下有「後」字，當據補。

「鼓用革焉。」官本校云：「按孫轂古微書作『鼓用馬革』。」

案：此與後「夏至鼓用黄牛皮」文正相對，孫本是也。寶典引亦同。又引注云：「鼓必用馬革者，冬至，坎氣也，於馬爲美脊爲亟心也。」今本全捝。

「鼓黄鍾之琴，瑟用槐木，瑟長八尺；吹黄鍾之律，閒音以竽補，竽長四尺二寸者。」

案：寶典引作「瑟用槐長八尺一寸」。又引注云：「瑟用槐者，槐棘醜橋，爾雅釋木「橋」作「喬」。取橑象氣上也。「取」下疑當有「其」字。上下代作謂之閒，閒則音聲有空時，空時則補之以吹竽也。」今本全挩。

注云：「火數七，於冬至之時吹之。冬至，水用事，水數六，六七四十二，竽之長蓋取之。」

案：周禮笙師賈疏引鄭注云：「竽管類用竹爲之，形參差象鳥翼。鳥，火禽，火數七，冬至之時吹之。冬，水用事，水數六，六七四十二，竽之長蓋取於此也。」文義較今本完備，當據補正。

「天地以扣應。」注云：「扣者，聲也。」

案：「扣」竝當爲「和」，形之誤也。寶典引注云：「天地以和，神應先是也。」今本挩。

「五官之府，各受其當。」

案：寶典引注云：「五府各受其職，所當之事，愛敬之至，無侵官也。」今本挩。

「人主之意慎，則蕤賓之律應。」注云：「人主之音慎，炁字似誤，是近意之戔。」

案：此注譌互不可通。以意推之，正文「意」字當作「音」，注「炁」字衍，「是近」二字當乙，「戔」當作「殘」，謂音近是意之壞殘之字。今本正文作「意慎」，文是而非鄭本之舊。

「此謂冬日至成天文，夏日至成地理。」注云：「天文者，謂三光也。地理者，謂五土也。三光行炤天下，冬至而數訖。五土以生萬物養人，夏至而功定。於是時祭而成之，所以報之也。」

案：寶典引注「行炤天下」作「運行照天下」，「養人」下有「民」字。

「瑟用桑木。」注云：「瑟用桑木者，柳槐條，取其垂，象炁下也。」

案：「柳槐條」當作「桑柳醜條」，此與前「瑟用槐木」注竝用爾雅釋木文。

「故曰，冬至之日，立八神，樹八尺之表，日中規其晷之如度者則歲美，人民和順，晷不如度者則其歲惡，人民爲譌言，政令爲之不平。晷進則水，晷退則旱，進尺二寸則月食，退尺則日食。」

案：周禮馮相氏賈疏引「立」作「置」，「規其晷」作「視其影」，寶典引作「視其晷」，下無「之」字。「人民爲譌言」作「人僞言」。「僞」、「譌」聲同，古字通。寶典及賈疏引注云：「神，讀如引題喪漸之引，書字從音耳。「引題喪漸」未詳，賈引無此十字。立八引者，椓杙於地，賈引「立」作「言」，「椓」作「樹」。四維二字寶典無，從賈引補。四中，寶典作「仲」，今從賈正。引繩以正之，因名之曰引。賈引「因」上有「故」字。必立引者，先正方面，賈引無「必」字。又「表」作「引」。於視日晷審也。賈引無「晷」字。又「也」作「矣」。譌言使政令不平，人主聞之，不能不或。「惑」、「或」通。爲表，或爲木也。」「譌言」以下二十一字，賈未引。又云：「晷進，謂長於度也。賈無此字。日行黃道外，則晷長，「日」下賈引有「之」字。晷長者陰勝，故水。寶典不重「晷長」二字，今從賈引補。晷短於度者，日行「日」下賈有「之」字。入進黃道之內，賈引無「之」字。故晷短，晷短者陽勝，是以旱。進尺二寸則月食者，月寶典無此字，今從賈引補。以十二爲數也，賈無此字。以勢言之，宜爲月不食。「不」字疑衍，賈引無。退尺今本周禮疏引緯文及注，此下竝衍「二寸」二字，非。寶典引無，今刪。則日食，賈引有「者」字。日賈引有「之」字。數備於十也。」賈引無。今本注全挩，當據補。

「謹候日。冬至之日見雲，送迎從下鄉來。」

案：「下」，寶典引作「其」，是，當據正。

卷下

「夫八卦驗常在不亡，以今八張云：「當爲『入』。」月八日不盡八日，候諸卦炁，各以用事時，炁著明而見。」注云：八張云：「當爲『入』。」月八日張云：「挩『不』字。」盡八日者，月弦日也。弦者陰炁得正而平，此候炁在地，屬陰，故八日張云：「當爲『以月』。」弦時用事者，若乾立冬，「乾」下當有「主」字。坎主冬至之謂也。」

案：此正文及注皆多挩誤，張氏亦未盡校正。周禮馮相氏疏引「八卦」下有「氣」字，「常在不亡」作「常不在望」，「八月」正作「入月」。注「八月」同。「盡八日」上，正有「不」字，皆當據補正。「入月八日」，即每月上弦之日，所謂不在望也。今本「不在」二字誤到，「望」譌「亡」，「入月八日」譌作「八月八日」，皆不可通。

「炁出右，萬物半死。」

案：寶典引「死」作「不生」。注同。

注云：「霜物未偏收。」張云：「『霜』下脱『降』字。」

案：寶典引「降」字不挩，當據補。

「炁出右，天下旱；炁出左，涌水出。」

案：寶典引「旱」作「大旱」，「涌水出」，「出」上有「大」字。

注云：「冬至右，小雪之地。大、小雪，二炁方凝其下，難，故旱。小雪，水方盛，水行而出涌之象也。」張云：「『小雪』當爲『大雪』。『大小雪』，『小』字衍。『小雪』，『雪』當爲『寒』。」

案：寶典引作：「冬至之右，大雪之地；左，小寒之地。大雪，雨氣方凝其下，難，故早。小寒，水方盛。」此與張校合。竝當據正。張校未當。

「炁出右，萬物霜；炁出左，山崩，涌水出。」注云：「萬物之生，而艮炁見於大寒之地，故霜。艮炁見於驚蟄之地，山崩，涌水則出也。」張云：「『霜』當爲『傷』。注同。」

案：寶典引仍作「霜」。注同。「萬物之生」，「之」作「方」。「山崩涌水則出也」，作「山崩之象也，山崩水則出也」。文較今本爲備。

「炁出右，萬物半死。」注云：「物未可盡生，故半死。」

案：寶典引「物」字上有「雨水之時」四字。

「人民疾淫。」

案：「淫」，寶典引作「温」。

「炁出右，風櫪木。」注云：「今失其位，爲之風。」

案：寶典引作「今失其位，故爲傷物之風也」。

「炁出左，赤地千里。」注云：「赤地千里，言旱甚，且廣千里。穿井，井乃得泉。」

案：寶典引作「穿井乃得泉也」。

「兑，西方也，主秋分，日白，炁出直兑，此正炁也。」

案：寶典引「日」下有「入」字，當據補。

「炁出右，萬物不生。」注云：「兑主八月，其所生唯薺與麥。」

案：寶典引「生」下有「物」字。

又云：「兑失位，虎則爲害。」

案：「兑」下，寶典引有「氣」字。

「故曰，八卦變象，皆在於己。」注云：「己，人君也。上列八卦炁之非常而爲交異而著。」

案：注末當作「而爲灾異者」，「灾」、「交」，「者」、「著」，皆形近而譌。「而」字衍。

「期在百二十日内有兵。」注云：「百二十日内有兵，臣下欲試之兵也。」張云：「『試』當爲『殺』。」

案：當作「弑」。

「晷長丈三尺，陰炁去，陽雲出其，莖末如樹木之狀。」張云：「『其』，古『箕』通。」

案：「其」，寶典引作「萁」，亦即「箕」字。隸草从竹字多變从艸，漢碑及急就篇皇象本竝如是。

注云：「晷者，所立八尺之表，長丈三尺，長之極，後有減矣。陽始也起，故陰炁去於天，不復見，而陽雲出箕焉。」

案：寶典引作「晷者，所立八尺表之陰也」，「後有減矣」作「後則日有減矣」，「陽始」下無「也」字，疑衍。

又云：「二十四炁，冬至芒種爲陽，其位在天漢之南；夏至大雪爲陰，其位在天漢之北。」

案：寶典引二「至」下竝有「至」字，當據增。

又云：「術候陽雲於陽位而以夜。」

案：「術」上寶典引有「此」字。

「小寒合凍，虎始交，祭，虵垂首，曷旦入空。」張云：「月令疏引作『豺祭獸』，此脫。」

案：寶典引無「空」字。又引注云：「交，合牝牡也。祭，祭獸也。垂首、入穴，寒之徵也。」今本全挩。以杜所引注校之，緯文當作「豺祭」，今本及寶典竝挩「豺」字。注以「祭獸」釋之，明正文無獸字也。月令疏疑以意增，不足據。「入空」，疑當作「入穴」，寶典所引挩「穴」字，而注則不誤。

「倉陽雲出平。」張云：「孫瑴古微書引『平』作『氐』。」

案：寶典引「平」作「炁」，未詳。據注云宿次，當爲出尾，而言平，似誤者也，寶典未引。則孫引作「氐」亦非。

注云：「九二得寅炁，木也，爲南倉；從坎也，爲北黑。」

案：寶典引作「寅，木也」，無「炁」字。「從坎也」作「猶坎，坎，水也」。

「大寒雪降，草木多生心。」注云：「陰盛也。多生心，陽炁起也。」

案：寶典引作「雪隆，草木生心」，注作：「隆，盛也，多也。疑衍。生心，陽氣起。」今本「隆」誤作「降」，校者又改注以就之，大繆。

「楊柳椲。」注云：「柳青楊色也。椲讀如柘。楊稊狀如女桑秀然也。」張云：「『柳青楊』當作『柳楊青』。」

『柘』，疑當爲『稊』。」

案：寶典引「椲」作「桋」，注作「柳青楊也。桋讀如枯。楊生稊，易大過九二爻辭，釋文云：「稊，鄭作荑。」此仍與王弼本同。狀如女桑秀然也」。「椲」，杜作「桋」，是也。爾雅釋木云：「女桑，桋桑。」緯字本與爾雅同，故鄭云如女桑矣。杜引注文亦較完備，竝當據正。今本注「柘」字即「枯」之譌，張校未當。

「晷長丈一尺二分。」官本校云：「按後漢書律厤志注作晷長一丈一寸六分。」

案：寶典引作「一丈一寸二分」，與漢志注略同。

注云：「之雲如積水，似誤。」

案：寶典引「之」作「云」，是也，當據正。注末又有「也」字。

「雨水涷冰釋。」

案：寶典引無「涷」字，今本似衍。

「鶬鶡鳴。」注云：「倉庚鳴伏地。」張云：「『鶡』當爲『鴈』。」

案：寶典引「鶡」作「鴳」，注云：「倉，鴳蒼狀也。」杜氏又引爾雅釋鳥「鳸〔一〕鴳」經注以釋之，云：「鴳字與鶡字不同。」則緯本自作「鴳」字，張校誤。注有譌，未詳。

「驚蟄雷候應北。」注云：「電者雷之光。」舊本「電」、「雷」二字互易，今從寶典及張校正。

〔一〕「鳸」，原本作「雇」，據爾雅改。

案：寶典引作「雷電候鴈北」，是也，當據補正。

「桃始花。」

案：寶典引無「始」字。

「正陽雲出，張如積鵠。」官本校云：「編珠、古微書引作『白鵠』，此本疑挩『白』字。」

案：寶典引有「白」字。

注：「春分於震直初九，初九辰在子，震爻也。」張云：「乾初爻辰子。」

案：寶典引作「初在辰，震爻也」，似誤。

「玄鳥來。」注云：「玄鳥隨炁和乃至。」

案：「隨」，寶典引作「陽」。

「立夏清明風至而暑，鵠聲蜚，電見。早出。龍升天。」張云：「初學記引『鵠鳴聲，博穀蜚』，按注宜然，經注竝脱耳。」

案：寶典引亦作「鵠鳴聲，搏穀蜚」。杜注云：「古飛字也。」又引注云「電見者，自驚蟄始候至下疑挩此字。而著。早出，未聞。龍，心星」云云。今本注挩「電見者」以下十五字，當據補。

「當陽雲出觜，紫赤如珠。」注云：「立春張校改「夏」。於震直九四，九四辰在午也，午爲火，互體，坎炁相亂也，故紫赤色皆如珠也。」張云：「『春』當爲『夏』。」

案：寶典引「當陽」作「常陽」，注「立春」正作「立夏」，竝當據正。「直九四」，「直」作「在」；「坎」作

「故」;「皆如珠」作「如連珠」。

「小滿雀子蜚。」注云:「於此更言雀子蜚者,鳴鳥類也有先(張本作「似」)。大人之。」

案:寶典引「小滿」下有「小雨」二字,注作「鳴類已有光大」,疑當作「鳥類已有先大」。

「上陽(張本有「雲」字)。霍七星赤而饒。」注云:「小滿於震直六五,六五辰在卯,與震木同位,震木可曲可(張本無此字)直。五六,離爻,亦有互體。坎之爲輪也。饒,言其刑行四也。」張云:「『五六』當爲『六九』,『爲』當爲『象』,『刑行四』當爲『形紆曲』,『饒』蓋當爲『撓』。」

案:寶典引作「上陽雲出七星赤而饒饒」,(此與「芒種雲赤如曼曼」文例正同。)注作「小滿於震值六五,辰在震(疑衍)。卯,與震同位,木可曲直。六五,離爻也,亦有互體坎,坎爲弓輪之。(疑「也」之譌。)饒饒,列當(爲「形」)。紆曲者也」。當據校正。

「芒種蚯蚓出,晷長二尺四分。長陽雲集,赤如曼曼。」官本校云:「按,後漢書注作『晷長二尺四寸四分』,此本缺『四寸』二字。」

案:寶典引「蚯」作「丘」,「二尺」下正有「四寸」二字,「集」作「雜」,注同。今本作「集」,亦誤。

注云:「巽又長,故曼之也。」張云:「『之』當爲『曼』。」

案:寶典引作「巽又爲長,故曼也」。今本挩「爲」字。「曼曼」當依張校正。

「鹿解角,木莖榮。」注云:「木莖,柳槻。榮,華也。」

案:寶典引作「鹿角解,水堇榮」,「堇」字與注不相應,疑誤。

「晷長四寸八分。」張云：「後漢書注『一尺四寸八分』，此脱『一尺』。」

案：寶典引作「尺四寸八分」，當據補。

「小陰雲出，如水波崇崇。」注云：「夏至離用事，位直初九，辰子也，故水波崇崇，微輪轉出也。」

案：寶典引作「夏至離始用事，位值初九，初九辰在子，故如水波崇崇，微輪出也」。文較今本爲詳，惟末句仍有捝誤。

「黑陰雲出，南黄北黑。」注云：「巽爲故北黑也。」張云：「『爲』字下有捝字。巽色不宜黑，所未詳。」

案：寶典引「爲」下有「黑」字，當據補。

「大暑雨溼。」

案：寶典引作「大暑暑雨而温」。

「腐草爲嗌，蜻蚓鳴。」張云：「文選注引作『蜻蛚鳴』，按，説文『腐草爲蠲』，『嗌』蓋『蠲』字之誤耳。」

案：寶典引作「腐草化爲嗌，蜻蛚鳴」，注同，當據正。杜又釋云：「嗌，恐非蟲類，似取益聲，還爲『蠲』之别體。」與張説正同。

注云：「舊説腐草爲鳴。」張云：「『鳴』當爲『螢』。」

案：「鳴」，寶典引作「蝎」，未詳。

「處暑雨水，寒蟬鳴。」注云：「雨水，多雨。寒蟬，秋蟬。」

案：寶典引作「雨水多而寒也」，與今本句讀不同，疑誤。

「晷長五尺三寸二分。」

案：寶典引作「尺三寸二分」。

「赤陰雲出，南黃北黑。」注云：「六五辰在卯，得震炁，震爲故南黃也。」

案：寶典引「震爲」下有「玄黃」二字，當據補。

「白露雲炁五色，蜻蛚上堂，鷹祭鳥，燕子上去室，鳥雌雄別。」注云：「燕子去室，不復在於巢，習飛騰也。鳥雌雄別，生乳之炁上者。」

案：寶典引「蜻蛚」作「精列」，是也，張本亦作「蛚」。當據正。又引鄭注云：「雲氣五色，衆物皆成盡氣候。精列上堂，始避寒也。鷹將食鳥，先以祭也。鷰子去室，不復在科，習飛騰。鳥雄雌別，生乎之氣止也。」今本「先以祭也」以上竝挩，又「止也」誤「上者」，竝當據補正。

「黃陰雲出，南黑北黃。」注云：「白露於離直上九，上九，艮爻也，故北黃。辰在戌，得乾炁，君成，故南黑也。」張云：「『君成』，字有誤。」

案：寶典引作「於離值九三，九三，艮爻」；「君成」作「乾居上」三字，當據正。

「多病心脹閉症瘕。」

案：「症」，俗字，當作「疝」。後「寒露，氣當至不至，病疕疼腰痛」，續漢書律厤志劉注引作「病疝瘕腰痛」，可證此文之誤。素問大奇論篇云：「三陽急爲瘕，三陰急爲疝。」

「秋分風涼慘。」

案：寶典引無「風」字。

「昌盍風至。」注云：「昌盍，蓋藏物之風也。」

案：寶典引作「閶闔，藏萬物之風也。」

「白陽雲出。」官本校云：「按，古微書作『白陰雲』。」

案：寶典引作「白陰雲出。」

「立冬不周風至。」注云：「立冬應用事，陽炁生巽，故不周風至。」張云：「『應』下挩『鍾』字。『巽』，誤字。」

案：寶典引「應」作「陰」，「巽」作「畢」，竝當據正。張校非。

「晷長丈一寸二分，陰雲出接。」注云：「立冬，於兑直九四，九四，辰在午，火性炎上，故接。」

案：寶典引「一寸」作「一尺」，「出接」作「上接接」。注作「九四震」。又「辰在午故接」，作「故接接也」。

「雉入水爲蜃。」注云：「雉入水亦爲蜃蛤。」

案：寶典注作「雉入水，水氣化爲蜃蛤」。

「陰雲出而黑。」注云：「九五，兑爻。」張云：「『兑』當爲『坎』。」

案：寶典引正作「坎」。

「長雲出黑如介。」

案：寶典引作「長陰雲出黑如分」，今本挩「陰」字，當據補。

注云：「上六，辰在巳，得巽炁爲長。始分，或如介，未聞。」張云：「蓋本或爲『始分』。」

案：寶典引作「得巽爲黑分。或如介，未聞者」。以杜所引推之，正文蓋當作「分」，注當作「『如分』，或爲『如介』，未聞也。」此「分」疑即「氛」之省。稽覽圖云：「黑之異，在日中分分也。」亦作「分」字。張説未塙。

易是類謀某氏注舊題鄭康成注，今攷定，非是。聚珍版本。

「布命九六，機衡維持，經持錯序，七九通符。」

案：「維持」後注作「准時」，此疑誤。或下句「經持」當作「維持」，此涉彼而互誤耳。

「興之物瑞騠蠋。」注云：「騠蠋，獨踟蹶。言將興之人，皆有瑞應，無茍然者也。」

案：「騠蠋」即「蹢躅」之叚字。説文足部云：「蹢，逗足也。躅，蹢躅也。」易姤初六云：「羸豕孚蹢躅。」注「獨踟蹶」當作「猶踟蹰」，「蹢躅」、「踟蹰」一聲之轉。此緯注譌文甚多，其易知者不具校。

「涣磲之符。」注云：「若倉精衰而赤帝起，魚異之符，謂次當起也。」

案：注「魚異」當依正文作「涣磲」，然義皆難解。

「王侯元德，天下歸郵。」注云：「據土之侯爲元，暴之正者受其禍，天下人亦歸之郵然也。」

案：「王侯」依注當作「土侯」。注「侯」字又當依正文作「侯」。「郵然也」上疑挩「若」字。

「與同射放，赤黄配樞，乾坤合斗，七以分治。」注云：「堯赤而舜黄，堯受天精，舜應地德，在中安配樞星也。十，天地之終始也。堯、舜祖乾水，而行合北斗，天地數而以治。十，或爲七也。」

案：據注，則正文「斗七」「七」當作「十」。注「中安」當作「中央」。「乾水」，「水」當作「巛」，即古「坤」字。

「提舍珠。」

案：玉燭寶典引「舍」作「含」，是，當據正。

「聖人受道真圖者也。」注云：「德爲得字之誤也。」官本校云：「正文原無『德』字，注有訛。」

案：「真圖」疑當作「德圖」，注末云「聖人受命得道圖也」可證。

「堂藩信每墮怠。」注云：「『堂』當爲『尚』。言輔公任垂，秉圖之正，尚秉藩忠信之道，不可以墮怠。」

案：依注，則「每墮怠」，「每」當爲「毋」，「墮」與「惰」通。注「秉圖之正」，「圖」當爲「國」。

「觸耀世，出師曠，樞推音算律，如以度知且。」注云：「觸耀而出者，謂師曠者，得聖人之一體，故觸耀而生，其人能知厤數樞機之事。」

案：御覽十六引「觸耀」有「其」字，「世」作「而」，「曠」下有「厤」字。審校注義，亦當作「而出」、「厤樞」，御覽是也。「且」，御覽作「旦」，則非。

「世主永味，神以知來。」注云：「有味之味。思有道，則如神知來也。」

案：注「有味之味思有道」當作「永味，言味思有道」。

「軒轅挺，文昌理時。」注云：「挺變，見災異。」

案：據注，則正文「挺」下當有「變」字。

「浮氣惔出，彗孛蚩尤。」注云：「諸以光氣爲惔者，彗孛妖星，蚩尤妖星幺惔。昔蚩尤爲無道，作五虐之刑，黃帝起而誅之，蓋有此其邪？未聞也。」

案：正文及注「惔」竝當作「怪」。注「蚩尤妖星幺惔」六字有誤，「蓋有此其邪」，「其」疑當爲「旗」。此謂妖星蚩尤旗也。

「菟羣開，虎龍惔出。」注云：「菟龍虎，東方之禽，而皆爲災惔。」

案：「羣開」，「開」當爲「閧」，「惔」當爲「怪」，竝形近而誤。注同。

「斗機絶繩。」

案：御覽八百七十四引「繩」作「綱」，與下韻協，當從之。自此句至「出坐玉牀」，御覽別引鄭注甚詳，與今本注殊異，則此注非鄭注也，今本是類謀非鄭注，而乾元序制記前半乃正是類謀鄭注之佚文。今不備校。御覽引正文亦與此小異，義難通者不備校。

「當藏者出，當出者消，佹易期。」注云：「當藏者出，蟄物以非時見。當出者消，見物令無元有。佹處地而生，易期主然也。」

案：御覽引作「危處易期」。案，「危」、「佹」字通。蓋鄭注本作「危」。「處」字當據增。此注亦作「佹處」可證。注「見物令無元有」，「令」當爲「今」，言舊有之物，而今無之，是謂之消也。

「雷讙虹行。」注云：「雷虹冬行，非時出。元冬季，蓋脱之也。」

案：注當作「无冬字，蓋脱之也。」「无」、「元」、「字」、「季」，竝形之譌。

「上無乾，下無帝。」官本改作「星」。注云：「無帝，無星，天帝之星無光明。」

案：御覽引「帝」作「常」，是也。注當作「無常，無星，天之常星無光明」，蓋注本以「無星」釋「無常」。常星，即恆星也。官本據注誤文，反改正文作「下無星」，大誤。御覽別引鄭注，義與此異，而作「常」則同。又疑正文本作「無帝」，注當作「無帝，天皇大帝之星無光明」，蓋「無」或作「无」，「天」、「无」、「皇」、「星」，「大」、「天」竝形近而誤。

「倫世師惠出人。」注云：「倫之世人師，謂能度王者於辰難。」

案：「辰」當爲「戹」，形近而譌。下注云「度戹難即當力正」，是其證。

「倉世順晲侹之聲；赤世順蒙孫之詳，觸名是工；黃世填頓詐吉凶；白世慎討吾之名；黑世慎嘿沈。」注云：「晲侹、蒙孫，君赤之孽名號。」又云：「頓詐、討吾、嘿沈，黃、白、黑孽君之名。」

案：此五色孽君名，以上文「卦氣不效」章校之，惟「白討吾」同，餘皆不合，未詳其義。又「蒙孫」、「討吾」亦見通卦驗，彼說「蒼帝亡云，名合晚侹」，當即此「晲侹」。「晲」疑即「晚」之誤。上文云「震氣不效倉帝之世，周晚之名」，亦作「晚」字。「黃世填」、「白世慎」、「黑世慎」，「填」、「慎」皆當作「順」，與倉、赤二世同。注云「君赤之孽」，「君」當作「倉」，形近而譌。

「抑期反剛，同哲之良，牧州誤放，乃知常道。」注云：「抑，止；斯，此，偏頗之意。反剛，王道之剛。同哲之良，用賢之哲、良善之人。『誤』當作『談』。牧州，諸侯之爲州牧，當禁談其爲非法令之事，乃得道之常也。」

案：以注校之，正文「期」當作「斯」，「同」當作「用」，「常道」當作「道常」。常與剛、良韻。注「用賢」下疑衍「之」字。「禁談」義難通，疑「談」竝當爲「誡」，「誡」俗書或作「誒」，見漢嵩高大室石闕銘、唐張軫墓誌。與「談」形近而譌。

易坤靈圖鄭康成注 聚珍版本。

「帝必有洪水之災，天生聖人使殺之。」鄭注云：「天故生聖君堯，求命之。」

案：「殺」，御覽十八引作「救」，是也。注「求命之」亦當作「命救之」。

易乾元序制記鄭康成注 聚珍版本。

「三聖首乾德，各就乾元利貞每遺，夕惕若厲，懼後戒。」注云：「六長人以善，嘉會通禮，利慎於義，幹事能正，六德靡悔，戰戰兢兢，三聖同之也。」

案：此蓋是類謀佚文，此緯晚出，唐以前未有著録者。以古書援引之文推校之，前半當爲是類謀，後半當爲坤靈圖，蓋宋人得兩緯殘本，合編之，而妄題乾元序制記之名也。正文及注竝多挩誤。「乾元利貞每遺」，「元」下當有「亨」字，「每」疑當作「毋」。注當作「元，長人以善；文言云：「元者，善之長也。」亨，嘉會通禮；文言云：「亨者，嘉之會也。」利，順於義；文言云：「利者，義之和也。」貞，幹事能正」。文言云：「貞者，事之幹也。」

「鉤效紀録，興亡授度。」注云：「郊，驗。言天能鉤驗五精，記其次弟興亡，天人皆受法度。或爲『授』。」

案：正文「授」當作「受」，注當云：「受，或爲授。」

札迻卷二

韓詩外傳

趙懷玉校刊本。周廷寀注本。俞樾讀韓詩外傳校。

卷四

「士不信焉又多知，譬之豺狼與，其難以身近也。周書曰，爲虎傅翼也，不亦殆乎！」

案：後漢書翟酺傳李注引外傳云：「無爲虎傅翼，將飛入邑，擇人而食。夫置不肖之人於位，是爲虎傅翼也。」今本「周書曰」下，語氣未完，蓋捝「無爲」至「位是」二十二字，當據李引補。「無爲虎傅翼」三句，逸周書寤儆篇文。法言淵騫篇宋咸注引此書亦有「將飛入邑」二語，疑北宋本尚未捝。

卷五

「夫仁者好偉，和者好粉，智者好彈。」

案：「好偉」無義，疑「偉」當作「韋」。韓非子觀行篇云：「西門豹之性急，故佩韋以緩己。」「好韋」蓋亦和緩之意。

「豐交之木，有時而落。」

案：「豐交」義難通，「交」疑「支」之誤。「支」、「枝」字通。

卷六

「天下之辯，有三至五勝，而辭置下。辯者，別殊類，使不相害，序異端，使不相悖，輸公通意，揚其所謂，使人預知焉，不務相迷也。是以辯者不失所守，不勝者得其所求，故辯可觀也。夫繁文以相假，飾辭以相悖，數譬以相移，外人之身使不得反其意，則論便然後害生也。夫不疏其指而弗知謂之隱，外意外身謂之諱，幾廉倚跌謂之移，指緣謬辭謂之苟。四者所不爲也，故理可同睹也。夫隱、諱、移、苟爭言競爲而後息，不能無害其爲君子也，故君子不爲也。」

案：此文多譌挩。史記平君原傳裴駰集解引劉向別録云：「齊使鄒衍過趙，平原君見公孫龍及其徒綦毋子之屬，論『白馬非馬』之辯，以問鄒子。鄒子曰：『不可。彼天下之辯有五勝三至，而辭正爲下。辯者，別殊類使不相害，序異端使不相亂，抒意通指，明其所謂，使人與知焉，不務相迷也。故勝者不失其所守，不勝者得其所求。若是，故辯可爲也。及至煩文以相假，飾辭以相惇，巧譬以相移，引人聲使不得及其意。如此，害大道。夫繳紛爭言而競後息，不能無害君子。』坐皆稱善。」蓋即韓太傅所本。兩文詳略，可以互校。此云「辭置下」當作「辭正爲下」。「置」或當爲「直」之誤。「輸公」，「公」疑當作「志」。鄧析子無厚篇云：「諭志通意，非務相乖也。」與此文亦略同。「輸志通意」即「抒意通指」，文異義同。「揚其所謂」，「揚」疑當作「楬」，與「明」義亦略同。「是以辯者不失其所守」，「辯」當作「勝」。「爭言競爲而後息」，似亦當從彼作「爭言而競後息」。別録「飾辭以相惇」，「惇」當從此作「悖」。「不疏其指」云云，別録引鄒子無之，或劉、裴兩君所删節，此可以補之。「四者所不爲也」，疑當作「四者君子所不爲也」。鹽鐵論論誹篇云：「若相迷以僞，相亂以辭，相矜於後息，期於苟勝，非其貴者也。」文意亦本此。

「又與子從君於囿中，於是兩寇肩逐我君，拔矛下格而還。」

案：「肩」即詩齊風還「竝驅從兩肩兮」之「肩」。毛傳云：「獸三歲曰肩。」但「寇肩」義不可通，疑「寇」當爲「㲋」之誤。晏子春秋內篇諫下，公孫接曰：「接一搏猏，而再搏乳虎。」「猏」、「肩」字亦同。

卷七

「十九見志，請賓冠之，足以死其意。」

案：「死其意」義難通，疑當作「成其悳」。儀禮士冠禮：「始加祝曰：『棄爾幼志，順爾成德。』」鄭注云：「既冠爲成德。」「成」、「死」、「悳」、「意」，竝形近而誤。「悳」「德」古今字。

卷九

「齊景公出弋昭華之池，顏涿聚主鳥而亡之。」趙校云：「『顏涿聚』舊本作『顏鄧聚』，譌，據御覽八百三十二引改正。晏子外篇作『顏燭鄒』，史記及古今人表皆同，聲相近。」

案：此書舊本「鄧」字當作「斲」。唐人俗書「斲」字或作「鄧」，見蘇靈芝憫忠寺碑。又作「斵」，見李承嗣造像銘。竝與「鄧」字絕相似，故傳寫易譌。「斲」與「涿」、「燭」音竝相近。「斲聚」、「涿聚」、「燭鄒」皆形聲通借，不知孰爲正字。御覽作「涿」，疑據哀二十七年左傳文改，韓傳故書未必如是也。

「楚有善相人者，所言無遺美。」趙校云：「呂氏春秋貴當篇、新序雜事五『美』皆作『策』。」

案：「美」當作「筴」，與「策」字同。漢隸「策」字多作「荚」，見漢北海相景君銘、郯令景君闕銘、馮焕殘碑、靈臺碑。與「美」形近而誤。

卷十

「扁鵲入，砥鍼礪石，取三陽五輸。」

案：史記扁鵲傳作「厲鍼砥石以取三陽五會。」張氏正義云：「謂百會、胸會、聽會、氣會、臑會也。」此及説苑辯物篇竝作「五輸」者，當爲「五俞」之借字。素問痹論篇云：「五藏有俞。」王注云：「肝之俞曰太衝，心之俞曰太陵，脾之俞曰太白，肺之俞曰太淵，腎之俞曰太谿，皆經脈之所注也。」與史記「五會」文異而義兩通。

「齊桓公出遊，遇一丈夫裒衣應步，帶著桃殳。桓公怪而問之曰：『是何名？何經所在？何篇所居？何以斥逐？何以避余？』丈夫曰：『是名二桃，桃之爲言亡也。夫日日慎桃，何患之有。故亡國之社以戒諸侯，庶人之戒在於桃殳。』」

案：「是名二桃」義不可通，疑「二」當作「戒」。「戒」，俗書或作「式」，見顔元孫干禄字書。與「貳」草書相似，傳寫譌省，又以「貳」爲「二」，遂莫能校覈。下援戒社爲比況，又云「庶人之戒在於桃殳」，即釋「戒桃」之義。

春秋繁露

盧文弨校刊本。凌曙注本。傳録戴望校本。俞樾諸子平議校。

楚莊王第一

「視其温辭，可以知其塞怨。」

案：鬼谷子權篇云：「憂者，閉塞而不泄者也。」即此「塞怨」之義。

玉英第四

「有故則未三年而稱王變禮也。」盧云：「舊本作『有物故』，『物』字衍。」

案：「物」字不當删。毛詩大雅烝民傳云：「物，事也。」此云「有物故」，亦謂有事故也，與史記、漢書以死亡爲物故者異。盧校失之。韓非子難三篇云：「智不足以徧知物故。」

王道第六

「靈虎兕文采之獸。」盧云：「『靈』，疑即左氏傳『蒽靈』之『靈』。」

案：「蒽靈」於義無取，盧説不足據。竊疑「靈」當爲「戱」之壞字。「戱」，漢隸或作「戯」，見隸釋漢孫叔敖碑。俗書「靈」或作「霊」，見唐内侍李輔光墓志。「戱」字挩落，傳寫僅存左半，與「靈」相似，因而致誤。

「宗廟夷，社稷滅，其可痛也。」

案：「其」當爲「甚」，形近而誤。

俞序第十七

「故予先言春秋詳己而略人，因其國而容天下。」

案：此篇文多難通，諦審其文，似是董子箸書之序，若淮南子要略及法言自序之類。後云「故次以天心」，又云「故次以言，怨人不可邇」云云，又云「故言楚靈王、晉厲公」云云，又云「故善宋襄公」云云，又云「故次以春秋緣人情，赦小過」，又云「故始言大惡殺君亡國，終言赦小過」，皆述其文先後序次之意，惜今篇第缺，互無可推校耳。

三代改制質文第二十三

「法不刑有懷任新産。」

案：「有」下疑當有「身」字，下文正白統章云「法不刑有身懷任」，正赤統章云「法不刑有身重懷」可證。

「法不刑有身重懷。」

案：「重」即有身也。素問奇病論篇云：「人有重身，九月而瘖。」王注云：「重身，謂身中有身，則懷妊也。」此前後文竝複贅，未詳厥恉。

「其屋高嚴侈員惟。」盧云：「『惟』字疑衍。」

案：「惟」字譌，疑當作「椭」。後文「主天法質而王」，云「其屋如倚靡員橢」。

「是以朝正之義，天子純統色衣，諸侯統衣纏緣紐，大夫士以冠參，近夷以綏，遐方各衣其服而朝，所以明乎天統之義也。」

案：此天統尚玄，「天子純統色衣」，謂玄衣而玄緣也。「諸侯統衣纏緣紐」，「纏」當作「纁」，諸侯玄衣而纁緣，又以纁爲帶紐，降於天子，不得純玄也。「大夫士以冠參」，蓋唯冠用純玄而已，「參」字無義，疑衍文。「近夷以綏」，「綏」，「緌」之借字，謂以玄爲冠緌。「遐方」，即遠夷，則自衣其國之服，并不得玄緌矣。此皆董子所定三統服制之差，與三禮冕弁冠諸服不相應也。

「樂程鼓。」

案：「程」當作「桯」，「桯」與「楹」字通。考工記「輪人爲蓋」，鄭司農注云：「桯，蓋杠也，讀如丹桓宮楹之楹。」「桯鼓」，即禮記明堂位云「殷楹鼓」，鄭注云：「楹，謂之柱貫中上出也。」蓋植楹以建鼓，故謂之桯矣。此章云「主天法質而王」，故鼓亦用殷制也。

「契先發於胷。」淩注云：「帝王世紀云：『簡狄剖背生契。』」

案：「先」當作「生」，上文說禹云：「至於〔一〕禹生發於背。」

「至文王，形體博長。」

案：「博」當爲「摶」。考工記梓人鄭注云：「摶，圜也。」上文云：「至湯，體長專小。」周禮大司徒云：「丘陵，其民專而長。」注云：「專，圜也。」「專」、「摶」字亦通。

〔一〕「於」字，春秋繁露無，此誤衍。

仁義法第二十九

「心弗論不得。」

案：「論」，黄氏日鈔引作「慮」，義較長。

身之養重於義第三十一

「今握棗與錯金以示嬰兒，必取棗而不取金也。握一斤金與千萬之珠以示野人，野人必取金而不取珠也。」

案：日鈔引疊「嬰兒」二字是也，當據校補。下文亦疊「野人」二字，文例正同。

奉本第三十四

「星莫大於大辰、北斗常星。官本此下衍「北斗常星」四字。淩本同。部星三百，衛星三千，大火二十六星，伐十三星，北斗七星，常星九辭二十八宿。多者宿二十八九。」盧云：「『九辭』不可曉。」

案：史記天官書云：「故紫宮、房心、權衡、咸池、虚危列宿部星，此天之五官坐位也。」張守節正義云：「五官部内之星也。」史記「部星」蓋通指五官恆星。此「部星」別於「衛星」，則當專指中官之星，古用蓋天説，凡蓋以部爲中，與張守節説異。詳後論衡。「衛星」謂東南西北外四官之星也。晉書天文志載太史令陳卓總甘、石、巫咸三家所著星圖，大凡二百八十三官，一千四百六十四星，則「三百」、「三千」蓋約舉之數，非實測也。「大火二十六星」者，爾雅釋天云：「大辰，房、心、尾也。大火謂之大辰。」今考房四星，心三星，尾九星，共十有六星，此衍「二」字。「伐十三星」者，史記天官書云：「參爲白虎。三星直者，是爲衡石。下有三星，兑，曰罰，爲斬艾事。其外四星，左右肩股也。小三星隅置，曰觜觿，爲虎首，主葆旅事。」正義云：「罰，亦作伐。」此云「十三星」者，蓋通參三星、外四星、罰三星及觜觿三星計之，猶考工記説伐六星，此并數參三星而不計外四星、觜觿三星。晉天文志李播天文大象賦説參七星，此并數外四星而不計伐及觜觿。今天官家説竝同。古今分合不同也。「常星九」，疑當作「常星五」，即謂五緯也。韓非子解老篇云：「五常得之以常其位，列星得之以端其行。」「五常」亦指五星言之。此下文別有「部星」、「衞星」，明「常星」與他書言恆星者異也。惟「辭」字無義，當是衍文。

王道通三第四十四〔一〕

「故四時之比，父子之道，天地之志，君臣之義也。陰陽理人之法也。」

案：此文有挩誤。太平御覽十七引此，「比」作「行」，又「道」下有「也」字，「陰陽」下有「之」字，「人」上有「聖」字，竝當據補正。

人副天數第五十六

「百物者最近地，故要以下，地也。天地之象，以要爲帶。頸以上者，精神尊嚴，明天類之狀也；頸以〔二〕下者，豐厚卑辱，土壤之比也。足步〔三〕而方，地形之象也。是故禮，帶置紳必直其頸，以別

〔一〕「王道通三第四十四」，原作「陽尊陰卑第四十三」，據春秋繁露改。
〔二〕「以」，原作「而」，據春秋繁露改。
〔三〕「步」，原作「布」，據春秋繁露改。

心也。帶而上者盡爲陽，帶而下者盡爲陰。各其分。」

案：以上下文義推之，人象天地，上下以要爲分，而要又與帶正相直，要以上爲天，以下爲地，故帶以上爲陽，以下爲陰，所謂「天地之象，以要爲帶」也，不當更以頸上下爲分。且禮，紳帶皆繫於要，亦不當云「必直其頸」。此節三「頸」字皆當爲「要」之譌。「各其分」，「其」當爲「有」。深察名號篇云：「五號自讚，各有分。」是其證也。

五行相生第五十九〔一〕

「爲魯司寇，斷獄屯屯，與衆共之，不敢自專。」盧云：「『屯屯』疑即『肫肫』。」

案：説苑至公篇云：「孔子爲魯司寇，聽獄必師斷，敦敦然皆立。」即此事也。「屯屯」、「敦敦」，聲近字通，盧讀爲「肫」，失之。

五行逆順第六十

「則民病心腹宛黄。」盧云：「『宛』與『鬱』同。」

案：説文黑部云：「黦，黑有文也，讀若飴盌之盌。」玉篇云：「黦，或作黦。」廣韻八物云：「黦，黄黑色也。」淮南子時則訓「天子衣苑黄」，高注云：「苑，讀盌飴之盌。」此「宛黄」即淮南書之「苑黄」。「宛」、「苑」並「黦」之借字。盧説未塙。

〔一〕「九」，原作「八」，據春秋繁露改。

五行五事第六十四

「秋行春政則華，行夏政則喬。」淩注云：「爾雅：『上句曰喬。』」

案：「喬」，疑「槁」之借字，謂枯槁也。古从「喬」聲、「高」聲字多通用。莊子列禦寇釋文云：「槁，本作矯。」是其例也。淩說未塙。

郊語第六十五

「人之言醞去煙。」

案：「醞」，當作「醯」。墨子備穴篇云：「益持醯，客即熏，以救目。」明醯可禦煙，故以救熏穴也。藝文類聚引此亦作「醞」，則唐本已誤。

執贄第七十二

「積美陽芬香，以通之天。暘亦取百香之心，獨末之，合之爲一，而達其臭，氣暘天子。」盧云：「『天子』，錢疑是『于天』之訛。」戴校云：「『百香之心』當作『百草之香』。『獨末之』三字衍文。」

案：「積美陽芬香」，「陽」當作「暘」。「暘天子」當從錢校，作「暘于天」。說苑脩文篇云：「鬯者，百草之本，上暘於天，下暘於地。」與此正同。白虎通義攷黜篇云：「鬯者，百草之香，鬱金而合釀之成爲鬯。」此「金」字疑衍。董、班竝以鬱鬯爲百草之香，與周禮鄭康成注以「鬱」爲「鬱金」義異。詳周禮正義。戴校蓋即據彼文。今考漢書禮樂志郊祀歌云：「百末旨酒布蘭生。」顏注云：「百末，百草華之末也。以百草華末雜酒，故香且美也。事見春秋繁露。」然則此云「獨末之」，與「百末之」文正合，顏謂事見繁露，亦正指此，非衍文明矣。

山川頌第七十三

「小其上，泰其下，久長安，後世無有去就，儼然獨處，惟山之意。」

案：山不可以言意，「意」疑當爲「悳」，形近而誤，謂上文所舉，皆山之德也。

「鄣防山而能清淨。」盧云：「説苑雜言。作『障防而清』。古文苑『山而』作『止之』。」

案：「山」當即「之」字，隸書相近而誤。「而」、「能」二字古通，詳後説苑。必有一衍。

止雨第七十五

「以朱絲縈社十周，衣朱衣赤幘，言罷。」

案：「言」當作「三日」二字。下文云：「三日而止。未至三日，天大暒，亦止。」是也。

祭義第七十六

「春上豆實，夏上尊實，秋上朹實，冬上敦實。」又云：「尊實，麷也，夏之所受初也。」戴校引錢大昕云：「『尊』當爲『籩』。周禮籩人四籩以麷爲首。尊，酒器，不可以盛籩實。隸書『籩』或省『辵』，因誤爲『尊』耳。」

案：錢説是也。惟「臱」與「尊」形實不相近，無由致誤。竊謂「尊」當爲「算」之譌。禮記明堂位云：『薦用玉豆雕篹。』鄭注云：「篹，籩屬也，以竹爲之。」史記汲鄭列傳云：「其餽遺人，不過算器食。」集解引徐廣云：「算，竹器。」「篹」從「算」得聲，古字通用。儀禮士冠禮鄭注云：「匴，竹器。古文匴爲篹。」此以「算」爲「篹」，猶今文禮以「匴」爲「篹」也。此以「夏上算實」配「春上豆實」，猶明堂位以「雕篹」配「玉豆」，皆以「篹」當「籩」，明其同物也。「算」艸書或作「萛」，皇象書急就篇，凡从「竹」字，通作「丷」形，是其例。與「尊」正相似，因而致誤。明堂位孔疏云：「篹，籩也。」

循天之道第七十七

「公孫之養氣曰：裹藏。盧本删此八字，今從淩本。泰實則氣不通，泰虚則氣不足，熱勝則氣□，寒勝則氣□，泰勞則氣不入，泰佚則氣宛至，怒則氣高，喜則氣散，憂則氣狂，懼則氣懾。凡此十者，氣之害也，而皆生於不中和。故君子怒則反中而自説以和，喜則反中而收之以正，憂則反中而舒之以意，懼則反中而實之以精。」

案：此一節皆公孫尼子文。御覽四百六十七引公孫尼子曰：「君子怒則自説以和，喜則收之以正。」與此正同。「養氣」蓋即其篇名也。盧氏失攷，乃以「公孫之養氣」八字爲衍文，而專輒删之，大繆。

「是故壽有短長，養有得失，乃至其未之大卒而必讎，於此〔二〕莫之得離。」

案：「未之」疑當作「末也」。「大卒」疑當作「大率」，「卒」、「率」形近而誤。莊子人間世篇：「率然拊之。」釋文云：「率，或作卒。」

〔二〕「於此」二字原本無，據春秋繁露補。

春〔一〕秋雜物其和，而冬夏代服其宜，則當得天地之美，而違天不遠矣。

案：「當」當作「常」。此言四時所食，常得天地之美物也。

天地陰陽第八十一

「以此見人之超然萬物之上，而最〔二〕爲天下貴也。」

案：日鈔引「天下貴」作「天所貴」，義亦得通。

「今投地死傷而不騰相助，投淖相動而近，投水相動而愈遠。由此觀之，夫物愈淖而愈易變動搖蕩也。」

案：此節大意，蓋言投物於淖則動，於堅則不動也。「今投地死傷而不騰相助」，當作「而不能相動」，與下「相動而近」、「相動而愈遠」文正相對。

天道施第八十二〔三〕

「物也者，洪名也，皆名也，而物有和名，此物也，非失物。」淩注引張惠言云：「『失』當作『夫』，夫猶彼也。」

案：「洪名」、「和名」，義不可通，「洪」當爲「共」，「和」當爲「私」，皆形之誤。此言萬物者，物爲公共之名，而每物又各自有私名，故下云「此物非夫物」，明共名可相通，而私名則否也。荀子正名篇

〔一〕「春」上原有篇名「天地之行第七十八」，應爲「循天之道第七十七」，據春秋繁露删。
〔二〕「最」字原本無，據春秋繁露補。
〔三〕篇名「天道施第八十二」原本無，據春秋繁露補。

云：「故萬物雖衆，有時而欲徧舉之，故謂之物，物也者，大共名也；有時而欲徧舉之，此「徧」當作「偏」。故謂之鳥獸，鳥獸也者，大別名也。」此「共名」猶彼云「大共名」，「私名」猶彼云「大別名」矣。墨子經上篇云：「名，達類私。」説云：「名，物達也。命之臧，私也。是名也，止於是實也。」與此義亦正同。

春秋釋例 孫星衍校刊本。

廟室例第十八

「太廟有八名，其體一也。肅然清静謂之清廟，行禘祫序昭穆謂之宗廟，告朔行禮謂之明堂，行饗射養國老謂之辟雍，占雲物望氛祥謂之靈臺，其四門之學謂之大學，其中室謂之太室，總謂之合宫。」諸儒皆以廟學爲一，鄭氏以爲異處。官本校云：「案：自此以上，孔穎達詩靈臺疏引之，以爲穎容釋例。永樂大典以爲杜氏之文，未知何據。」

案：左傳文二年杜注云：「明堂，祖廟也。」孔氏正義云：「鄭玄以爲明堂在國之陽，與祖廟別處。左氏舊説及賈逵、盧植、蔡邕、服虔等皆以祖廟與明堂爲一，故杜用之。」則杜預説明堂祖廟義同此。或釋例述穎説，但前後竝當有捝文耳。桓二年傳「清廟茅屋」注義亦與此同。

盟會圖疏附

「膠東，括地象云：『即墨故城，在萊州膠水縣東南六十里，即膠東國。』」

案：括地象爲河圖讖之一，其書出於西漢末，無緣得及唐代地名，當是括地志之誤。此疏唐人所撰，故多引魏王泰書也。史記孝景本紀正義引括地志云：「即墨故城，在密州膠水縣東南六十里，即膠東國也。」與此文同，惟「萊州」作「密州」。攷項羽本紀正義又引括地志云：「即墨故城，在萊州膠水縣南六十里。此「南」上挩「東」字。古齊地，本漢舊〔一〕縣。」則孝景紀正義所引自是字誤。唐志膠水屬萊州。此疏引括地象十四事，此及密須、涇州。蔡、豫州。徐、泗州。商國、商州。大野、鄆州。故過鄉、萊州。丹陽、歸州。唐、隨州。重丘、曹州。流沙、甘州。靡笄山蔚州。十二事，竝見史記正義引括地志，詳孫星衍輯本。惟文互有詳略，足證「象」爲「志」字之誤。惟桃林、陝州。汎汝州。二事，他書未引，及近孫輯本亦失采，當攟此補其缺。

「郶，天來入。」

案：「入」當作「反」，此爲「郶」字發音也。

「大野即鉅鹿。括地象當作「志」。云：『大野澤在鄭州。』」官本校云：「案：以杜佑通典攷之，大野在鄆州，云在鄭州者，誤也。漢之鉅鹿郡鉅鹿縣，在唐爲邢州平鄉縣，此云『大野即鉅鹿』，亦誤。」

案：「鉅鹿」當作「鉅野」，此與「鄆」之爲「鄭」，竝傳寫之誤。史記河渠書「鉅野」，正義引括地志云：「鄆州鉅野縣東北大澤是也。」可據以校正。

「故過鄉亭在萊州掖縣西北二十里，本過國。」括地象當作「志」。云：「倚姓國也。」

〔一〕「舊」字原本無，據史記正義補。

案：「在萊州」以下十三字，亦括地志文，見史記夏本紀正義。「倚姓國」，路史疏仡紀引「倚」作「猗」。王符潛夫論志氏姓篇云：「猗姓，棲、疏。」字作「猗」。又「不及過國」，左傳隱十一年正義引世本氏姓篇又云：「過，任姓。」竝與括地志不同，未知孰是。

急就篇顏師古注

元刻王應麟補注本。　孫星衍校皇象碑本。

第十一章

「鍼縷補縫綻紩緣」。皇象本作「葴縷補袒撻緣循。」

案：皇本「緣」作「循」，是也。方言云：「繞緍謂之襺裺。」郭注云：「衣督脊也。緍音循。」廣韻云：「緍，縫也。」「循」即「緍」之叚借。緍爲衣之脊縫，故與撻緣類舉也。

「裳韋不借爲牧人。」顏注云：「韋，柔皮也。裳韋，以韋爲裳也。」皇本「裳韋」作「尚韋」。

案：此章自「屨舄鞜裒緞紃」以下，至章末，多説履舄之名飾。鹽鐵論散不足篇説履云：「古者庶人鹿菲草芰，即「屐」字。縮絲尚韋而已。」是古作履，自有尚韋之制，與此上下文正合。顏不得其説，而改「尚」爲「裳」，釋爲「以韋爲裳」，則不爲履，與上下文竝不相應矣。王校別本「韋」作「幃」，尤誤，當依皇本正之。

第十三章

「蠡升參升半卮觛。」注云：「蠡升，瓢蠡之受一升者，因以爲名，猶今人言勺升耳。參升，亦以其受多少爲名也。」皇本作「盠斗枲孫本作「枀」。升半卮萆」。孫校云：「『枀』，帖作『枲』，即『參』字，玉海作『三』。」

案：此書固多複字，然未有一句之中一字兩出者。「蠡升」，「升」當從皇本作「斗」，其讀當爲「枓」。說文木部云：「枓，勺也。」經典多以斗爲之。「斗」，漢隸皆作「升」，與「升」形近而互譌。王校云：「升，一作計。」案：「計」亦草書「斗」字之譌。「枲」疑即「梟」字。方言云：「臿，趙、魏之閒謂之梟。」廣雅釋器云：「梟，臿也。」此借爲飯橾字。儀禮有司徹「二手執桃匕枋，以挹湆注於疏匕」。鄭注云：「二匕皆有淺斗，狀如飯橾。」宋本釋文如此。今本作「摻」，即「橾」之誤。蓋蠡瓢與飯梟皆有斗，故史以蠡斗梟類舉之。下「升半」文自相對，史記索隱引王劭云：「半，量器名，容半升也。」顏據「蠡升參升」爲釋。孫校皇本又釋「梟」爲「枀」，竝誤。「萆」即「箄」字。皇本凡从竹字皆從从艹，與艸不別。方言云：「籯，陳、楚、宋、魏之閒或謂之箄。」即此。

第十七章

「冠幘簪簧結髮紐。」注云：「簪，一名笄。簧，即步摇也。」王氏補注云：「簧，未詳，疑是『簂』字。」皇本「簧」作「黄」。

案：此句皆言首服及飾，惟「簧」爲樂器，與「冠幘簪結」等雜舉，殊不倫。顏以「步摇」釋之，於古無徵。王疑其爲「簂」之譌，亦肊說也。以聲義推之，其字當以「黄」爲正，蓋「衡」之借字也。「衡」、「黄」聲近，古字通用。考工記玉人注云：「衡，古文横，假借字也。」此以「黄」爲「衡」，猶以「衡」爲「横」也。今世所傳王莽布文云：「大布黃千。」亦以「黃」爲「衡」。周禮：「追師掌王后之首服，爲副編次追衡笄。」鄭衆注云：「衡，維持冠者。春秋傳曰：『衡、紞、紘、綖。』」左傳桓二年，杜注同先鄭。鄭康成云：「副，若今步摇，王后之衡笄，皆以玉爲之，唯祭服有衡，垂於副之兩旁當耳。」又毛詩鄘風君子偕老傳云：「笄，衡笄也。」國語楚語韋昭注義同。蓋毛公及先鄭皆以衡笄爲一物，後鄭則以衡爲玉飾，與笄不同，二説殊異，其爲首服則一也。説詳余所著周禮正義。簪笄亦同物，故史篇以「簪黃」同舉，猶周禮及毛詩傳以「衡笄」同舉也。若漢之步摇，則正周禮之副，不得以當此書之黃矣。

第二十章

「頃町界畝畦埒封。」皇本「埒封」作「畤窳」。

案：「封」與上下文韻竝不叶，皇本作「窳」，是也。「窳」即「窊」之借字。説文穴部云：「窊，污衺下也。」爾雅釋詁釋文引字林云：「窳，汙也。音烏。」

第二十二章

「鷹鷂鴇鴰翳雕尾。」注云：「雕亦大鷙鳥也，一名鷻，其尾尤盛，故特稱之耳。」皇本「雕」作「貂」。

案：皇本是也。釋名釋舟云：「䑿，貂也。貂，知也。」又釋車云：「軺輴，車中重薦也。輕軺輴，小貂也。」晉書張天錫傳韓博嘲刁彝云：「短尾者爲刁。」「刁」即「貂」也。廣雅釋詁云：「𥏚，短也。」玉篇云：「𥏚，短尾也。」亦與「貂」同。此云「翳貂尾」，乃總承諸鳥，言有美羽可爲翳翿者，亦有短尾者耳。若作「雕尾」，則尾盛之鳥多矣，何必舉雕乎！

「貍兔飛鼯狼麋麔。」皇本「鼯」作「兔」。孫云：「玉海引碑本作『皃』。按：此非『皃』字，且獸類不應有鳥。説文有『㲋』，獸也，似兔，青色而大。籀文作『兔』。即此字也。音丑略切。」

案：孫謂此非「皃」字，是也。但「㲋」獸不聞能飛，則於此仍不可通。疑「兔」即「鼠」之變體，草書傳摹失真，乃類「㲋」字籀文耳。漢書司馬相如傳顔注引張揖云：「飛蝠，飛鼠也。」郭璞云：「蝠，鼯鼠也。」是飛鼠即飛鼯。又伏翼亦名飛鼠，方言云：「蝙蝠，或謂之飛鼠。」廣雅釋獸云：「伏翼、飛鼠，仙鼠，蚨蠼也。」

第三十一章

「筆研籌算膏火燭，賴赦救解貶秩禄。」

案：此二句與上下文不相承接，疑當在「潁川臨淮集課録」下，與「依溷汙染貪者辱」句相屬，上「涇水注渭街衢曲」句與「邯鄲河閒沛巴蜀」二句文義亦正相貫也。然皇本已如此，蓋其錯互久矣。

方言郭璞注

盧文弨校刊本。　戴震疏證本。　錢繹箋疏本。

卷二

「或曰：寓寄食爲餬口。」郭注云：「傳曰『餬其口于四方』是也。」戴氏疏證云：「『餬其口』，各本訛作『餬予口』，今據左傳改。」盧、錢竝同。

案：晁公武郡齋讀書志載所傳蜀中本正作「餬其口」云，國子監本作「餬予口」，今本正沿宋監本之誤耳。

卷三

「別，治也。」戴云：「辨別不淆紊，故爲治之義。」錢氏箋疏云：「說文：『別，分解也。』『解』與『治』義相近。」

案：「別」與「辯」「辨」通。說文言部云：「辯，治也。」禮記鄉飲酒義注云：「辯，猶別也。」小爾雅廣言云：「辯，別也。」呂氏春秋過理篇云：「實辨天下。」高注云：「辨，治也。」周禮朝士注云：「辨，讀爲別。」又士師鄭衆注云：「辯，讀爲風別之別。」

卷二

「蠡，陳、楚、宋、魏之閒或謂之簞，或謂之櫼，或謂之瓢。」郭注云：「瓠，勺也。今江東通呼勺爲櫼。櫼，音羲。」

案：集韻五支云：「櫼，蠡也，或作㰛。」陸羽茶經云：「瓢，一曰犧杓，剖瓠爲之，或刊木爲之。晉永嘉中，餘姚人虞洪入瀑布山採茗，遇一道士云：『吾丹丘子，祈子他日甌犧之餘，乞相遺也。』別引云出神異記。犧，木杓也。」陸書「犧」當爲「㰛」之譌，亦即「櫼」之或體。虞洪所傳，正晉時江東方語也。

卷九

「其柄謂之矜。」注云：「今字作『槿』，巨巾反。」又云：「矜謂之杖。」注云：「矛戟槿即杖也。」又云：「抵鈔，刺也。」注云：「皆矛戟之槿，所以刺物者也。」卷十二。

案：諸「槿」字，盧校本竝改作「⿰禾堇」。錢從之。今攷「⿰禾堇」亦俗字，疑古即借「槿」爲「矜」。集韻十八諄云：「矜或作⿰禾堇，通作槿。」史記秦始皇本紀「鉏櫌棘矜」，裴氏集解引服虔云：「以鉏柄及棘作矛槿也。」宋本如是，盧、錢引亦改作「⿰禾堇」。文選吴都賦劉逵注云：「䉁竹大如戟槿。」戴凱之竹譜云：「筋竹爲矛，利稱海表。槿仍其幹，刃即其杪。」字皆从木。疑六朝、唐人自作此字，不必改从矛也。

「雞雛，徐、魯之閒謂之⿱秋隹子。」注云：「子幽反。」戴云：「『⿱秋隹』字，各本訛作『秋侯』二字。廣雅：『⿱秋隹，雞雛也。』曹憲音釋：『⿱秋隹，子幽反。』與此注同。玉篇、廣韻竝云：『⿱秋隹，雞雛。』今據以訂正。」盧、錢本竝同。

案：郡齋讀書志載蜀中傳本正作「⿱秋隹」，云監本以「⿱秋隹」爲「秋侯」，然則今本亦沿監本之誤，宋時蜀本自不誤也。

「凡箭鏃胡合嬴者，四鐮，或曰拘腸。」戴校從廣雅作「鉤腸」，今從盧、錢本。三鐮者謂之羊頭。其廣長而薄鐮謂之錍，或謂之鈀。」注云：「胡鏑在於喉下。嬴，邊也。鐮，棱也。」

案：漢時矢鏃蓋有兩制。一則爲薄匕，而以鐵爲鋌，以入稾。此考工矢人、冶氏舊制也。左昭二十六年傳：「齊子淵捷從洩聲子，射之中楯瓦，繇朐汰輈，匕入者三寸。」杜注云：「匕，矢鏃也。」此古矢鏃皆爲匕之證。一則爲豐本，或三鐮，或四鐮，而爲骹以冒稾。此後世之別制也。此云「胡合嬴者」，「胡」即「喉」也，與考工冶氏戈戟之胡，制異而義略同，蓋即謂豐本之漸殺者，故郭云「鏑在喉下」。「嬴」，郭訓爲「邊」，實當兼有包裹之義。淮南子脩務訓高注云：「羸，裹也。」羸、嬴通。謂鏃之本空中而合裹其邊，其外則四鐮正方者謂之拘腸，三鐮斜角者謂之羊頭，此皆豐本之鏃也。豐本之鏃，當亦有爲鋌以入槀者，其制與古尚不相遠，或無別名耳。鉀與鈀廣長而薄，則即古薄匕之鏃也。爾雅釋器云：「金鏃箭羽謂之鍭。」郭注云：「今之鉀箭是也。」蓋古矢鏃必爲薄匕景純固知之矣。鉀即薄刃之名。戰國策趙策趙奢說劍云：「無脾之薄，而刃不斷。」彼「脾」即「鉀」之借字。矢匕與劍刃制相類，故其名亦同。此條足攷漢時矢鏃之制，而戴、錢諸家皆未能詳究其義，故略釋之。矢本有爲骹以冒槀者，說亦詳後釋名。

卷二十

「揄、楕，脱也。」又云：「毻，尾梢盡也。」「毻」舊本誤「髫」，戴據廣雅校正。盧、錢本竝從之。注同。注云：「毻，毛物漸落去之名。」

案：「楕」與「橢」同，「楕」、「毻」字亦通，皆毛物挩落之名。淮南子說山訓云：「髡屯犂牛既𣯗以橢。」高注云：「𣯗無角，橢無尾。」王氏雜志謂：「『𣯗橢』當作『科橢』，皆秃貌也。」引太玄窮次四「土不和木科橢」爲證，其說甚塙。此「楕」、「毻」即淮南書之「橢」，高注云：「橢，無尾。」與毻尾梢盡也之義尤密合，而戴、盧兩校，轉依廣雅改「楕」爲「墮」，王校淮南，錢箋方言，亦均未引及，謹舉以補其義。

揚雄答劉歆書：「二十七歲于今矣。」盧校云：「案：雄年四十餘游京師。見雄傳贊。其上甘泉賦，當在成帝元延二年。古文苑注云：『計雄此時，年近七十。』蓋在天鳳三四年閒。」

案：此約戴說也。戴謂劉歆遺書求方言，當在天鳳三四年之閒。以情事推之，似不甚塙。竊疑此「二十七歲」當作「一十七歲」。攷漢書百官公卿表，成帝陽朔三年九月，御史大夫王音爲大司馬車騎將軍。本傳云：「初，雄年四十餘，自蜀來至游京師，大司馬車騎將軍奇其文雅，召以爲門下史，薦雄待詔，歲餘，奏羽獵賦，除爲郎，給事黄門。」雄自蜀至京師，爲王音門下史，當即在陽朔三年，時雄三十二歲。據傳云「天鳳五年卒，年七十一」逆推之。文選王文憲集序李注引七略亦云，子雲家牒言以甘露元年生也。傳云「年四十餘」者，四十亦三十之誤也。其「薦雄待詔」自是楊莊。本傳云：「客有薦雄文如相如者。」即指莊言之。贊偶疏略，遂似王音所薦，則誤也。其奏甘泉、羽獵賦，除郎，亦自在元延二年。戴據本傳及成紀攷之如是。蓋子雲留京師已十二年矣。此書云：「天下上計孝廉及內郡衛卒會者，雄常把三寸弱翰，齎油素四尺，以問其異語，歸即以鉛摘次之於槧。」蓋始至京師時，即事鉛槧，非自爲郎歲始也。自陽朔三年後十七年，爲哀帝建平元年。劉歆傳：「哀帝即位，大司馬王莽舉歆宗室有材行，爲侍中太中大夫，遷騎都尉、奉車光禄大夫，貴幸。復領五經，卒父前業。歆乃集六藝羣書，種別爲七略。」歆求方言，當在彼時，上距雄初至京師正十有七歲也。宋本劉書首云：「漢成帝時，劉子駿與雄書，從取方言。」「成」當作「哀」。劉、楊兩書竝有孝成皇帝之文，宋本之誤，固無可疑，而戴、盧必欲傅合二十七年之文，謂在王莽時，則仍誤耳。據歆書云：「願頗與其最目，使得入籙。」雄答書云：「典流於昆嗣，言列於漢籍。」籙、籍竝指七略言之。若如戴說，則時王莽篡漢已久，何得頌言冀列漢籍以觸忌諱乎？且是時歆方爲太中大夫，與中郎同屬光禄勳，故得受詔宓郎中田儀事。又本傳「歆以建平元年改名秀」，此書正在是年，蓋在未改名前數月，故尚題舊名。若天鳳三四年，則改名久矣。歆所校山海經，題建平元年四月上，卷中已稱「臣秀」，儻此書作於莽世，安得更署歆名乎？即此數耑，亦足以明之。

「齊、魯閒謂題肩爲鴡。」

案：今本無此文。廣韻、集韻十四清竝引方言，當是佚文。儀禮大射儀鄭注亦有此語，惟「鴡」作「正」，「鴡」俗字也。

釋名 畢沅疏證本。　吴志忠校刊本。　成蓉鏡補證校。

釋天第一

「露，慮也，覆慮物也。」

案：國語晉語云：「則是先子覆露子也。」韋注云：「露，潤也。」春秋繁露基義篇云：「天爲君而覆露之。」淮南子時則訓云：「包裹覆露。」高注與韋同。漢書鼂錯傳云：「覆露萬民。」如淳云：「露，膏澤也。」又嚴助傳云：「陛下垂德惠以覆露之。」顏注云：「露，謂使之潤澤也。」「覆慮」、「覆露」音相近，故互相訓。釋宮室云：「廬，慮也。」取自「覆，慮也」。

釋地第二

「土赤曰鼠肝，似鼠肝色也。」

案：管子地員篇云：「五弘之狀如鼠肝。」即此。

「土白曰漂，漂輕飛散也。土黑曰盧，盧然解散也。」

案：「漂」即周禮草人職之「輕爂」，「盧」即草人之「埴壚」也。先鄭注云：「輕爂，輕脃者。埴壚，黏疏者。」說文水部云：「漂，漂浮也。」玉燭寶典引四民月令云：「三月可菑沙白輕土之田。」「爂」、「漂」，「壚」、「盧」，字並通。

釋山第三

「山多小石曰磝。磝，堯也，每石堯堯獨處而出見也。」

案：說文：「堯，高也，从垚，在兀上，高遠也。」白虎通義號篇云：「堯猶嶢嶢也，至高之貌。」墨子親士〔一〕篇云：「王德不堯堯者。」「堯」、「嶢」聲義同。

釋道第六

「步所用道曰蹊。蹊，傒也。「傒」，舊本作「係」，畢據初學記引改。下同。言射疾則用之，舊本無「言」字，畢據初學記引校增。故還傒於正道也。」畢氏疏證云：「射疾者，射侯也。『侯』與『疾』形相似。大射儀：『司馬命量人量侯道與所設乏，以貍步。』」即此所云「步所用道」也。

案：畢說大繆。周禮秋官野廬氏：「禁野之橫行徑踰者。」鄭注云：「徑踰，射邪趨疾越渠隄也。」

〔一〕「親士」，原本作「脩身」，據墨子改。

此云「射疾」，即謂「射邪趨疾」，蓋蹊非常行之涂，惟趨射急疾乃用之耳。云步所用者，亦明陝陀不容牛馬也。

釋形體第八

「牙，吴校下增「有」字。樝牙也。」

案：廣韻九麻云：「齟齖，齒不平也。」說文齒部云：「齟，齬齒也。」〔一〕「齬，齒不相值也。」又金部云：「鉏，鉏鋙也。」周禮玉人鄭注作「鉏牙」，楚辭九辨又作「鉏鋙」，竝聲近字通。

「咽，咽物也。吴校改作「以咽物也」。或謂之膢，吴校改「或曰嬰」。在下纓理之中也。」舊本無「下」字，從畢、吴校增。

畢云：「說文：『纓，冠系也。』」

案：「纓」與「嬰」通，後釋長幼云：「胸前曰嬰。」此謂在頤下嬰上文理之中。釋車又云：「喉下稱嬰。」畢說未塙。

「臀，殿也，高厚有殿遌也。」畢校據釋宮室篇「殿，有殿鄂也」云：「當作『殿鄂』。」

案：釋言語亦云：「逆，遌也，遌不從其理，則生殿遌不順也。」「鄂」、「遌」聲義同，不必定改作「鄂」。

「踵，鍾也。鍾，聚也。體之所鍾聚也。」畢云：「一本作『上體之所鍾聚也』。」

〔一〕「齬齒也」，原本作「齟」，據說文改。

案：急就篇顏注云：「踵者，鍾也，上體任之，力所鍾聚也。」顏多用劉義，疑所見本有「上體」二字。

釋姿容第九

「抶，鐵也，其處皮熏黑，色如鐵也。」「熏」，吴本作「薰」。

案：「熏黑」無義，「熏」當爲「黧」。墨子兼愛中〔一〕篇云：「朝有黧黑之色。」「黧」字亦見玉篇。後釋長幼云：「八十曰耋。耋，鐵也，皮膚變黑色如鐵也。」

「倚簁，吴校改「徙」。倚伎也。「伎」，吴校改「技」。簁，作清簁也。吴校上「簁」改「徙」，下删「作清」二字。言人多技巧、尚輕細如簁也。」畢云：「『清』，讀絜清之清，才性反。去其粗，留其精，曰作清。」

案：「作清簁」者，清謂清酒也。釋飲食云：「酒言蒼梧清。」說文竹部云：「簁箄，竹器也。」急就篇顏注云：「簁，所以籭去粗取細者也。」蓋「簁」亦可以用漉濁酒之糟，取其清。毛詩小雅伐木傳云：「以筐曰釃，以藪曰湑。」「簁」即筐之屬。畢注失其義。吴校并删「作清」二字，尤繆。

釋長幼第十

「女，如也。青、徐州曰婟。婟，忤也。始生時，人意不喜，忤忤然也。」畢云：「婟、忤皆俗譌字。說文云：『午，啎也。啎，屰也。』當據以改正。」

案：「婟」，疑與管子海王、國蓄兩篇「吾子」之「吾」字同。尹知章注云：「吾子，謂小男小女也。」蓋吾

〔一〕「中」，原本作「上」，據墨子改。

子本爲小男小女之通稱，後世語變，遂專以稱小女。猶孺子爲小兒之通稱，秦、漢古書亦或以專稱女子也。漢青、徐於周爲齊地，故與管子書合矣。畢欲改爲「㛂」，失之。

釋親屬第十一

「高祖，高，皋也，最在上，皋韜諸下也。」

案：「皋」與「櫜」通。毛詩小雅彤弓傳云：「櫜，韜也。」周禮地官大司徒鄭注云：「蓮芡之實有櫜韜。」「皋韜」即「櫜韜」，蓋覆冒包裹之言。

釋言語第十二

「緩，浣也，斷也。持之不急，則動搖浣斷自放縱也。」

案：莊子天下篇云：「椎拍輐斷，與物宛轉。」又云：「而不免於魭斷。」郭注云：「魭斷，無圭角也。」史記陸賈傳集解引孟康云：「刓，刓斷無復廉鍔也。」「浣斷」與「輐斷」、「魭斷」、「刓斷」竝聲近字通。

釋飲食第十三

「生瀹蔥薤曰兑，言其柔滑兑兑然也。」

案：一切經音義一引通俗文云：「淹韭曰𩐈，淹薤曰𩐈。」「兑」疑即「𩐈」，音近字通。

「腴，奥也，藏肉於奥内，稍出用之也。」

案：荀子大略篇云：「曾子食魚，有餘，曰：『泔之。』門人曰：『泔之傷人，不如奥之。』」賈思勰齊民要術及段公路北户録引南朝食品竝有奥肉法。

釋采帛第十四

「緗，桑也，如桑葉初生之色也。」

案：周禮内司服職有「鞠衣」，鄭注云：「鞠衣，黄桑服也，色如鞠塵，象桑葉始生者。」急就篇「鬱金半見緗白䋹」，顔注云：「緗，淺黄也。」

釋首飾第十五

「毳冕，毳芮也，畫藻文於衣，象水草之毳芮，温暖而潔也。」

案：「芮」疑即「輭」之假字。吕氏春秋必己篇云：「不衣芮温。」高注云：「芮，絮也。」未塙。

釋衣服第十六

「裙，下裳也。裙，羣也，聯接羣幅也。緝下，横縫緝其下也。」畢云：「今本『緝下』云云提行別起，據太平御覽引，併入『裙』下。」

案：畢校是也。方言云：「繞袷謂之帬。」郭注云：「俗人呼接下，江東通言下裳。」「緝下」即「接下」，漢、晉俗語同也。

「𩍐䩢，鞾之缺前壅者，胡中所名也。𩍐䩢，猶速獨，足直前之言也。」

案：説文無「𩍐䩢」二字，皇家碑本急就篇作「索擇」，較爲近古，疑漢人本如此作也。逸周書大子晉篇云：「師曠束躅其足。」孔注云：「束躅，踏也。」「束」，今本誤「東」，據北堂書鈔政術、御覽人事部校正。此

「速獨」當即「束躅」，足踏向前，故云「足直前之言」。

釋宮室第十七

「梠，旅也，連旅旅也，或謂之櫋。舊竝作「槾」，畢校改。櫋，緜也，緜連榱頭，使齊平也。上入曰爵頭，形似爵頭也。」畢云：「說文云：『櫋，屋櫋聯也。』緜連，猶櫋聯也。」

案：淮南子本經訓云：「緜聯房植。」高注云：「緜聯聯受雀頭著桷者。」今本「緜」誤「縣」，此從王念孫校正。方言云：「屋梠謂之欞。」郭注云：「雀梠，即屋檐也，亦呼爲連緜。」「連緜」即「緜連」之到文，「雀梠」亦即「雀頭」也。「爵」、「雀」字通。

「廁，或曰溷，言溷濁也。或曰軒，前有伏，似殿軒也。」

案：後漢書李膺傳：「羊元羣罷北海郡，贓罪狼籍，郡舍溷軒有奇巧，載之以歸。」李注云：「溷軒，廁屋也。」論衡幸偶篇云：「均之土也，或基殿屋，或塗軒户。」皆稱溷爲軒之證。

釋書契第十九

「莂，別也，大書中央，中破別之也。」

案：「莂」，即周禮小宰「傅別」字之變體，从艸無義。攷廣韻十七薛有「筣」字，注一云分契。蓋符契古多用竹，莂亦本从竹，變爲艹。隸書从竹字多从艹。吳玉搢金石存有「晉太康閒楊紹買冢地莂」，與此字同。

釋用器第二十一

「銍，穫禾鐵也。銍銍，斷禾穗聲也。」畢云：「今本『禾』作『黍』，據書禹貢正義、詩臣工正義、太平御覽引改。說文云：『銍，穫禾短鐮也。』」

案：急就篇顏注云：「銍，刈黍短鐮。」似本此書，疑所見本亦作「黍」。

釋樂器第二十二

「鐃，聲鐃鐃也。」

案：通典樂四引作「聲譊譊也」，是，當據正。

釋兵第二十三

「關西曰釭，釭，鉸也，言有交刃也。」畢云：「此段文有譌。說文：『釭，車轂中鐵也。』此書釋車亦云：『釭，空也，其中空也。』不聞謂矢爲釭。初學記引，亦有此文，唯『曰』作『謂之』二字，『交刃』作『鉸刃』。竊以爲，或是『關西曰鉸，鉸，交也，言有交刃也』。吴本依此校改。蓋箭有三鐮四鐮者，有鉤刃射人不能出者，此交刃之謂與？」

案：矢鏃不可爲交刃，畢說究難通。方言說箭鏃胡合嬴者有四鐮三鐮之制。郭璞訓「鐮」爲「棱」，則雖有多棱，亦止一刃，不得云交刃也。竊謂此矢鏃名釭，當即豐本而別爲骹以冒稾者，與古矢鏃爲薄匕不同。詳前方言。此云「釭，鉸也」，「鉸」當爲「骹」之誤。「交刃」，初學記作「鉸刃」，亦當爲「骹刃」，言刃之本爲骹，別於薄匕之本爲鋌也。骹，中空以納稾，猶車釭之含軸，故謂之釭，與釋車「釭，空」之義正同。李林甫唐六典注引通俗文云：「鳴箭曰骹。」彼「骹」爲嗃矢之借字，與此異。詳後新序。

「短刀曰拍髀，帶時拍髀旁也。又曰露拍，言露見也。」

案：御覽三百四十六有魏文帝張協露陌刀銘，「露拍」即「露陌」，音相近。

「松櫝，吴校作「其矜曰松櫝」。長三尺，吴校「長」上增「刃」字。其矜宜輕，吴校删「其」字。以松作之也。櫝，速櫝也，吴校下「櫝」改「獨」，删「也」字。前刺之言也。」畢云：「速櫝之義未聞。」

案：「速櫝」，吴校本改作「速獨」，與上文「𩋤𩏂」釋同，是也。彼爲「足直前之言」，與此「前刺之言」義可兩通。

「盾大而平者曰吴魁，本出於吴，爲魁帥者所持也。」

案：楚辭九章國殤「操吴戈兮被犀甲」，王注云：「或云『操吾科』，『吾科』，盾之名也。」案：「魁」、「科」一聲之轉。

「鉤、鑲，兩頭曰鉤，中央曰鑲，或推鑲，或鉤引，用之之宜也。」

案：「推鑲」，「鑲」當作「攘」。急就篇注云：「鑲，亦刀劍之類，其刃卻偃而外利，所以推攘而害人也。」即本此。

釋車第二十四

「衣車前户，所以載衣服之車也。」成氏補證云：「案：後漢書梁冀傳注引倉頡篇云：『輧，衣車也。』左傳定九年正義引説文云：『輜輧，衣車也。』據成國云『衣車前户』，是他車皆後户。」

案：「衣車前户」者，對輜車後户也。「輜車後户」見周禮巾車鄭注。説文車部云：「輜，輧車前，衣車後也。」漢時輜車、軿車、衣車三者制度蓋略相類，故蒼頡篇云：「軿，衣車也。」明其形大同，惟以前後衣蔽及開户微有區别。蓋軿車四面有衣蔽，故此下文云：「軿車，軿，屏也，四面屏蔽，婦人所乘牛車也。」衣車則後有衣蔽，而前開户，可以啟閉。輜車則前有衣蔽，而後開户。故劉云：「衣車前户。」而許君又以「軿車前，衣車後」釋輜車也。成説未覈。詳余所著周禮正義及經迻。

「輜軿之形同，有邸曰輜，無邸曰軿。」畢云：「宋書禮志引字林曰：『軿車有衣蔽，無後轅。其有後轅者謂之輜。』」

案：説文車部云：「軧，大車後也。」「邸」即「軧」之借字。考工記輈人亦云：「不援其邸，必緧其牛後。」「邸」即所謂後轅。凡輜車後開户，故有後轅；軿車四面屏蔽，則無後轅。劉説與字林可互證也。

「齊人謂車枕以前曰縮，「枕」，吳校據段玉裁校改「桄」。今案：車枕見方言，則段校非也，今仍從畢本。縮言局縮也。兖、冀曰育，御者坐中執御育育然也。」

案：西京雜記下云：「月之旦爲朔，車之輈亦謂之朔。」此云「車枕以前」，即當輈之處，疑「縮」即「朔」，音近通稱。車育，他書亦未見。玉篇車部有「輍」字，云：「弋足切，車枕前也。」廣韻三燭同。集韻三燭云：「車枕謂之輍，或作輎。」「育」、「輍」音亦相近，疑即因兖、冀語而增制「輍」、「輎」二字矣。

「𨍏輗，猶秘齧也，在車軸上，正輪之秘齧前卻也。」畢云：「攷工記車人注：『緛，輪箅。』『𨍏』譌，當作

『笄』。『軸』蓋『輪』字之誤。」

案：慧苑華嚴經音義引聲類云：「俾倪，軾中環持蓋杠者也。」急就篇「蓋轑俾倪枙縛棠」，顔注云：「俾倪，持蓋之杠，在軾中央，環爲之，所以止蓋弓之前卻也。」此「𨍴輗」即急就篇及聲類之「俾倪」。此云「在車軸上」，「軸」當爲「軾」。「正輪之秘齧前卻」，「輪」當作「轑」，「轑」與「橑」同。考工記鄭注云：「弓蓋橑也。」急就篇「橑」亦作「轑」，故此譌爲「輪」。畢氏不寤，乃謂「轉」即考工注之「輪笄」，其誤甚矣。

「棠，樘也，在車兩旁，樘𨏶使不得進卻也。」畢云：「『棠』，疑當爲『堂』。」

案：急就篇亦作「棠」，則漢人多如此作，不必改爲「堂」也。

釋疾病第二十六

「心痛曰疝。疝，詵也，氣詵詵然上而痛也。」

案：本艸經：「磁石主周痺風溼，肢節中痛，不可持物，洗洗酸痟也。」「詵詵」、「洗洗」聲義相近。「詵詵」又見下「陰腫」條。

「眸子明而不正曰通視，言通達目匡一方也。」吳校「言」下增「視」字。畢云：「亦曰通精。」

案：呂氏春秋仲春紀高注云：「生子必有瘖躄通精狂癡之疾。」淮南子時則訓注同。畢說蓋本於彼。後漢書梁冀傳「洞精矘眄」，李注云：「洞，通也。」「通精」即「洞精」也。

釋喪制第二十七

「從前引之曰紼，紼，發也，發車使前也。縣下壙曰繂，繂，捋也，「捋」舊本誤「將」，下同。今從畢、吳兩校本改。徐捋下之也。」

案：玉篇系部云：「紼，引棺索也。」「綍」同。攷喪禮有紼有引，禮記雜記：「諸侯執綍五百人，大夫執引者三百人。」鄭注云：「綍引同耳，廟中曰綍，在塗曰引，互言之。」又喪大記注云：「在棺曰綍，行道曰引，至壙將窆又曰綍。綍或爲率。」儀禮既夕禮注云：「引，所以引柩車，在輴軸曰紼。」案：以三禮經、注攷之，蓋「綍」與「引」同爲大麻索，凡柩殯於廟時，則繫於輴車，以備遷舉；及將葬，載柩於車時，亦以綍舉而載之；既至壙，又以綍繫於輴車，舉而下窆也。析言之，則在廟舉柩之索謂之紼，在道引柩車之索謂之引，通言之則不別。劉釋「綍」爲「發車使前」，蓋即以「引」爲「綍」，其云「縣下壙曰繂」，則正禮注之「綍」。「綍」、「繂」字同，「繂」亦即喪大記注之「率」也。

「喪祭曰奠，奠，停也，言停久也。亦言樸奠，「言」，吳校改「曰」。合體用之也。」畢云：「『合體用』，語未詳。」

案：「合體用」之者，士喪禮大斂奠云：「陳三鼎于門外北上，豚合升。」鄭注云：「合升，合左右體升於鼎。」即劉所據也。畢殊失攷。

札迻卷三

戰國策高誘注

黄丕烈景刊宋姚宏校本。明刻鮑彪注本。元刻吴師道校注本。黄丕烈姚本札記校。王念孫讀書雜志校。

西周

「魏王懼，令軍設舍速東。」

案：「設舍」與「速東」之義不相貫，疑「設」當作「拔」，「拔」、「設」篆文相近而誤。左氏僖十五年傳云：「晉大夫反首拔舍從之。」杜注云：「拔草舍止。」周禮大司馬：「中夏教茇舍。」鄭注云：「茇舍草止也。軍有草止之法。」此令軍拔舍速東，即左傳「反首拔舍」之義。

秦一

「夫徒處而致利，安坐而廣地，雖古五帝、三王、五伯、明主、賢君常欲坐而致之，其勢不能，故以戰續之。」高注云：「續，猶備其勢也。」

案：説文糸部云：「續，古文作賡，从庚貝。」古與「庚」通。月令鄭注云：「庚之言更也。」言以戰更之也。高注未允。

「今秦出號令而行賞罰，不攻無攻相事也。」姚校云：「曾作『有功無功』。」吳校云：「韓作『有功無功相事也』。」黃校云：「『不』當作『又』，形近之譌。」鮑本作「不攻耳，無相攻事也」。注云：「言秦有不攻耳，無敢與相攻者。」

案：曾本與韓非子初見秦篇同，是也。「有功無功相事」，謂秦法上功，使無功之人爲有功者役也。漢書高帝紀顏注引如淳云：「事，謂役使也。」荀子王制篇云：「兩貴之不能相事，兩賤之不能相使。」是「相事」與「相使」義近。又議兵篇說秦法云：「功賞相長也，五甲首而隸五家。」即有功無功相使之法。鮑說殊繆。

秦三

「詩曰：『木實繁者披其枝，披其枝者傷其心，大其都者危其國，尊其臣者卑其主。』」鮑云：「逸詩。」

案：逸周書周祝篇云：「葉之美也解其柯，柯之美也離其枝，枝之美也致其本。」與此文相近。古書引書或通稱「詩」，秦〔一〕四引「詩云：『大遠武宅不涉。』」史記春申君傳、新序善謀篇同。即周書大武篇之「遠宅不薄」，是其證也。

秦四

「齊、魏得地而葆利，而詳事下吏。」注云：「事，治。」鮑同。黃云：「『下』，鮑本作『不』。」案：史記、新序作『下』，『不』字譌。」吳云：「『不吏』，姚本『下吏』，是。詳其事以下於吏，慎重之意。」

〔一〕「秦」，原本作「策」，據戰國策改。

案：「詳」、「佯」字通。言齊、魏僞爲事秦也。史記吳世家索隱云：「詳，猶僞也。」高、吳說竝未得其義，鮑本尤誤。

「使陳毛釋劍掫，委南聽罪。」鮑云：「掫，夜戒，有所擊引。釋二者，不自衛，示卑也。」

案：「掫委」義難通，鮑以「扞掫」爲釋，亦與聽罪、示卑之義無會，殆非也。疑「掫」當爲「撮」之譌。詩小雅彼都人士「臺笠緇撮」，毛傳云：「緇撮，緇布冠也。」孔疏云：「緇布冠制小故言撮。」禮記雜記鄭注云：「委，武冠卷也，秦人曰委，齊人曰武。」此「撮」、「委」即謂布冠，蓋常禮帶劍冠帛，今以聽罪殺服，故釋劍而布冠，前「謂秦王」章，說梁惠王布冠而拘於秦，亦兵敗謝罪之服。正自卑損之意。

秦五

「姚賈曰：『太公望，齊之逐夫，朝歌之廢屠，子良之逐臣，棘津之讎不庸。』」注云：「釣魚於棘津，魚不食餌；賣庸作，又不能自售也。」

案：此當作「棘津之不讎庸」，故高注云：「賣庸作，不能自售也。」今本「讎不」二字誤到，與注不相應，當乙正。

齊一

「靖郭君謂齊王曰：『五官之計，不可不日聽也而數覽。』王曰：『說五而厭之。』」姚云：「一本作『王曰：「日說五官吾厭之。」』」鮑本「五」作「吾」，注云：「言汝既說我，則不得自厭，故以委之。」吳云：「『也』字當在『覽』下。『王曰說吾』有缺誤。」

案：此「而數覽」三字，當依吴校在「也」字上。「王曰：『説五而厭之。』」當作「王曰：『日聽一官，五日而厭之。』」姚校別本作「王日日説五官」，「説」即「聽」之誤。一本「五」作「吾」，鮑本同，即「五日」二字之合并而誤者。言王因靖郭君言敏日聽一官之計，至五日而王厭倦不復聽也。

齊四〔一〕

「是故無其實而喜其名者削，無德而望其福者約，無功而受其祿者辱，禍必握。」姚云：「高士傳作『渥』。」鮑云：「言禍辱隨之不捨也。」

案：「握」，高士傳作「渥」，義較長。此當讀「無功而受其祿者辱」句，「禍必渥」三字句。「削」、「約」、「辱」文相對。言其得禍必重也。易鼎九四爻辭云：「其形渥。」周禮鄭注引作「其刑剭」，潛夫論三式篇釋易義云：「此言三公不勝任則有渥刑也。」漢書敘傳顔注云：「剭者，厚刑，謂重誅也。音握。」「握」、「渥」、「剭」竝聲同字通。

「王斗曰：『昔先君桓公所好者，九合諸侯，一匡天下，天子受籍，立爲大伯。』」鮑改「受」爲「授」，注云：「籍，土地人民之籍，猶賜履也。」吴云：「當作『授』，字通借。」

案：鮑釋此「籍」爲「土地人民之籍」，非也。「籍」當讀爲「胙」，即指左傳僖九年王使宰孔賜齊侯胙之事。史記商君傳集解引新序云：「秦孝公，周室歸籍。」索隱云：「籍音胙，字合作『胙』，誤爲

〔一〕「齊四」二字原本在下條首，據戰國策移此。

『籍』耳。今本史記「籍」作「藉」，此據元中統本。案：本紀『周歸文、武胙於孝公』是也。」此以「籍」爲「胙」，與新序正同。「授籍」即「歸胙」也。「籍」、「藉」古音與「胙」同。詳顧炎武唐韻正。

齊五

「中人禱祝，君翳釀，通都小縣置社。」鮑云：「翳，華蓋也，故有隱義，言釀於中以待飲至。置社，戮不用命者。」

案：鮑說迂曲，不可從。「翳釀」當讀爲「瘞禳」，竝聲近字通。詩大雅鳧鷖孔疏引爾雅孫炎注云：「瘞者，翳也，既祭，翳藏地中也。」大戴禮記曾子天圓篇云：「割裂禳瘞。」「翳釀」猶言「禳瘞」也。蓋古者國君軍禮有禳，四望山川社稷諸地示皆用瘞薶之禮，故云「君翳釀」，明臣民所不得舉也。「置社」者，禮記祭法云：「大夫以下成羣立社曰置社。」然社爲恆祀，非用兵時始置，此於義難通。「置」疑當爲「塞」。「置」俗或作「寘」，與「塞」形近而誤。史記封禪書云：「冬塞禱祠。」索隱云：「『塞』與『賽』同。賽，今報神福也。」此云「塞社」，亦謂報社也。

「家雜總，身窟穴，中罷於刀金。而士困於土功。」鮑云：「家雜總，全家併作。身窟穴中，謂地道。」黄云：「『今本『窟』誤『屈』。案：此以『窟』爲『掘』字，連下『中』字讀者非。」

案：黄讀「穴」句斷，是也。「窟」當如字。「身」當爲「穿」。墨子備城門篇：「俟亓穿井且通。」「穿」，今本亦譌作「身」，與此正同。黄讀爲「掘穴」則非。

齊六

「襄王爲太子徵。齊以鮑本作「已」，字通。破燕，田單之立疑，齊國之衆，皆以田單爲自立也。」鮑云：「徵，猶信也。太子初易姓名爲庸，人疑之，至是始有狀可信也。」

案：此「徵」當爲「微」，亦形之誤。襄王易姓名爲大史敫家庸，故曰微也。鮑注沿誤爲釋，不足據。

楚一

「請悉楚國之衆也，以廧於齊。」鮑本「廧」作「啚」，改爲「圖」。吴云：「字訛，當作『圖』，上有『圖楚』。」

案：「啚」當爲「菑」，漢隸「菑」或作「蕃」，與「啚」、「廧」形近，因而致誤。考工記鄭司農注云：「泰山、平原所樹立物爲菑，聲如胾，博立梟棊亦爲菑。」字或作「傳」，又作「事」。釋名釋言語云：「事，傳也。傳，立也。青、徐人言立曰傳也。」史記張耳傳云：「蒯通曰：『莫敢傳刃公之腹中。』」集解引李奇云：「東方人以物插地中皆爲傳。」漢書蒯通傳顔注引李奇説「傳」作「事」。此云「以菑於齊」，猶云以傳刃於齊耳，不必據上文改爲「圖」也。

「『奚恤得事公，公何爲以故與奚恤？』客曰：『非用故也。』」鮑云：「故，謂設事以探己意。」

案：故，猶詐也。大戴禮記文王官人篇云：「以故取利。」荀子王制篇云：「幽險詐故。」淮南子主術訓云：「是以上多故則下多詐。」高注云：「故，詐。」是其義也。鮑釋「故」爲「設事」，失之。

「四封不侵。」鮑本「侵」作「廉」。注云：「廉，猶禮不廉。言無事故不察治。」吴云：「『廉隅』之『廉』，謂四竟完固，不見廉隅也。」

案：「廉」當讀爲「謙」，謂減少也。禮記樂記云：「禮主其減。」史記樂書「減」作「謙」。鮑、吴説竝迂曲，不可從。

楚四

「襄王流揜於城陽。」鮑云：「揜，覆也。」

案：「揜」與「淹」通，言流徙而淹留於城陽也。左傳襄二十六年云：「君淹恤於外。」杜注云：「淹，久也。」即此流揜之義。鮑訓「揜」爲「覆」，非其義。

趙一

「昔者，五國之王，嘗合横而謀伐趙，參分趙國壤地，著之盤盂，屬之讎柞。」鮑云：「『讎柞』、『酬酢』同。言其相屬伐趙於酬酢之閒。」

案：「屬之讎柞」，義難通。鮑説穿鑿，不足據。以文義推之，疑「讎柞」當讀爲「疇籍」。「讎」、「疇」，「柞」、「籍」竝聲近叚借字。（「讎」从「雔」聲，説文雔部云：「雔，讀若疇。」「籍」，古音同「胙」，詳前。淮南子氾論訓「履天子之籍」，高注云：「『籍』或作『胙』。」「柞」、「胙」、「阼」聲類同。）古典册篇章或謂之疇。書洪範云：「天乃錫禹洪範九疇。」漢書五行志釋之云「天迺錫禹大法九章」是也。「著之盤盂，屬之讎柞」，謂五國約誓之言，書之彝器與册籍也。

「謂皮相國曰：『以趙之弱而據之建信君，涉孟之讎然者何也？以從爲有功也。』」鮑云：「涉孟，蓋爲横，與建信君異趣，故趙讎之。」

案：「讐」亦與「儔」通。爾雅釋詁郭注云：「讎，猶儔也。」廣雅釋詁云：「讎，輩也。」涉孟與建信君蓋皆趙臣，鮑說失之。

「秦禍案攘於趙矣。」鮑本「攘於」作「環中」。注云：「此言秦視趙在其度內，如物在環中。『環中』一作『移於』字可也。」吴云：「姚本『案攘於趙』，愚以『攘』即『移』字訛，當作『移於』。鮑說未是。」黄云：「吴說未是。楊倞荀子注引作『攘』字。」

案：上文云「秦禍安移於梁矣」，此吴所據也，然以文義校之，鮑釋雖非，而其本則似不誤。「環」與「還」通，「環中趙」，言「還中於趙」，與上「移於梁」意同，而文則異。後卷蘇秦合從說趙王亦云：「秦無韓、魏之隔，禍中於趙矣。」

趙三

「且夫吴干之劒材，難夫毋脊之厚，而鋒不入；無脾之薄，而刃不斷。兼有是兩者，無鈞咢鐔蒙須之便，操其刃而刺，則未入而手斷。」鮑本「鈞」作「鉤」，「咢」作「罕」，改爲「竿」。注云：「鉤，劒頭鐶。竿，與『桿』同。集韻，柄也。」吴云：「一本作『咢』，是『咢』即『咢』字，『鍔』同，刃鋒也。」

案：此方論劒把削之物，不當及鋒鍔，吴說非也。鮑改爲「竿」，尤爲專輒。竊疑「咢」、「罕」竝當作「票」，即「鏢」之省。說文金部云：「鏢，刀劒削末銅也。」廣韻四宵云：「鏢，刀劒鞘下飾也。」「鏢」爲劒削之飾，正與「鉤鐔蒙須」等同類，故兼舉之。

「鄭同北見趙王。趙王曰：『子南方之傳士也。』」姚校云：「『傳』，一作『博』。」吴云：「姚本作『博士』。」與今所傳姚本不合，未詳。鮑本作「博」。注云：「博士，辯博之士。」

案：「傳」疑當爲「儒」，隸書「儒」或作「僡」，墨子非儒下篇「儒者迎妻」，今本「儒」亦誤作「傳」，與此正同。與「傳」形近而誤。

趙四

「故日月暉於外，其賊在於內。」姚云：「東坡本『日月彫暉於外』。」

案：說文日部云：「暉，光也。」今字作「暈」。韓非子備内篇云：「故日月暈圍於外，其賊在內。」與此文同。吕氏春秋明理篇高注云：「暈，氣圍繞日周匝，有似軍營相圍守，故曰暈也。」「彫」，疑即「周」之借字。

魏二

「請弛期更日。」又云：「因弛期而更爲日。」鮑云：「弛，解也。昔約今解。」

案：「弛」當訓爲易。「弛期」，猶云改易葬期。韓非子内儲說上篇云：「應侯謂秦王曰：『上黨之安樂，其處甚劇，臣恐弛而不聽，柰何？』王曰：『必弛易之矣。』」此下文云「因弛期而更爲日」，又云「敬弛期而更擇日」，是「弛」者，易故；「期更」者，更擇新日也。鮑訓「弛」爲「解」，未得其義。

魏四

「吾已全已，無爲人臣之義矣。」姚云：「『已無』，一本作『已之』。」鮑本「爲」改「違」。吴云：「無爲人臣者，不事二君之義。」

案：一本是也。此縮高言己之義已全也。鮑改「爲」作「違」，非。

韓一

「五國約而攻秦，楚王爲從長，不能傷秦，兵罷而留於成皋。魏順謂市丘君曰：『五國罷，必攻市丘，以償兵費。』」鮑本改「市丘」爲「沛丘」。注云：「太公世家注『沛丘』爲『貝』，曰『貝丘』，屬清河。」明刻此注譌互，不可讀。吴本亦同。今案文義校正。吴云：「成皋與清河絶遠，恐非。」又云：「留成皋而將攻市丘，市丘必韓地，不然，則策當在楚，不在韓。」

案：姚本作「市丘」，則爲魏地。吕氏春秋應言篇云：「市丘之鼎。」高注云：「市丘，魏邑也。」鮑本作「沛丘」，讀爲「貝丘」，則爲齊地。左傳莊八年，「齊侯遊于姑棼，遂田于貝丘」。史記齊世家作「沛丘」，杜注云：「貝丘，齊地。樂安博昌縣南，有地名貝丘。」又昭二十年傳，齊侯田于沛，注亦謂「即貝丘」。水經淄水注引京相璠説貝丘同。竝鮑所據也。竊謂此五國攻秦，吴師道謂在韓宣惠王十五年，時楚懷王爲從長，鮑彪謂在韓釐王時，非也。吴師道已辯之。齊、韓、趙、魏、燕咸與其事。見楚世家。下文魏順謂楚王云：「五國重王。」明并楚爲六國也。今攻秦無功，而將攻市丘，以償兵費，則市丘必小國之中立不與兵事者，若爲魏、韓、齊三國地，則本在五國之内，何得自攻屬邑，以求償乎？揆之事理，必不可通。其去成皋遠近，可勿論矣！以彼時事勢及地域推之，疑市丘當爲帝丘，「市」與「帝」形近。吕覽「市丘之鼎」，蔡中郎集薦邊文禮書引作「函牛之鼎」，宋本校注云：「一作帝丘之鼎」，與此可互證。「帝丘君」，即衛君也。漢書地理志：「東郡濮陽縣，故帝丘也，衛成公自楚丘徙此。」史記衛世家云：「嗣君五年，貶號曰君，獨有濮陽。」「元君十四年，秦徙衛野王縣，而并濮陽爲東郡。」此五國攻秦，即在衛嗣君七年，時適貶號，而止有濮陽一縣。濮陽即帝丘也，其地亦正與成皋相近。戰國時多以國都爲稱，若秦策四稱趙王爲邯鄲君，韓策三稱韓王爲鄭君，是也。若然，衛治濮陽，其稱爲帝丘君，不亦宜乎！孔叢子論勢篇以此爲孔子順説市丘子語，僞託不足憑也。其載於韓策者，則以留兵成皋，成皋時爲韓地故也。吳氏乃因此并疑市丘必爲韓地，固矣。

衛

「束組三百緄。」注云：「組，斜文紛綬之屬也。十首爲一緄也。」鮑同。吳云：「緄，古本反。説文云：『帶也。』詩『緄縢』，傳：『繩也。』皆與此不協。」

案：此高據漢制爲釋也。續漢書輿服志説綬制云：「凡先合單紡爲一系，四系爲一扶，五扶爲一首。」又云：「自公主封君以上皆帶綬，以采組爲緄帶。」漢志無十首之名，此可以補之。

中山

「勞者相饗，飲食餔餽。」注云：「吳謂食爲餽，祭鬼亦爲餽。鮑同。古文通用，讀與『饋』同。」鮑云：「餔，申時食。」

案：「餔餽」疑當爲「酺醵」之借字。列女傳魯之母師傳云：「妾恐其酺醵醉飽，人情所有也。」太平御覽人事部引曹大家注云：「酺醵，合聚飲酒也。」齊策云：「完者内酺而華樂。」

越絕書 錢培名校刊本。傳録盧文弨校明吴琯本。錢培名札記校。俞樾讀越絶書校。

荆平王内傳第二

「與子期甫蘆之碕。」錢校云：「吴越春秋作『與子期乎蘆之漪』。」

案：「甫」與「夫」音近字通。

外傳記吴地傳第三

「夫差冢在猶亭西卑猶位，越王候干戈人一累土以葬之。近太湖，去縣十七里。」錢云：「『亭』原誤『高』，依吴太伯世家集解徐天祜引越絶吴地記改。集解『位』上有『之』字。『累』，集解作『㙤』。吴郡志作『王令干戈人以一㙤土葬之』，此『候』字疑誤。『十七里』，集解作『五十七里』，徐天祜引與今本同。」

案：史記吴世家集解引此作「在猶亭西卑猶之位五十七里」，盧校竝依改。索隱云：「猶亭，亭名。『卑猶位』三字其爲地名，吴地記曰『徐枕山，一名卑猶山』。」是。案：猶亭即以卑猶山名亭，不必更云「卑猶位」，且山亦不當稱「位」，此必有誤。竊疑當作「申酉位」，申酉正是西方，此記墓所在方位，洪适隸釋漢郎中馬江碑云：「故塋迫笮兆告斯土先君之庚地。」此以干支紀方位之見於漢刻者。非山名也。「候」，當依史記集解及吴越春秋作「使」。「累」，集解作「㙤」，「累」即「虆」之借字，「㙤」則「虆」之俗也。吴越春秋作「隰」則繆。史記索隱云：「㙤，音路禾反，小竹籠，以盛土。」小司馬所釋，即「虆」字之義。

孫奭孟子音義云：「虆，土籠也，或作『蔂』。」「去縣十七里」，「十」上當依集解增「五」字。據索隱引吳地記，卑猶山即秦餘杭山。毛本索隱誤作徐杭山，今本吳地記亦缺誤。上文云「秦餘杭山者，去縣五十里」，則卑猶亭不當止去縣十七里，蓋涉下「三臺」而誤。

吳人內傳第四

「蔡昭公南朝楚，被羔裘，囊瓦求之。」又云：「子胥於是報闔廬曰：『蔡公南朝，被羔裘，囊瓦求之。』」

案：古朝服玄端皆羔裘通於上下，不足爲珍。「羔」竝當爲「美」，形近而誤。郭忠恕佩觿云：「美羊之美爲美惡。」公羊定四年傳云：「蔡昭公朝乎楚，有美裘焉，囊瓦求之，昭公不與。」穀梁傳略同。此書多用公羊說也。吳越春秋闔閭內傳及新序善謀篇竝作「美裘」，可證。「蔡公南朝」下挩「楚」字，當據上文補。

外傳紀策考第七

「虹蜺牽牛其異女。」

案：「其異女」無義，疑「異女」當作「翼女」，後外傳記軍氣篇說星野「吳牛女，楚翼軫」，此蓋言災氣見於吳、楚之分也。「其」字上下有挩文。

「兩邦同城。」

案：兩邦無同城之理，「城」當爲「域」，形近而誤。

「吳使子胥救蔡，誅强楚，笞平王墓，久而不去。意欲報楚，楚乃購之千金，衆人莫能止之。有野人謂子胥曰：『止。吾是干斧掩壺漿之子發簞飯於船中者。』」

案：此文有挩誤。以吳越春秋校之，此乃吳入楚後，子胥引軍擊鄭，鄭使漁者子止之，與報楚不相冢。此當云「意欲報鄭，鄭乃購之千金」，校者不憭，誤改鄭爲楚，遂不可通。「久而不去」上疑有挩文。

外傳記越地傳第十

「亦覆釜也。覆釜者，州土也，填德也。」

案：此釋會稽山之別名，文有挩誤。水經漸江水酈注云：「會稽山又曰棟山，越絶云：『棟，猶鎮也。』蓋周禮所謂揚州之鎮矣。」「棟，猶鎮也」四字，疑即此處挩文。「填」、「鎮」字通，此即釋棟山之義。周禮職方氏鄭注云：「鎮者名山，安地德者也。」外傳計倪篇亦云：「進兵圍越會稽填山。」填山即鎮山也。

「北鄉臣事吳，東爲右，西爲左。」

案：施宿會稽志引云：「越王臣于吳，故城北向，以東爲右，以西爲左。」疑此「北鄉」上挩「故城」二字。

「大越故界，浙江至就李，南姑末、寫干、覲縣，北有武原。武原今海鹽，姑末今大末，寫干今屬豫章。」

案：王象之輿地紀勝紹興府引越絶云：「大越故界，浙江至檇李，南姑末、寫干，里覲鄉，北有武原。」較今本多一「里」字。蓋此書元文當云：「西至就李，南姑末、寫干，東覲鄉，北有武原。」紀勝「里」即「東」字之誤。攷國語越語及吳越春秋句踐歸國外傳竝載越地界所至，越語云：「南至于句無，北至于禦兒，東至于鄞，西至于姑蔑。」吳越春秋云：「東至于句甬，西至于檇李，南至于姑末，北至于平原。」二書所述，與此大較相同。參互校覈，「就李」即「檇李」，亦即「禦兒」；亦名「語兒鄉」，見越絕記地篇。「姑末」即「姑蔑」；「覲鄉」即「鄞」，竝聲近字通。亦即「句甬」；吳語作「甬句東」。韋注云：「甬句東今句章，東海口外洲也。案即今定海翁洲，吳時別屬句章，春秋時當亦爲鄞鄉地。」「武原」即「平原」。惟越語有「句無」而無「寫干」、「武原」，吳越春秋有「平原」而無「句無」、「寫干」，越絕有「寫干」、「武原」而無「句無」爲小異耳。

「是時徙大越民置餘杭伊攻□故鄣。」

案：太平寰宇記江南東道湖州引越絕外傳云：「秦始皇至會稽，徙越之人於烏程。」今本未見，疑即此處所闕之文。

外傳計倪第十一

「垂涕啼哭，欲伐而死。」

案：「伐」，疑當作「代」，形近而誤。

外傳記吳王占夢第十二

「闔廬□剬子胥之教。」

案：「剬」與「制」同。史記五帝本紀「依鬼神以制義」，張氏正義本「制」作「剬」，云：「剬，古制字。」「剬」即「制」之譌體。說文刀部別有「剬」字，云：「齊斷也。从刀，耑聲。」與此字異。張說未審。「剬」上闕文疑是「之」

字。

「而王恆使其芻莖秩馬莖。」盧校改「莝」。

案：盧校是也。「秩」當作「秣」。「莝」、「莖」，「秣」、「秩」，皆形之誤。

外傳記寶劍第十三

「使被腸夷之甲三事。」

案：吳越春秋王僚使公子光傳云：「王僚乃被棠鐵之甲三重。」此「使」當爲「僚」，「腸夷」即「棠鐵」。「三事」當從彼作「三重」，「重」、「事」形近而誤。

内經九術第十四

「於是作爲策楯，嬰以白璧，鏤以黄金，類龍蛇而行者，乃使大夫種獻之於吳。」錢云：「『策』，吳都賦注作『榮』，與吳越春秋合。水經漸江水注亦云：『句踐使人伐榮楯，欲以獻吳。』」

案：錢校是也。「榮楯」蓋即「闌楯」之有鏤飾者。史記趙世家：「成侯二十年，魏獻榮椽，因以爲檀臺。」索隱云：「榮椽是良材，可爲椽，斵飾有光榮。」「榮楯」與「榮椽」義同。

德序外傳記第十八

「鄰邦樂德以來取足。」盧校從御覽五百二十六引，作「皆來取之」。

案：盧校改「以」爲「皆」，是也。「取足」疑「取正」之誤，「足」、「之」竝與「正」形近。

「後衽天人。」

案：「天人」當作「天乙」。吳越春秋句踐伐吳外傳作「後入天乙」，是其證。

叙外傳記第十九

「五胥因悉挾方。」

案：此句譌繆，不可解。以意求之，「五胥」即「伍胥」，「伍」作「五」，與漢書古今人表合。凡子胥姓，秦、漢古書多作「五」，此書當亦然。今本他篇皆作「伍」者，疑後人妄改。「悉」疑當作「怨」。「挾方」疑當作「挾弓」。「怨」、「悉」，「弓」、「方」，竝形近而誤。外傳本事篇云：「或以爲子貢所作，當挾四方，不獨在吳、越。」彼用詩大雅大明文，此「挾方」與彼不同。子胥挾弓，本公羊定四年傳。吳人內傳云：「子胥挾弓，身干闔廬。」又外傳紀策考云：「子胥曰：『吾背楚荊，挾弓以去。』」又外傳記范伯云：「黃帝之元，執辰破巳，霸王之氣，見於地户，子胥以是挾弓干吳王。」彼下文云：「地户之位，非吳則越。」案：吳、越斗牛女之分，天漢所經，故此下文亦云「氣歷天漢」，二文相應也。

吳越春秋

元刊徐天祜注本。傳録盧文弨校吳琯本。顧觀光校勘記校。俞樾讀吳越春秋校。蔣光煦斠補隅録校。

吳太伯傳第一

「粢稷黍禾蕖麥豆稻各得其理。」

案：「蕖」非穀名，疑當作「粱」，形近而誤。

「古公曰：『君子不以養害害所養。』」

案：此文不可通，當作「君子不以養者害所養」。徐注引孟子可證。此「者」字涉下「害」字而誤。

「國所以亡也，而爲身害。」盧校云：「亡字誤。」

案：以上文校之，「亡」疑當爲「養」之誤。

闔閭内傳第四

「故小城南門上反羽爲兩鯢鱙以象龍角。」

案：「反羽」即「反宇」。釋名釋宫室云：「宇，羽也，如鳥羽翼自覆蔽也。」論衡骨相篇云：「孔子反羽。」講瑞篇作「反宇」。此謂吴小城南門門臺甍宇反起爲美觀也。「鯢鱙」當作「蟉繞」，下又捝「棟」字。太平御覽七十六引句踐歸國外傳説「越王作飛翼之樓」云：「爲兩蟉繞棟以象龍角。」今本無此文。制正與此同，可據以校此文之誤。

「今若斯議，何乃天乎？」盧云：「佚史本『何乃天子』，明馮念祖刊本同。似當作『何乃夫子』，倒句文法。」

案：此當作「何反天乎」，此因上「子胥對曰：『恐非皇天。』」之意而詰之也。盧説未憭。何允中本作「何及夫子」，尤誤。

「二鼓操進。」

案：「操」當爲「譟」。詩大雅大明孔疏引今文書太誓云：「師乃鼓譟。」周禮大司馬鄭注云：「譟，讙也。」「譟」、「操」形聲相近而誤。

「王耶，王耶，何乖烈！」徐注云：「『烈』，疑當作『劣』。」

案：「烈」當讀爲「剌」，「烈」、「剌」聲近字通，古金文「烈」字竝作「剌」。薛尚功鐘鼎款識晉姜鼎銘「妥揚乃光剌」。「剌」釋文讀爲「烈」，是其證。「乖烈」，猶言「乖剌」也。

夫差内傳第五

「甲堅士選，器飽弩勁。」

案：「器」不可以言「飽」，「飽」當爲「飭」，形近而誤。

「今君悉四境之甲，出大臣以環之。」

案：「環」當爲「擐」之借字。成二年左傳云：「擐甲執兵。」杜注云：「擐，貫也。」國語吳語云：「服兵擐甲。」韋注同。

不知螳螂超枝緣條，曳腰聳距而稷其形。」

案：「稷」當讀爲「側」，「側」、「稷」聲近，叚借字。御覽皇王部引尚書中候「日下稷」，鄭康成注云：「稷，讀曰側。」是其例。

越王無余外傳第六

「迴崑崙，察六扈，脈地理，名金石。」

案：「六」疑當作「玄」。山海經中山經云：「陽虛之山臨于玄扈之水。」郭注引河圖云：「蒼頡爲帝，南巡狩，登陽虛之山，臨于玄扈、洛、汭，靈龜負書，丹甲青文以授之。」「玄」，俗書或作「𠫔」，挩其半，遂成「六」字耳。

句踐入臣外傳第七

「今懷夏將滯，志在於還。」盧云：「夏，疑憂。」蔣校云：「滯，宋本遰。」

案：宋本是也。説文辵部云：「遰，去也。」大戴禮夏小正傳云：「遰，往也。」「懷夏」疑當作「遝夏」。「懷」古作「褱」，與「遝」同从「眔」，因而致誤。説文辵部云：「遝，迨也。」方言云：「迨，遝及也。東齊曰迨，關之東西曰遝，或曰及。」爾雅釋言云：「逮，遝也。」「遝」、「逮」字通。禮記中庸「所以逮賤也」，釋文「逮」作「遝」。公羊哀十四年傳「祖之所逮聞也」，漢石經「逮」作「遝」。上文云：「越王句踐五年，與大夫種、范蠡入臣於吳。」此云「遝夏將遰」，謂句踐許吳以入臣，至夏將往也，故云「志在於還」。盧氏不知「懷」字之誤，而轉改「夏」爲「憂」以就之，傎矣。

「越王服犢鼻，著樵頭。」

案：「樵頭」即「幧頭」也。釋名釋首飾云：「綃頭，綃紗也，鈔髮使上從也。」從漢書向栩傳云：「好被髮著絳綃頭。」方言云：「絡頭，自河以北，趙、魏之閒曰幧頭。」廣雅釋器亦作「幧頭」。儀禮士喪禮、喪服鄭注竝云「著幓頭」。「樵」、「幧」、「綃」、「幓」皆一聲之轉。御覽六百八十八引作「王衣獨鼻幓頭」，字與儀禮注同。

「青龍在勝先而臨酉。」

案：宋、元本如此。明袁經、吳琯、馮念祖刊本竝同。何本「先」作「光」，非也。五行大義第二十論諸神篇云：「午勝先者，陽氣大威，陰氣時動，惟陽在先爲勝也。」黃帝龍首經亦云：「午爲勝先。」蓋古六壬式皆如此作。何刻依俗本六壬書改「先」爲「光」，殊繆。

句踐歸國外傳第八

「陵門四達，以象八風。」

案：越絶書外傳記越地傳云：「陸門四，水門一。」則「陵」當爲「陸」之誤。前闔閭内傳記吴城制云：「陸門八，以象天八風；水門八，以象地八聰。」亦其證也。

句踐伐吴外傳第十

「越王還於吴，當歸，而問於范蠡曰：『何子之言其合於天？』范蠡曰：『此素女之道，一言即合大王之事。王問爲實，金匱之要，在於上下。』」徐云：「『爲』當作『焉』。」

案：「其合於天」，「其」疑「甚」之誤。「大王之事，王問爲實」，二語有誤。徐改「爲」爲「焉」，而以「實」屬下讀，於文仍難通。以意推之，疑當作「玉門爲實」，「玉門」與「金匱」，文正相對，皆六壬式書名。今道藏金匱玉衡經即其遺法。句踐入臣外傳范蠡曰：「大王安心，事將有意，在玉門第一。」又子胥曰：「且大王初臨政，負玉門之第九。」又本篇後文文種曰：「吾見王時，正犯玉門之第八也。」「金匱第八」，見夫差内傳子胥語。此越王訝蠡言何甚合天，故蠡即以六壬占式爲對。今本「玉門」譌作「王問」，遂不可通耳。

漢舊儀　孫星衍校刊本。

卷上

「大夫初拜策，往悉乃心，和裕開賢，俾賢能反本乂民。」

案：前「丞相初拜策」云：「和裕開賢，俾之反本乂民。」此「俾」下「賢」字疑涉上而衍。

卷下

「掖庭令，晝漏未盡八刻，廬監以茵次上婕妤以下，至後庭，訪白録所録所推當御見。」

案：「訪白録所録所」句，文譌衍，不可通，疑當作「白録所記」四字。周禮内小臣鄭注云：「陰事，羣妃御見之事。若今掖庭令，晝漏不盡八刻，白録所記，推當御見者。」可據以校正。

「更令吏曰令史，丞吏曰丞史，尉吏曰尉史。」孫校云：「案漢書陳涉傳晉灼注引兩『吏』字俱作『史』。」

案：晉灼所引近是。蓋舊諸史皆單稱史，今更制令之史即名曰令史，丞、尉史亦然。今本「史」作「吏」，形近而譌。

列女傳　阮元景宋刊本。　王照圓注本。　梁端校注本。　顧廣圻考證校。　顧觀光校勘記校。

賢明傳宋鮑女宗

「澈漠酒醴，羞饋食，以事舅姑。」王讀「澈」屬上「以事夫室」爲句，注云：「澈，潔清也。『漠』與『羃』同，孟子母云：『羃酒漿也。』」又引洪頤煊云：「『澈』當作『澂』，與『澄』字同。『澄漠酒醴』，言其清也。禮運曰：『澄酒在下。』」梁云：「澈，説文水部繫傳引作『澂』。爾雅『漠，清也。』」

案：此當從洪、梁讀。「澈」當從徐引作「澂」。風俗通義愆禮篇云：「澄灑當作「漠」。酒醴，此字今本挩。以養舅姑。」即本此文。

仁智傳魯臧孫母

「食我以同魚。」又云：「食我以同魚。同者，其文錯。」梁注云：「同，太平御覽作『銅』，古字通。」考證、校勘記引段説同。

案：玉燭寶典四引「同」作「鮦」。又云：「鮦魚者，其文錯。」曹大家注云：「魚鱗有錯文。」今本「鮦」誤「同」，「其文錯」句又挩「魚」字，皆當據補正。爾雅釋魚云：「鰹，大鮦。」故可食。若「銅魚」，則非可食之物。御覽所引亦誤本也。

晉羊叔姬

「南方有鳥，名曰乾吉，食其子，不擇肉，子常不遂。」

案：「乾吉」無攷，疑當作「乾告」。淮南子氾論訓云：「乾鵠知來而不知往。」高注云：「乾鵠，鵲也。鵠，讀告退之告。」儀禮大射儀鄭注又作「鳱鵠」。「告」即「鵠」之省，傳寫又誤作「吉」。易林小畜之漸云：「餌吉知來。」顧千里亦謂即淮南書「乾鵠」之譌。見校宋本易林後序。

辯通傳阿谷處女

「過賢則賓。」

案：「過」當作「遇」，形近而誤。列子說符篇「君遇而遺先生食」，殷敬順釋文云：「『遇』，一本作『過』。」

齊威虞姬

「侍明王之讒，泥附王著。」王云：「『泥』當作『昵』。燕昵，親近也。『附王著』當作『附著王』，誤倒其文耳。」梁引陳奐云：「『泥』，即『昵』字。『王』字疑涉上『明王』而衍。『讒泥附著』四字同義。」

案：王、陳說皆未安。「著」疑當讀如詩齊風「待我於著乎而」之「著」。毛傳云：「門屏之閒曰著。」「著」，爾雅釋宮作「宁」。詩正義云：「李巡曰：『門屏之閒，謂正門內兩塾閒名宁。』孫炎云：『門內屏外，人君視朝所宁立處也。』」「著」與「宁」音義同。「泥附王著」，言在王宮爲嬪御，昵近王之宁位也。

孽嬖傳殷紂妲己

「妲己之所譽，貴之；妲己之所憎，誅之。」

案：北堂書鈔后妃部引「所與，貴之；所憎，誅之」八字，即約此文。「譽」當從虞引作「與」，「與」、「憎」對文。

山海經郭璞注 畢沅校正本。郝懿行箋疏本。俞樾讀山海經校。

西山經

「松果之山有鳥焉，其名曰螐渠，其狀如山雞，黑身赤足，可以已𦢊。」郭注云：「謂皮皴起也，音叵駮反。」畢云：「『𦢊』，當爲『暴』，依義當爲『皰』，説文云：『皰，面生气也。』」郝亦讀爲「暴」，云：「借爲皴剥之字。」

案：爾雅釋畜「犦牛」，郭注云：「領上肉犦起，高二尺許。」釋文述注「犦」作「𦢊」。又引考工記鄭注云：「𦢊，謂墳起。」今周禮瓬人注作「暴」。「𦢊」、「暴」、「犦」聲義竝略同，皆謂皮肉墳起也。郭云「皮皴起」，當亦謂肉墳而皮皴。畢、郝竝未得其義。

「華山，冢也，其祠之禮太牢；羭山，神也，祠之用燭，齋百日，以百犧瘞用百瑜，湯其酒百尊，嬰以百珪百璧。」又云：「燭者，百草之未灰。」注云：「冢者，神鬼之所舍也。『燭』或作『煬』。」畢云：「『郭説非也。爾雅『山頂曰冢』。」郝云：「此皆山也。言神與冢者，冢大於神。百草未灰，上世爲燭，蓋亦用麻蒸葦苣爲之。」

案：冢言特高於衆山，即釋山「山頂」之義。神言最高而有神靈，猶史記封禪書言三神山。「神」，經或云「帝」，謂其尊配天也。此經説山祠禮秩，皆神大於冢，冢大於衆山。如此，羭山，神也，而用百犧；古祭禮無用百犧者，疑後人緣飾之侈説。華山，冢也，而用太牢。中山經夫夫山、即公山、堯山、陽帝山，皆冢也，祠用少牢；洞庭、榮余山，神也，祠用太牢，差次正同。郝謂冢大於神，傎矣。俞讀誤同。古祭禮有柴燎而無燭，燭雖用草，亦不當云「未灰」。郭引別本「燭」作「煬」，疑皆當爲「暘」，即「鬯」之借字。禮記雜記「鬯臼以椈」，釋文云：「『鬯』本作『暘』。」「百草之未灰」，「未」當爲「末」。漢書禮樂志郊祀歌云：「百末旨酒布蘭生。」顔注云：「百末，百草華之末也。」春秋繁露執贄篇云：「暘取百香之心，獨末之，合之爲一。」即「百草末灰」之義也。考工記玉人鄭注説：『天子巡狩，有事山川，宗祝用三璋之瓚以灌。』亦禮名山有用鬯之證。

北山經

「北山經之首曰單狐之山。」郝云：「玉篇、廣韻竝作嶧狐山。」

案：史記周本紀云：「秦遷西周公於罳狐聚。」集解引徐廣云：「罳狐聚在洛陽南百五十里梁新城之閒。」正義引括地志云：「汝州外有梁城，即罳狐聚也。」疑此單狐山即在伊、雒閒，與罳狐聚相近，後又有伊水。其地理準望不甚相應，則古經本多譌互，不足深校也。

中山經

「首山多䳋鳥，其狀如梟而三目，有耳，其音如録，食之已墊。」注云：「未聞。」畢云：「九經字樣云：『𩅰，音店，寒也。』傳曰『𩅰隘』，今經典相承作『墊』，則『墊』又『痁』字假音。」郝云：「尚書云：『下民昏墊。』方言云：『墊，下也。』是墊蓋下溼之疾。」

案：畢、郝兩説竝非也。「墊」當作「盭」。漢書賈誼傳云：「病非徒瘇也，又苦蹠盭。」顔注云：「盭，古『戾』字，言足蹠反戾，不可行也。」呂氏春秋遇合篇説：「陳敦洽長肘而挩股。」今本挩「股」字，畢校據文選注補。荀子脩身篇云：「行而俯項，非擊戾也。」是「盭」謂首及四枝反戾之病。「盭」與「墊」形近而誤。

「升山，冢也，其祠禮太牢，嬰用吉玉。首山，䰠也，其祠用稌、黑犧、太牢之具，蘖釀，干儛，置鼓，嬰用一璧。」

案：「䰠」與「神」同。經通例，冢牢皆殺於神帝，今升山與首山同用太牢，非其差也。疑升山當云：「其祠禮用少牢。」後云：「夫夫山、即公山、堯山、陽帝山皆冢也，祠用少牢。」可證此文之誤。

海内西經

「非仁羿莫能上岡之巖。」注云：「言非仁人及有才藝如羿者，不能得登此山之岡嶺巉巖也。『羿』一作『聖』。」畢云：「説文：『羿，羽之羿風。』疑此云『仁羿』，言非有羽翼不能上。」郝云：「『仁』、『仍』古字通，『羿』、『羽』義近。楚詞遠遊篇云：『仍羽人於丹丘。』『仁羿』即楚詞『仍羽人』，言羽化登仙也。」

案：「仁羿」文難通，注亦迂曲，郝説尤穿鑿，不足據。竊疑「仁」當作「𡰥」，其讀當爲「夷」。説文人部「仁」古文作「𡰥」，从尸。丘光庭兼明書引尚書古文「嵎夷島」，「夷」字皆作「𡰥」，今文皆作「夷」。此唐人所傳僞古文，宋薛季宣書古文訓同。雖非漆書舊本，然亦撫拾古字爲之。是「仁」、「夷」兩字古文正同，故傳寫易誤。「𡰥羿」，即襄四年左傳之「夷羿」，杜注云「夷氏」是也。羿有才藝，故能上岡之巖，奚必仁人乎！

大荒東經

「大荒之中，有山名曰鞠陵于天、東極、離瞀，日月所出。名曰折丹。東方曰折，來風曰俊，處東極以出入風。」注云：「離瞀，音穀瞀。『東方曰折』，單吁郝云：「當爲『呼』。」之。『來風曰俊』，來風所在也。」郝云：「『名曰折丹』上疑脱『有神』二字。北堂書鈔一百五十一卷引作『有人曰折丹』，太平御覽九卷引亦同。」

案：郝校是也。後云：「東北海外，有女和月母之國。有人曰鳧，北方曰鳧，來之風曰狻，注云：「言亦有兩名也。」是處東極隅，以止日月，使無相閒出没，司其短長。」大荒南經云：「南海渚中，有神名曰因因乎，南方曰因乎，夸風曰乎民，注云：「亦有二名。」處南極，以出入風。」大荒西經云：「有人名曰石夷，來風曰韋，處西北隅，以司日月之長短。」注云：「『來』或作『本』也。」以上諸文，與此分係四方，文略相類，今本爲譌羨不可通。綜而校之，折丹、鳧、因乎、石夷，皆四方神人之名，經或云神，或云人，義竝通。其神出入，其方之風蓋各隨之而來。俊、狻、乎民、韋，皆四方風之異名。此東方當作「有人名曰折丹，東方曰折，來風曰俊。」北方當作「有人曰鳧，北方曰鳧，來風曰狻。」今本「來」下衍「之」字，當删。「是處東極隅」，「極」當作「北」，與西方云「處西北隅」文例同。南方當云「有神曰因乎，來風曰乎」。今本「因」字誤重，「來」又誤「夸」，「乎」下有「民」字者當爲「是」，「是」古通作「氏」，與「民」形近而致誤。「是處南〔一〕極」與北方云「是處東北隅」文例亦同也。西北方當云「有人名曰石夷，西方曰石，來風曰韋。」今本無「西方曰石」四字，誤挩也。

又案：郭音「離瞀」爲「穀瞀」者，以「穀瞀」之「瞀」擬「瞀」字之音，非音「離」爲「穀」也。說文子部

〔一〕「南」，原本作「西」，據大荒南經改。

云：「𣪊，一曰瞀也。」「㲉瞀」即「𣪊瞀」，聲義正同。郝箋疏云：「㲉瞀二字當有譌文。」亦失攷。

「有困民國，句姓而食。」郝云：「『句姓』下『而食』上當有闕脱。」

案：「而」疑當爲「黍」之壞字，「黍」篆文作「𥝩」，下半與「而」篆文略近。大荒南經云：「有盈民之國，於姓，黍食。」大荒北經云：「有胡不與之國，列姓，黍食。有大人之國，釐姓，黍食。」皆其證也。

大荒南經

「南海之外，赤水之西，流沙之東，有獸，左右有首，名曰跊踢。」注云：「出狻名國。」洪頤煊云：「集韻引『有國曰狻氏』，『名』即『氏』之譌。」訂譌補。

案：洪校是也。「出狻名國」四字當是正文，今本誤錯入注中，洪又援此以釋大荒東經之「來風曰狻」，則未塙。彼北方之風，此南海之國，迥不相涉也。

「東南海之外，甘水之閒，有羲和之國。有女子名曰羲和，方日浴于甘淵。羲和者，帝俊之妻，生十日。」注云：「『羲和，蓋天地始生，主日月者也。故啓筮曰：『空桑之蒼蒼，八極之既張，乃有夫羲和，是主日月，職出入，以爲晦明。』故堯因此而立羲和之官，以主四時，其後世遂爲此國。作日月之象而掌之，沐浴運轉之於甘水中，以效其出入暘谷、虞淵也。」又云：「言生十子，各以日名名之，故言生十日，數十也。」

案：此文譎異，於古書皆不合，郭及畢、郝諸家亦未能質證。攷史記曆書索隱引世本云：「黄帝使羲和占日，常儀占月。」疑此即因羲和占日而流傳譌貿以爲女子，又以爲帝俊之妻也。「方日浴于甘淵」，「日浴」當作「浴日」。注云「作日月之象而掌之，沐浴運轉之於甘水中」，疑郭所見本尚不誤。「生十日」，義難通，郭强爲之説，亦殊不塙。竊疑「生」當作「主」，猶歸藏易云「是主日月」，言主占算日行度之數也。後大荒西經云：「有女子方浴月。帝俊妻常羲，生月十有二，此始浴之。」注云：「義與羲和浴日同。」彼亦即因常儀占月而譌傳爲帝俊之妻，與此正同。「生月十有二」，「生」亦當作「主」。以兩文相參證，足以得其義。而生日、生月，非謂生子以日月爲名，亦顯較無疑矣。

大荒西經

「大荒之中，有神，人面無臂，兩足反屬于頭上，畢、郝兩本竝作「山」，今依道藏本。名曰嘘。」注云：「言嘘啼也。」

案：「嘘」當作「噎」。下文云「下地是生噎」，即承此文而紀其代系也。海内經云：「后土生噎鳴」，「后土」即「下地」也。亦即此神。彼云「噎鳴生歲十有二」，與此下文云「噎處於西極，以行日月星辰之行次」，事亦相類，但世系不合耳。郭注失之。

海内經

「義均是始爲巧倕，是始作下民百巧。」

案：「義均」當即「倕」之别名。「是始爲巧倕」，「始」字不當有，蓋涉下有衍。上文云「白馬是爲鯀」，文例正同，可證此文之誤。前「西南有巴國」章云：「後照是始爲巴人。」注云：「爲之始祖。」彼巴爲國名，後照爲其始祖，故云「始爲」。此倕非國名，而云「始爲」，於文冗贅矣。

「共工生后土，后土生噎鳴，噎鳴生歲十有二。」注云：「生十二子，皆以歲名名之，故云然。」

案：噎鳴即大荒西經之噓。「生歲十有二」，「生」亦當作「主」，與前「羲和主十日」，「常羲主月十有二」，「主」竝譌作「生」正同。郭沿誤爲釋，亦與「生十日」注同。御覽十七引世本云：「后益作占歲。」后益當與羲和、常儀等同爲黃帝時人，疑即此噎鳴，非伯益也。周易釋文引世本云：「化益作井。」宋衷注云：「化益，伯益也。」明世本后益、化益自是二人。漢書百官公卿表伯益字作「𦳊」，即說文口部「嗌」字，籀文世本后益字或亦本作「𦳊」。方言云：「嗌，噎也。秦、晉或曰嗌，又曰噎。」是「嗌」、「噎」義同，故噎鳴亦曰后益。稱「后」者，以其爲后土之子也。「主歲十有二」，即是占歲之事。此及前羲和、常羲三文，與世本所述舛而同柢，古事雖茫昧，其蹤迹固可尋矣。

山海經圖讚 郝懿行校刊本。 盧文弨羣書拾補本。

中山經赤銅

「昆吾之山，名銅所在，切玉如泥，火炙有彩，尸子所歎，驗之彼辛。」盧本「彼」作「汲」，校云：「汲，一作彼。」

案：盧本是也。「汲辛」即「汲冢」。小爾雅廣名云：「辛，冢也。」經云：「昆吾之山，其上多赤銅。」注云：「此山出名銅，色赤如火，以之作刀，切玉如割泥也。周穆王時，西戎獻之，尸子所謂昆吾之劒也。」汲郡冢中得銅劒一枚，長三尺五寸，乃今所名爲干將劒。讚語正用彼二事也。藝文類聚八十四引亦作「汲宰」。

蜼

「厥形雖隨。」郝云：「『隨』字似誤。」

案：匡謬正俗五引此「隨」作「陋」是也，當據正。

飛蛇

「雖欲登天，雲郝本譌作「靈」，今從盧本。罷陸略，盧本作「莫」。仗盧本作「材」。非所郝本譌「啟」，今從盧本。體，盧本作「任」。難以久郝本譌「云」，今從盧本。託。」郝云：「『仗』字疑誤。」

案：匡謬正俗五引作「雲罷陸暴，枝非所體，難以久託」，文義竝較今本爲優，當據正。惟「枝」字費解，疑當作「杖」。盧本作「材」，郝本作「仗」，皆偏旁之誤。

海外東經君子國

「雅好禮讓，禮委論理。」盧本作「委蛇論理」，校云：「『論』、『倫』同。」

案：「禮委」疑當作「褍委」，即「端委」之正字也。説文衣部云：「褍，衣正幅。」哀七年左傳云：「太伯端委以治。」周禮杜注云：「端委，禮服也。」經云：「君子國衣冠帶劒。」故景純以禮服讚之。今本「褍」作「禮」，乃涉上句而譌。盧本作「委蛇」，則肊改，不足據。

水經酈道元注戴震校聚珍版本。趙一清注釋本。

河水注

「開山圖曰：『有巨靈胡者，徧得坤元之道，能造山川，出江河。』」戴校云：「『徧』，近刻訛作『偏』。」案：「偏」，當從舊本作「偏」，趙本亦同。莊子庚桑楚篇云：「老聃之役有庚桑楚者，偏得老聃之道，以北居畏壘之山。」釋文引向秀「偏」音「篇」。此義與彼同。戴肊改爲「徧」，非是。

「余按竹書紀年梁惠成王十三〔一〕年，鄭釐侯使許息來，致地平丘、户牖、首、垣諸邑，及鄭馳道，我取枳道，與鄭鹿，即是城也。」戴云：「『道』，近刻訛作『地』。」

案：戴改「地」爲「道」，蓋據今本紀年及通鑑地理通釋校以「馳道」爲地名也。趙校亦同。竝非是。馳地者，易地也。戰國策秦策云：「秦攻陘，使人馳南陽之地。」正與紀年義同。梁取韓枳道，而與韓鹿，鄭即韓也。即「馳地」之義。今本紀年，乃明人摭拾僞託，不足據校。「馳」，與戰國策魏策「弛期」之「弛」義同，詳前。

涑水注

〔一〕「三」，原本作「一」，據水經注改。

「余按竹書紀年云：『晉惠公十有五〔一〕年，秦穆公率師送公子重耳，圍令狐，桑泉、臼衰皆降于秦師。狐毛與先軫禦秦至於廬柳。』趙氏注釋引全祖望云：「狐毛與子犯兄弟竝從文公，如何反爲子圉禦秦師耶？竹書繆。」

案：「禦」當爲「御」，「御」與「迓」通。禮記曲禮「大夫士必自御之」，鄭注云：「『御』讀爲『迓』。」「禦」、「迓」字亦通，詳後晏子春秋。左傳僖二十四〔二〕年，「二月，甲午，晉師軍於廬柳。秦伯使公子縶如晉師，師退，軍于郇。辛丑，狐偃及秦、晉之大夫盟于郇。」即迓秦之事，非謂拒禦之也。酈氏所引紀年，猶汲冢古文之舊，如河水注之「馳地」，及此「禦秦」，皆足證古義，而謝山、東潛、東原紛紛獻疑，甚矣，古書之難讀也！

淇水注

「偷竊很鄙，有辱天官。」戴云：「近刻訛作『偷竊銀艾，鄙辱天官』。」

案：此戴依太平廣記改也。詳趙注釋。然審校文義，當以舊本爲長。後漢書張奐傳奐曰：「吾前後仕進，十要銀艾。」李注云：「銀印緑綬也，以艾草染之，故曰艾也。」蔡中郎集光武濟陽宮碑云：「銀艾封侯。」隸釋費鳳碑云：「銀艾相亞。」金石萃編尹宙碑云：「子孫以銀艾相繼。」漢書百官公

〔一〕「五」，原本作「四」，據水經注改。
〔二〕「四」，原本作「三」，據左傳改。

卿表云：「凡吏秩比二千石以上皆銀印青綬。」艾，即青也。

濡水注

「然卑耳之川若贊谿者，亦不知所在也。」

案：上引管子「齊桓公至卑耳之谿，有贊水者，從左方涉，其深及冠，右方涉，其深至膝」，文見小問篇。房注云：「贊水，謂贊引渡水者。」是彼水即指卑耳谿水；贊者，謂導贊知津之人，詔桓公從右方涉耳，非謂卑耳之旁别有谿水名贊者也。酈氏殆誤會其指。

洛水注

「黄帝東巡河，過洛，脩壇沈璧，受龍圖于河，龜書于洛，赤文緑字。」戴云：「『緑』，近刻訛作『篆』。」趙氏朱箋刊誤云：「『篆』，『緑』字之誤。」

案：此注自「黄帝東巡河，過洛」以下，至「湯以伐桀」，竝隱栝尚書中候文。藝文類聚祥瑞部及御覽皇王部竝引中候云：「河出龍圖，洛出龜書，曰威赤文像字，以授軒轅。」則此「篆」當爲「象」之誤。趙、戴改爲「緑」，非也。中候别紀堯事云：「龍馬負甲，赤文緑色，自河而出。」亦見類聚、御覽，與此黄帝事不同。

「有列星之分，七政之度。」戴云：「『七』，近刻訛作『什』。」刊誤云：「『什』當作『七』。」

案：「七政」，春秋敘正義及類聚引中候竝作「斗政」。隷書「斗」字作「升」，詳前急就篇。與「什」形近。說文敘云：「人持十爲斗。」此「什」即「斗」字。趙、戴肊改爲「七」，非。

「舜又習堯禮，沈書于日稷，赤光起，玄龜負書，至于稷下，榮光休至。」

案：「稷下」當作「下稷」，類聚、御覽竝引中候云「至于下稷，榮光休至」。御覽又引鄭康成注云：「稷，讀曰側。」下側，日西之時。今本誤到，則義不可通。

「黑烏以浴，隨魚亦上。」

案：詩商頌譜正義引中候雒予命云：「黑烏以雒，隨魚亦上。」此「浴」當即「洛」之誤，「雒」、「洛」字通。

穀水注

「陽渠水又東流逕漢廣野君酈食其廟南，廟在北山上，成公綏所謂偃師西山也。子安仰澄芬于萬古，讚清徽于廟像，文字厥集矣。」

案：「文字厥集」，義難通。「字」當作「存」，形近而誤。朱謀㙔水經注箋謂「文字」下挩「載」字，未塙。

渭水注

「汧水東南歷慈山東南，逕郁夷縣平陽故城南。城北有漢邠州刺史趙融碑，靈帝建安元年立。」

案：李吉甫元和郡縣志邠州云：「周文帝大統十四〔一〕年置南豳州，廢帝除『南』字。開元十三年，以『豳』字與『幽』字相涉，詔改爲『邠』字。」是酈氏時尚未有邠州，何況漢建安以前乎！此疑當

〔一〕「十四」，原本作「元」，據元和郡縣志改。

作「幽州刺史」，「幽」譌作「豳」，校者又改作「邠」。洪氏隸釋所引已誤。

潁水注

「渠中又有泉流出焉，時人謂之嵎水。東逕三封山東，東南歷大陵西連山，亦曰啓筮亭，啓筮享神于大陵之上，即鈞臺也。」

案：此文「連山亦曰啓筮亭」七字有誤。攷御覽八十二引歸藏易云：「昔夏后啓筮享神於大陵，而上鈞臺枚占，皋陶曰不吉。」初學記二十二亦引其略。此文疑當作「連山易曰：『啓筮享神于大陵之上。』」蓋連山、歸藏兩易皆有此文。抑或本出歸藏，酈氏誤憶爲連山，皆未可知。今本「連山亦」，「亦」即「易」之誤。「易」、「亦」音相近。「啓筮亭」三字，又涉下「啓筮享」三字而衍。「亭」、「享」形相近。文字傳譌，搆虛成實，遂若此地自有山名「連」、亭名「啓筮」者，不知酈意但引連山易以釋大陵耳，安得陵之外別有山與亭乎？徧檢唐、宋輿地諸書，皆不云陽翟有陽山啓筮亭，此文譌互顯然，而趙、戴諸家咸沿襲莫悟。近汪士鐸水經注圖，亦以陽山啓筮亭列於圖，何其疏乎！

睢水注

「昔汝南步遊張少失其母，及爲縣令，遇母于此，乃使良馬踟躕，輕軒罔進，顧訪病姬，乃其母也。」

案：「姬」當爲「嫗」之誤。

湍水注

「銅鐵不入，丹器不藏。」戴云：「『丹』，近刻訛作『凡』。」趙本作「凢」，引何焯云：「『凢』，古『丹』字，俗本作『凡』，誤也。」

案：「丹器」義難通，「丹」當從舊本作「凡」，即隸書「瓦」字之誤。漢開通褒斜道石刻「瓦」字作「凡」可證。唐梁守謙功德銘「瓦」字作「凡」。干禄字書：「『瓦』，俗作『凡』。」唐人俗書亦本於漢隸也。何以「凡」爲古「丹」字，非是。

溳水注

「幽穴潛遠，行者不極窮深，以穴内常有風，熱無能經久故也。」戴云：「近刻『熱』訛作『勢』，又『風熱』句下衍『火』字。」趙本「熱」改「爇」，亦删「火」字。

案：此疑當作「以穴内常有風，句。爇火無能經久故也。」蓋穴中深闇，須爇火爲明，今以常有風，不能久爇火，故不能極其所至。趙校改「勢」爲「爇」，得之，而删「火」字，則非。戴校改「勢」爲「熱」，尤誤。

札迻卷四

管子尹知章注 景宋楊忱刊本。安井衡纂詁本。洪頤煊義證校。戴望校正校。

王念孫讀書雜志校。俞樾諸子平議校。

形勢第二

「生棟覆屋，怨怒不及。」俞云：「『生』當讀爲『笙』。方言：『笙，細也。自關而西，秦、晉之間，凡細貌謂之笙。』」

案：「生」，謂材尚新，未乾腊也。韓非子外儲説左〔一〕云：「虞卿爲屋，謂匠人曰：『屋太尊。』匠人對曰：『此新屋也，塗濡而椽生。』」吕氏春秋别類篇云：「高陽應將爲室，家匠對曰：『未可也，木尚生，加塗其上，必將撓。』」此「生棟」與韓、吕二書義同。俞讀「生」爲「笙」，未塙。

乘馬第五

「春日書比，立夏日月程，秋日大稽。」

〔一〕「左」，原本作「右」，據韓非子改。

案：此春、秋二時皆不著中節，不宜夏文獨異，「夏」上「立」字疑衍。

「士聞見博學意察而不爲君臣者，與功而不與分焉。」注云：「此人學〔一〕以爲君之臣也，然以高尚其事而不爲。若此者，預食農收之功，而不受力作之分也。」

案：「聞」，當作「閒」，即「嫺」之叚借字。「閒見」，即荀子脩身篇所謂「多見曰閑」。閒、閑字亦通。「閒見」與「博學」文相對，亦猶後任法篇云「閒識博學」也。說詳後。「功」，即周禮內府之「九功」，亦即大宰「九職」之功也。「分」，即大宰「九式」之「匪頒」。注鄭司農云：「匪，分也。」鄭康成云：「王所分賜羣臣也。」「與功而不與分」者，謂不爲君臣，則與民同受九職之功，而不得受分頒之賜給也。尹注竝誤。

幼官第八

「二年，三卿使四輔。一年正月朔日，令大夫來修受命三公。」注云：「諸侯三卿使天子四輔，以受節制也。」

案：此文「四輔」上疑亦當有「受命」二字。「受命四輔」與下文「受命三公」文例正同。

「刑則交寒害釱。」注云：「其行刑戮，則於初旦〔二〕夜盡之交，其時尚寒主春，人不得已而行刑，故難言

〔一〕「學」，原本作「而」，據管子注改。

〔二〕「旦」，原本作「且」，據管子注改。

而欽敬〔一〕。『鈇』或爲『鈸』。」劉績云：「鈇，鉗械人足也，恐當作『轄鈇』。」補注。

案：「害」當爲「肉」。古書「肉」、「害」二字多互譌。淮南子原道訓「欲肉之心亡於中」，吴越春秋句踐陰謀外傳「飛土逐肉」，今本「肉」竝譌「害」，是其證。亦詳後風俗通義。史記平準書云：「鈇左趾。」集解云：「鈇，足鉗也。三蒼：『鈇，鍇腳鉗。』」鉗著於肉，故曰肉鈇。劉校非。尹注訓「鈇」爲「欽敬」，則似所據本作「欽」字，未詳。

「刑則詔昧斷絶。」注云：「其用刑，則繼晝之昧斷絶而戮之也。」

案：「詔」，明刻本竝作「紹」。「詔昧」，疑當作「㧖昧」。韓非子備内篇云：「此鴆毒扼昧之所以用也。」「扼」，「㧖」之俗。「詔」、「紹」與「㧖」，篆文相近而誤。

宙合第十一

「夫繩扶撥以爲正。」又云：「千里之路，不可扶以繩。」

案：淮南子本經訓亦云：「扶撥以爲正。」高注云：「扶，治也。」「扶」之訓「治」，古書未見。以聲類校之，疑當與「輔」通。大戴禮記四代篇云：「巧匠輔繩而斷〔二〕。」古从甫聲、夫聲字多通用，說文木部云：「榑桑，神木，日所出也。」山海經海外東經「榑桑」作「扶桑」，是其例也。

「故退身不舍端，脩業不息版。」戴校云：「『端』當讀爲『專』。說文云：『專，六寸簿也。』」

〔一〕「故難言而欽敬」，戴望校正作「故離害而鈇禁」。
〔二〕「斷」，大戴禮記作「斵」。

案：「舍」與「捨」通。「端」即「端衣」也。周禮司服先鄭注云：「衣有襦裳者爲端。」乃冕弁朝服玄端之通稱。「不舍端」，謂不捨朝服也。戴說未塙。

八觀第十三

「論賢不鄉舉，則士不及行。」

案：「及」即「急」之省。

小匡第二十

「士農工商四民者，國之石民也。」注云：「四者國之本，猶柱之石也，故曰石也。」

案：注說迂繆，不足據。「石」當與「碩」通。詩邶風簡兮毛傳云：「碩人，大德也。」文選阮瑀爲曹操與孫權書云：「明棄碩〔一〕交。」李注云：「碩與石，古字通。」陸士衡挽歌詩及揚子雲劇秦美新注引此，「石」竝作「正」者，乃不得其說而肊改。嵇叔夜絕交書、陳孔璋檄吳將校文注引仍作「石」，與今本同。孫校從之，非也。義證。

君臣上第三十

「上下相希，若望參表，則邪者可知也。」注云：「言相希準以爲法也。『參表』，謂立表所以參驗曲直也。」安井衡云：「希，摩也，猶言切磋。立三表而望之，彼此相正，則邪者可知也。」

〔一〕「碩」，原本作「石」，據文選改。

案：「參表」，即九數重差之法，安井衡釋爲「三表」，是也。「希」與「睎」通，亦望也。呂氏春秋不屈篇云：「或操表掇以善睎望。」與此文可互證。注及纂詁説竝未得其義。

四稱第三十三

「良臣不使，讒賊是舍。」注云：「舍，止也。謂止讒賊於其旁與之近也。」

案：尹訓「舍」爲「止」，迂曲難通。「舍」當爲「予」之借字。隸續載魏三體石經大誥「予惟小子」，「予」字古文作「舍」，是其證。「予」、「與」義亦同。「讒賊是舍」，猶言「讒賊是與」也。荀子成相篇云：「外不避仇，内不阿親，賢者予。」

侈靡第三十五

「佶、堯之時，混吾之美在下。」注云：「混，同也。」

案：注義不可通。「混吾」疑即「昆吾」。「美」謂「美金」也。山海經中山經云：「昆吾之山，其上多赤銅。」文選子虛賦「琳瑉昆吾」，張揖注云：「昆吾，山名也，出美金。」尸子曰：「昆吾之金。」此言帝嚳與堯之時，崇尚儉樸，弗貴美金，故在下也。

「高子聞之，以告中寢諸子。」注云：「諸侯諸子之居中寢者。」

案：自此至「雖有聖人，惡用之」，與上下文義不相屬，而與前戒篇「桓公外舍，而不鼎饋」章文略同。或即彼文錯簡，複著於此。「中寢諸子」，當從或篇作「中婦諸子」。古「寢」字作「㝲」，與「婦」形近，故誤。注曲爲之説，失之。

「公曰：『吾不欲與汝及若，女言至焉，不得毋與女及若言。』」

案：戒篇作：「公曰：『善，此非吾所與女及也，而言乃至焉，吾是以語女。』」文義較此完備。

「女子不辯於致諸侯，自吾不爲汙殺之事人，布職不可得而衣。」注云：「汙殺言然，人必有所許疑「汙」。殺染戮者，所以伏遠而來近。今既爲人，雖織不爲己用，故有布不得而衣。」

案：此乃中婦諸子答語，戒篇「中婦諸子曰：『自妾之身不爲人持接也，未嘗得人之布織也。「職」、「織」古通，以此注校之，疑尹本亦作「布織」。意者更容不審耶。』」此文多譌挩，當以彼文互校。「汙殺」疑即「持接」之誤。尹釋「汙殺」爲「染戮」，殊繆。

「故雖有聖人，惡用之。」注云：「人者，寡也。后不用威，聖人亦何〔二〕能用之？」

案：此言婦人不與外事，雖聖人，無所用之。戒篇云：「明日，管仲朝，公告之。管仲曰：『此聖人之言也，君必行也。』」此文與彼異，或有挩誤。尹注亦難通。

五行第四十一

「不誅不貞。」注云：「貞，正也。」丁士涵云：「『貞』當爲『責』。白虎通：『誅，猶責也。』司救注：『誅，責也。』尹注本作『責，正也』，故其下言『無所責正』。今正文及注皆譌。」校正。

案：「責」無「正」訓。尹注本自作「貞」，丁説非也。「誅」、「責」義重複，亦不當分舉。疑此「貞」當

〔二〕「何」，原本作「可」，據管子注改。

爲「負」。韓詩外傳云：「子産之治鄭，一年而負罰之過省。」是「負」與「罰」義略同。「不誅不負」，猶言「不誅不罰」也。

「君危，不殺，太子危，家人夫人死。不然，則長子死。」注云：「若君雖危而不見殺，則又太子危而家人夫人有死禍也。」

案：此當讀「君危」句斷。「不殺」當作「不然」。言君若不危，則必太子當之，故云「太子危」也。與下云「不然，則長子死」文例正同。「殺」漢隸或作「敍」，見隸釋孫叔敖碑、武梁祠畫象。俗又譌「煞」，與「然」形近，故傳寫易譌。俞校讀「不殺」爲「不發」，亦非。

任法第四十五

「奇邪異術技藝之人，莫敢高言孟行，以過其情，以遇其主矣。」注云：「孟，大也。遇，待也。」

案：「遇」疑當讀爲「愚」。莊子則陽篇「匿爲物而愚不識」，釋文云：「『愚』本作『遇』。」注訓爲「待」，非是。

「無閒識博學辨説之士。」注云：「閒，雜亂也。法行，則博學辨説之人不敢閒亂識事也。」王云：「『閒識』當爲『聞識』，下文『聞識博學之人』即其證。尹注非。」安井衡説同。

案：注説迂曲難通。此「閒」當爲「嫺」之叚字。説文女部云：「嫺，雅也。」字又作「閑」，荀子脩身篇云：「多聞曰博，少聞曰淺，多見曰閑，少見曰陋。」彼以博、閑竝舉，與此閒識、博學竝舉亦可互證。又作「僩」，荀子榮辱篇云：「陋者俄且僩也。」賈子傳職篇云：「明僩雅以道之。」又道術篇云：「容志審道謂之僩，反僩爲野。」文選上林賦「妖冶嫺都」，李注云：「『嫺』一作『閒』。」漢書司馬相如傳亦作

「閒」。「閒識」與「博學辯説」正相對。下文「聞」即「閒」字之誤。王校轉改「閒」爲「聞」，傎矣。乘馬篇云：「士閒見博學察意。」「聞」亦「閒」字誤。詳前。

「然故諶杵、習士、聞識、博學之人不可亂也。」注云：「『杵』，所以毁碎於物者也。謂姦詐之人，僞託於誠〔一〕，以毁君法。『習士』，謂習法之士。『聞識』，謂多聞廣識。」

案：「諶杵」當爲「堪材」，皆形之誤也。墨子號令篇「民室材木」，備城門篇「材」誤作「杵」，是其證。爾雅釋詁云：「堪，勝也。」國語周語韋注云：「堪，任也。」書西伯戡黎孔疏引爾雅孫炎注云：「戡，强之勝也。」「堪」、「戡」字通。呂氏春秋報更篇云：「堪士不可以驕恣屈也。」「堪材」，謂材力强勝，能任事者，與呂覽「堪士」義同。「聞」亦當爲「閒」。「堪材、習士、閒識、博學」四者，文正相對。注望文生訓，傅會可笑。俞校疑「諶杵」當作「諶斟」，亦非。

小問第五十一

「夫之役者有執席食以視上者。」注云：「桓公與管仲謀時，役人於前，乃有執席而食，私因上視，所以察君也。」王云：「『視上』當爲『上視』。」

案：食時必無執席之理，注義殆不可通。呂氏春秋重言篇作「有執蹠𤸫而上視者」，此「席」當爲「庶」，即「蹠」之省，「食」當爲「飴」之壞字，即「枱」之重文。說文木部云：「枱，耒耑也，或作鈶。」此作食者，蓋

〔一〕「誠」，管子注作「諶」。

傳寫僅存金形，又譌而爲食矣。呂覽作「瘖」，亦即「枱」之別體也。說見呂氏春秋。

七臣七主第五十二

「苴多螣蟇，山多蟲⿱冥䖵。」注云：「⿱冥䖵即蚉。」

案：詩小雅大田云：「去其螟螣。」「螣」即「蟘」之借字。此「蟇」當爲「⿱冥虫」，即「螟」之變體。「螣⿱冥虫」猶詩言「螟螣」也。「蟲」下「⿱冥䖵」字當作「蟁」。說文䖵部云：「蟁，⿱昬䖵，或从昬〔一〕。蚊，俗蟁，从虫从文。」尹氏所見本「蟁」字尚不誤，故注云：「蟁即蚉。」「蚉」即「蚊」之變體，輕重丁篇作「⿱昬䖵」。傳寫譌「蟁」爲「⿱冥䖵」，校者疑其與「⿱冥虫」複，因復改上「⿱冥虫」爲「蟇」，不知說文「蟆」爲「蝦蟆」，字既不當與「螣」竝舉，而「⿱冥䖵」又不得與「蚉」同字，正文與注皆不可通矣。王校又謂「蟲⿱冥䖵」即「蟲螟」，於義雖可通，而非尹注本之舊。

地員第五十八

「瀆田悉徙。」注云：「悉徙，謂其地每年皆須更易也。」吳翌鳳云：「悉，盡也。徙，當爲壤字之誤。」校正。

案：「徙」當從吳校作「壤」。下文「付山白徒」，吳及丁校竝謂與「陞山白壤」同，是也。竝詳校正。「徙」、「徒」形相近，皆「壤」字傳寫之譌。「悉」當爲「息」，亦形近而誤。

「五種無不宜，其立后而手實。」注云：「謂立君以主之，手常握此地之實數也。」陳奐云：「立猶樹也。

〔一〕「昬」，原本作「昏」，據說文改。

后與厚同。小雅傳云：『手，取也。』言五種之穀，其樹厚而取實也。」校正。

案：此當作「其生後而先實」。「生」、「立」、「先」、「手」，竝篆文相近而誤。「后」與「後」聲同，古多通用。注及陳說竝繆。

「青龍之所居，庚泥，不可得泉。」注云：「庚，續。其處既有青龍居，又沙泥相續，故不可得泉也。」

案：「庚」當爲「唐」。上文云：「黃唐無宜也。」注云：「唐，虛脃也。」此「唐泥」亦謂泥枯燥虛脃，故不可得泉也。注說非。

「赤壤勢山。」

案：「勢」當爲「磝」。釋名釋山云：「山多小石曰磝。」

「山之材，其草兢與薔，其木乃格，鑿之二七十四尺，而至於泉。」注云：「薔，音嗇，草名。」丁云：「兢，疑藋字誤。格木未聞，或柘字誤。」校正。俞云：「格，根之叚字。」

案：上文云：「斥埴宜大菽與麥，其草宜萯藋，其木宜杞。見是土也，命之曰再施，二七十四尺而至於泉。」此山之材，亦再施而至於泉，深淺正與彼同。此草宜兢薔，丁校以「兢」爲「藋」之誤，是也。「薔」當爲「菩」，亦即「萯」也。月令：「孟夏，王瓜生。」鄭注云：「今月令王萯生。」呂氏春秋孟夏紀作「王菩生」，穆天子傳云：「爰有藋葦莞茅萯。」郭注云：「萯，今菩字。」皆其證也。「格」疑亦「杞」之誤。

「五粟之土，乾而不挌〔一〕，湛而不澤，無高下葆澤以處。」注云：「言常潤也。」

案：此土葆澤以處，則不當云不澤，且與湛義亦相近。「澤」當爲「釋」之借字，說文釆部云：「釋，解也。」「湛而不澤」，言湛溼而不解釋也。下文「五沃之土」同。史記孝武本紀：「先振兵澤旅。」集解引徐廣云：「古釋字作澤。」是其證也。

「五沃之狀〔二〕，剽忞橐土，蟲易王引之云「豸之誤」是也。全處，忞剽不白，下乃以澤。」注云：「剽，堅也，忞，密也。橐土，謂其土多竅穴若橐，故蟲處之易全，既堅密，故常潤溼而不乾白，此乃葆澤之地也。」

案：「剽」，即草人之「輕㯳」。「忞」，亦「息」之誤。與上「悉徙」「悉」字同，蓋「息」譌爲「悉」，「悉」从「釆」，與「术」形近，故又誤作「忞」。顏氏家訓書證篇云：「史記作『悉』字，誤而爲『述』。」是其例也。「橐土」，「橐」當讀爲「蠹」，以其蟲豸所生，故謂之「蠹土」。「蠹」、「橐」古字通。「蠹，說文蚰部作『蠹』，从蚰橐聲」。周禮翦氏「掌除蠹物」，注云：「故書蠹爲橐，杜子春云：『橐當爲蠹。』」是其證。「澤」亦讀爲「釋」。注說竝誤。

「青忞以落及。」王引之云：「及字衍文。」

案：「忞」亦當爲「息」。

「其種大葦無，細葦無。」

〔一〕「挌」，原本作「格」，形近而誤，據地員改。
〔二〕「狀」，原本作「土」，據地員改。

案：此篇凡言其種者，皆穀名，不當有葦，疑「葦無」當作「茦亡」，「亡」即「芒」之省，謂芒穀也。周禮稻人云：「澤草所生，種之芒種。」鄭司農注云：「芒種，稻麥也。」說文麥部云：「麥，芒穀。」又來部云：「周所受瑞麥來麰，一來二縫，象芒束之形。」爾雅釋草云「茦，刺茦，亡」，猶許云「芒束」也。或云當作「萊無」，即「來麰」也。「萊」、「來」字通，與「葦」形近。「麰」、「無」一聲之轉，亦通。安井衡讀「無細葦」爲句，次「無」字又屬下「秞莖白秀」爲句，乖繆殊甚。戴校從之，疏矣。

「青怵以肥，芬然若灰。」注云：「芬然，壤起貌。」安井衡云：「怵、怷同。」

案：「怵」亦「息」之誤，此蓋變「悉」爲「悚」，又譌作「怵」也。「肥」當從丁校爲「脃」。「芬」，「粉」之叚字。周禮草人先鄭注云：「勃壤粉解者。」

「五壤之狀，芬然若澤，若屯土。」注云：「言其土得澤則墳起爲堆，故曰屯土也。」

案：「澤」亦當讀爲「釋」。此篇五蘟云「芬然若灰」，五剽云「華然如芬以脃」，竝解「釋」之義。

「忍葉如藋葉以長狐茸。」注云：「草之狀若狐也。」

案：「狐」疑「苽」之叚字。「苽」或作「菰」，故譌爲「狐」。玉篇艸部云：「菰同苽。」文選左思吴都賦云：「穲秀菰穗。」「狐茸」即「菰穗」也。苽爲九穀之一，周禮大宰鄭注。此上文云「其種」，則不當爲草名。尹注失之。安井衡讀「以長狐茸」句，尤繆。

「中土曰五怷，五怷之狀，廩焉如壏，潤溼以處。」注云：「壏猶彊也。」

案：「怷」亦當爲「息」。此與下文「纑土之次曰五壏」，皆即草人之「彊㯺」也。鄭司農注云：「彊檃，强堅者。」

「态土之次曰五𧇊，五𧇊之狀，彊力剛堅。」

案：「𧇊」，「壚」之叚字。此即草人之「埴壚」也。説文土部云「壚，黑剛土也」，玉燭寶典引四民月令云「雨水中急，菑强土黑壚之田」，竝與此「彊力剛堅」義相應。釋名字又作「盧」，詳前。

「壏土之次曰五剽，五剽之狀，華然如芬以脈。」注云：「謂其地青紫若脈然也。」

案：此亦草人之「輕爂也」，當云「華然如粉以脃」。草人鄭司農注云「輕爂，輕脃者」，可證。「剽」、「爂」字通。釋名字又作「漂」，亦見前。「粉」、「芬」聲同。「脃」、「脈」形近，傳寫譌互。尹望文釋之，殊繆。

「五殖之狀，甚澤以疏。」

案：「澤」亦當讀爲「釋」。

「觳土之次曰五鳧，五鳧之狀，堅而不骼。」注云：「雖堅不同骨之骼也。」丁云：「『鳧』當爲『梟』字之誤。」校正。

案：丁校非也。此「鳧」當爲「舄」，形近而誤。葢即草人之「鹹潟」，鄭司農注云：「潟，鹵也。」字亦作「舄」。史記貨殖傳「潟鹵」，漢書溝洫志作「舄鹵」。下文云：「鳧土之次曰五桀，五桀之狀，甚鹹以苦。」此土與「五桀」相次，或當鹹而不甚苦與？

弟子職第五十九

「捧椀以爲緒。」注云：「緒，然燭燼也。椀，所以貯緒也。」莊述祖弟子職集解云：「『奉椀』當作『奉掔』，俗『掔』作『捥』，故訛作『椀』。說文：『緒，絲耑也。』一人兩手奉麻蒸，一人用殘絲束之以爲熜。」

案：莊氏謂「椀」當爲「捥」，即上文云「飯必捧掔」是也。而訓「緒」爲以絲束熜，則近於皮傅，非管子之恉。此「緒」當訓爲「事」，爾雅釋詁云：「緒，事也。」言執燭之儀頌，以奉掔爲事法也。「奉掔以爲緒」，與上云「凡言與行，思中以爲紀」，文例略同。

山國軌第七十四

「握以下者爲柴楂。」孫星衍云：「『楂』，即『槎』之俗字。」義證。

案：「楂」當爲「柤」之俗。說文木部云：「柤，木閑也。」徐鍇繫傳云：「閑，闌也。」「柴者，棧也。」公羊哀四年傳云：「亡國之社蓋揜之，揜其上而柴其下。」周禮媒氏「喪祝」，注「柴」竝作「棧」。淮南子道應訓云：「柴箕子之門。」「柴」、「柤」皆以細木爲闌閑，故竝舉之。孫說未塙。

山至數第七十六

「倉廩虛則傳賤無祿。」

案：「傳」與「吏」通。「傳」與「事」同，「事」、「吏」篆文相似，音亦同部。下云「內國傳賤」同。

地數第七十七

「請刈其莞而樹之，吾謹逃其蚤牙。」

案：「吾」當爲「五」，下又挩「穀」字。「請刈其莞而樹之五穀」，言芟艸而蓺穀也，傳本挩「穀」字，校者於五下著一□，寫者不宷，遂并爲「吾」字矣。

輕重甲第八十

「至湯而不然，夷競而積粟。」

案：「夷競」，「競」當爲「竟」，即古「境」字，言平治疆界之道塗也。上文說「桀冬不爲杠，夏不束柎」，正與湯相反。丁校以「夷競」爲揆度篇「夷疏」之誤，校正。失之。

「請以令隱三川。」

案：「隱」讀爲「匽」。毛詩小雅魚麗傳「士不隱塞」，釋文云：「隱本作偃。」「匽」、「偃」字同。荀子非相篇楊注云：「梁匽所以制水。」周禮𢾦人鄭衆注云：「梁，水偃也。」

「越人果至，隱曲薔以水齊。管子有扶身之士五萬人。」

案：「隱」亦讀爲「匽」，言雝淄水以灌齊也。王讀「薔」爲「菑」，謂「曲菑，菑水之曲處」，是也。而釋「隱」爲「塞」，義通而未的。「扶身之士」難通，疑「身」當爲「舟」之誤。上文「大舟之都」譌作「大身」可證。「然則是大臣執於朝，而列陳之士執於賞也。」

案：上下文皆云重禄重賞，又云「故軒冕立於朝，爵禄不隨，臣不爲忠。中軍行戰，委予之賞不隨，士不死其列陳」，則「執於朝」「朝」當作「禄」。

輕重乙第八十一

「一車必有一斤、一鋸、一釭、一鑽、一鑿、一銶、一軻然後成爲車。」

案：說文金部云：「釭，車轂中鐵也。」釭以沓轂之賢軹，一車兩輪，是有四釭，此云「一釭」，則不可通。且此方說重車所載之任器，非紀車上金木諸材也，亦不當及釭。「釭」當爲「鉏」之誤。周禮鄉師注引司馬法云「輂一斧、一斤、一鑿、一梩、一鉏」，是其塙證也。

晏子春秋

吴鼒景元刊本。盧文弨羣書拾補校。孫星衍音義校。黄以周校勘校。王念孫讀書雜志校。俞樾諸子平議校。

内篇諫上第一景公飲酒酲三日而後發晏子諫第三

「男女羣樂者，周觴五獻，過之者誅。」

案：「周」當爲「酬」之叚字。儀禮鄉飲酒禮注云：「酬之言周。」「五」疑當爲「三」。前景公飲酒酣願諸大夫無爲禮晏子諫章云：「觴三行，遂罷酒。」外篇重而異者，景公飲酒命晏子去禮晏子諫章亦云「用三獻」，是不得過三獻也。宣二年左傳云：「臣侍君宴，過三爵，非禮也。」

景公飲酒不卹天災致能歌者晏子諫第五

「馬食府粟，狗饜芻豢，三保之妾，俱足粱肉。狗馬保妾，不已厚乎？」

案：「三保」當作「三室」。考工記匠人：「内有九室，九嬪居之。」蓋天子六宫有九室，諸侯三宫則三室也。此篇「室」字多譌爲「寶」，上文「懷寶鄉有數十」，洪頤煊讀書叢録謂「懷寶」爲「壞室」之譌，是也。「寶」又譌爲「保」，遂不可通耳。「保妾」亦「室妾」之譌。

景公燕賞無功而罪有司晏子諫第七

「令三出，而職計莫之從。」又云：「令三出，而士師莫之從。」元本校云：「一作『職計筭之』，并下『士師』亦同。」黄校云：「羣書治要作『職計筴之，士師筴之。』」

案：治要引是也。「筴」與「策」同，下文云「請從士師之策」可證。

景公信用讒佞賞罰失中晏子諫第八

「公使韓子休追之。」

案：韓非子外儲説左上云：「齊景公遊少海，傳騎從中來謁曰：『嬰疾甚，且死，恐公後之。』景公曰：『趨駕煩且之乘，使騶子韓樞御之。』」此韓子休疑即彼騶子韓樞也。

内篇諫下第二景公欲殺犯所愛之槐者晏子諫第二

「妾父不仁，不聞令，醉而犯之。」

案：「仁」讀爲「佞」，徐鍇本説文女部云：「佞，巧讇高材也，从女，仁聲。」「不仁」即「不佞」，言不材也。

景公爲鄒之長塗晏子諫第七

「于是令勿委壞，餘材不收，斬板而去之。」

案：「壞」當爲「壤」，形之誤也。景公爲鄒之長塗，須徵委壤土，今罷役，故令勿委壤也。孫音義釋「令勿委壞」云：「已成勿壞。」乃緣誤爲訓，失之。

景公爲履飾以金玉晏子諫第十三

「景公爲履。」

案：據下文云「故魯工不知寒温之節，輕重之量，以害正生」，生、性字同。又云「令吏拘魯工」，則此當云使魯工爲履，今本蓋有捝文。

景公爲巨冠長衣以聽朝晏子諫第十六

「聖人之服，中侻而不駔，可以導衆，其動作，侻服而不逆，可以奉生。」孫音義云：「淮南本經訓：『其行侻而順情。』高誘注：『侻，簡易也。』玉篇：『一曰輕也，他活切。』『中駔』猶言『中適輕脱』也，『侻』即『脱』字之俗。爾雅釋言：『奘，駔也。』郭璞注：『今江東呼大爲駔。』『不駔』，言『不奘盛』也。」

案：孫引淮南注以釋此「侻」字，是也。而又據玉篇釋爲「輕侻」，則非。「侻」即謂「簡易」。「駔」者，「⿰黹虘」之借字，説文黹部云：「⿰黹虘，合五采鮮色。」詩曰：「衣裳楚楚。」故下文云：「今君之服，駔華不可導衆。」「中駔」正與「駔華」相反。孫釋「不駔」爲「不奘盛」，亦未得其義。

景公登路寢臺望國而歎晏子諫第十九

「車蠹于巨户，不勝乘也。」

案：「巨」疑當爲「庌」，「庌」省爲「牙」，又譌爲「巨」。牙、巨篆文相似。周禮圉師云：「夏庌馬。」鄭注云：「庌，廡也。廡所以庇馬涼。」是「庌」以繫馬，或并以藏車與？

内篇問下第四吴王問保威强不失之道晏子對以先民後身第十一

「不以威强退人之君，不以衆强兼人之地。」

案：「退」當爲「迓」，形近而誤。「迓」讀爲「彊禦」之「禦」。書牧誓「弗迓克奔」，史記周本紀「弗迓」作

「不禦」，集解引鄭注云：「禦，彊禦，謂彊暴也。」不强禦人之君，不强兼人之地，皆言不侵滅人國也。

内篇雜上第五泯子午見晏子晏子恨不盡其意第二十六

「睹晏子，恐慎而不能言。晏子假之以悲色，開之以禮顔，然後能盡其復也。」

案：廣雅釋詁云：「慎，恐也。」此古義之僅見者。「悲色」，猶言「匪色」，即謂形色也。考工記梓人云：「且其匪色，必似鳴矣。」鄭注云：「匪，采貌也。」「悲」與「匪」聲同字通。大戴禮記誥志篇云：「民之悲色，不遠厥德。」管子任法篇云：「賤人服約卑敬，以悲色告愬其主。」與此義竝同。說詳經迻大戴禮記。

内篇雜下第六景公睹晏子之食菲薄而嗟其貧晏子稱有參士之食第二十六

「炙三弋、五卵、苔菜耳矣。」孫云：「詩傳：『弋，射。』說文作『隿』，『繳射飛鳥也』。言炙食三禽。盧云：「『弋』，見夏小正傳。『弋』也者，禽也。『卵』即雞子。」黄云：「『苔』一作『茗』。」孫志祖云：「張淏雲谷雜記引此作『茗菜』，以爲飲茶之始，太平御覽茗事中亦載此文，則知『苔』字誤。」校勘。

案：夏小正云：「十二月鳴弋。」金履祥、通鑑前編。孔廣森大戴禮補注。竝謂即「鳶」之壞字，則固不中膳羞。禮經說庶羞，亦未聞有「炙弋」，且炙弋必以三爲數，又何義乎？盧說殆不可通。竊疑此「弋」當爲「樴」。儀禮鄉射禮記、聘禮記說脯，竝云「五膱」。鄉射鄭注云：「膱，猶脡也。」聘禮注云：「膱，脯如版然者，或謂之挺，皆取直貌焉。」鄉飲酒禮「脡」作「挺」，注云：「挺，猶膱也。」釋文云：「膱，本又作樴。」蓋「膱」、「樴」與「杙」、「弋」形聲義竝近，說文木部云：「樴，弋也。」爾雅釋宮云：「樴謂之杙。」故互通。炙脯同爲肉物，亦得以檝計數，固其宜矣。「荅菜」，陸羽茶經引亦作「茗菜」，此唐本已作「茗」之塙證，然周時必無茗飲，竊意「荅」字未必誤也。

外篇重而異者第七景公欲誅斷所愛橚者晏子諫第九

「刑死之罪，日中之朝，君過之，則赦之。」

案：「日中之朝」，謂市朝也。易繫辭云：「日中爲市。」周禮司市云：「國君過市，則刑人赦。」晏子此言，與禮正合。說詳周禮正義。

外篇不合經術者第八仲尼見景公景公欲封之晏子以爲不可第一

「立命而建事，不可守職。」孫云：「墨子作『怠事』是，非儒篇。言恃命而怠於事也。『建』或『逮』譌，『逮』亦爲『怠』，假音與？」

案：孫說未塙。「建」與「券」聲近字通，「建事」，謂厭倦於事也。考工記輈人云：「左不楗。」杜子春云：「書『楗』或作『券』。」鄭康成云：「『券』，今『倦』字也。」墨子號令篇云：「愼無厭建。」「厭建」，即厭倦也。

景公欲誅羽人晏子以爲法不宜殺第十二

公曰：「合色寡人也？殺之！」

案：「合」疑「呰」之誤。說文口部云：「呰，苛也。」呂氏春秋權勳篇云：「豎陽穀操黍酒而進之，子反叱曰：『訾！退酒也。』」「訾」、「呰」聲義同。

晏子死景公馳往哭哀畢而去第十六

「景公游於菑，聞晏子死，公乘侈輿服繁駔驅之。」孫云：「說苑作『乘輿素服驛而驅之』，君道。文選注作『公擊驛而馳』。褚淵碑注。按韓非作『趨駕煩且之乘』，外儲說左上。則『繁駔』馬名，「煩」、「繁」，「且」、「駔」，聲相近。說文：『駔，壯馬也，一曰馬蹲駔也。』文選注作『擊驛』，形相近，字之誤耳。」案：考工記輿人云：「飾車欲侈。」此景公意欲急行，不在輿之侈弇，竊疑晏子本文當作「公侈乘輿」。古从「芻」、从「多」之字聲近通用，周禮樂師「趨以采齊」，鄭注云：「故書『趨』作『跢』。」鄭司農云：「『跢』當爲『趨』，書亦或爲『趨』。」「趨」俗書亦或作「趍」，竝其證也。此「侈」即韓子之「趨」，言催促令急駕乘輿也。「繁駔」、「煩且」義亦難通。說苑宋本作「乘駟」，音義引作「驛」者，據明刻本也。文選注引亦作「驛」，疑「繁駔」之「駔」亦即「駟」之形誤。

老子王弼河上公注

聚珍版王注本。明刻河上公注本。唐傅奕校本。陸德明釋文校。畢沅攷異校。王念孫讀書雜志餘編校。俞樾諸子平議校。

老子上下篇，八十一章，分題道經、德經，河上公本、經典釋文所載王注本、道藏唐傅奕校本、石刻唐玄宗注本竝同。弘明集牟子理惑論云：「所理止於三十七條，兼法老氏道經三十七篇。」則漢時此書已分道、德二經。其道經三十七章，德經四十四章，亦與今本正同。今所傳王注出於宋晁說之所校，不分道、德二經，於義雖通，然非漢、唐故書之舊。

第五章

「天地之閒，其猶橐籥乎？」王注云：「橐，排橐也。」

案：一切經音義一云「韛囊」，東觀漢記作「排」，王弼注書作「橐」，同皮拜反，所以冶家用炊火令熾者也。又十二云「排筒」，東觀漢記因水作排，王弼老子注：「橐，橐囊也。」玉篇橐部云：「橐，吹火囊。」據玄應說，則所見本王注，「排橐」作「橐囊」，今本及陸氏釋文竝作「排橐」，釋文云：「排，扶拜反。」與皮拜音同。「排橐」亦見淮南子本經訓高注。「排」字正與漢記同，豈唐時王注固有兩本乎？今本王注不分道、德二經，與釋文本異。又釋法琳辨正論引「人法地地法天」章注與今本不同，亦唐時王注有別本之證。

第九章

「揣而梲之，不可長保。」王注云：「既揣末令尖，又鋭之令利，勢必摧衄，故不可長保也。」河上公注云：「揣，治也。先揣之，後必棄捐。」釋文云：「揣，初委反，又丁果反，志瑞反。」顧云：「治也。」簡文章樑反。傅奕校本「揣」作「㪜」，注云：「㪜音揣，量也。」畢氏攷異云：「説文無『㪜』字，或爲『揣』字古文歟？」

案：「㪜」即「揣」之或體，見集韻四紙。集韻三十四果又以「㪜」爲或「捶」字，二字古本通也。然以注義推之，此「揣」字蓋當讀爲「捶」。王云：「既揣末令尖，又鋭之令利。」即謂捶鍛鉤鍼，使之尖鋭。河上公本「梲」作「鋭」。淮南子道應訓云：「大馬之捶鉤者。」高注云：「捶，鍛擊也。」説文手部云：「揣，量也，一曰捶之。」蓋揣與「捶」聲轉字通也。傅校「揣」作「㪜」，於文無異，而訓爲量，則非其義。集韻六脂：「揣，冶擊也。」老子「揣而鋭之」，梁簡文讀。今案，訓冶擊與丁果、志揣二紐亦合，不定屬章樑反也。

「功遂、身退，天之道。」九章末。「載營魄抱一，能無離乎？」十章。王注云：「載猶處也。營魄，人之常居處也，一人之真也。言人能處常居之宅，抱一清神，能常無離乎，則萬物自賓也。」河上公注云：「營魄，魂魄也，人載魂魄之上得以生。」

案：舊注竝以「天之道」斷章，而讀「載營魄抱一」爲句，淮南子道應訓及羣書治要三十九引「道」下竝有「也」字，而章句亦同。楚辭遠遊云：「載營魄而登霞兮。」注云：「抱我靈魂而上升也。」屈子似即用老子語。然則自先秦、西漢至今，釋此書者，咸無異讀。惟册府元龜載唐玄宗天寶五載詔云：「頃改道德經『載』字爲『哉』，仍隷屬上句，遂成注解。」郭忠恕佩觿則云：「老子上卷，改『載』爲『哉』。」注亦引玄宗此詔。檢道經三十七章，王本及玄宗注本，竝止第十章有一載字，第二十九章「或培」，河上公本「培」作「載」，易州石本則作「培」，且不在句首，無由隷屬上句，知詔所舉，必非彼「載」字也。則玄宗所改爲「哉」者，即此「載」字，又改屬上章「天之道」爲句。今易州石刻、玄宗道德經注仍作「載」，讀亦與舊同者，彼石立於開元二十年，蓋以後別有改定，故特詔宣示。石刻在前，尚沿舊義也。「載」、「哉」古字通。玄宗此讀，雖與古絶異，而審文校義，亦尚可通。天寶後定之注，世無傳帙，開元頒本雖石刻具存，而與天寶詔兩不相應。近代畢沅、攷異。錢大昕、潛研堂金石跋尾。武億、授堂金石跋。王昶金石萃編。攷録御注，咸莫能證覈。今用詔文，推校石本，得其輟迹，聊復記之，以存異讀。

四十五章

「大成若缺，其用不弊。大盈若沖，其用不窮。大直若屈，大巧若拙，大辯若訥。」傳校本「屈」作「詘」。

案：韓詩外傳九引老子「屈」亦作「詘」，與傳本正同。「大巧若拙」句，在「大辯若訥」下，下又有「其用不屈」四字，以上文「其用不弊」、「其用不窮」二句例之，則有者是也。韓所據者，猶是先秦、西漢古本，故獨完備。魏、晉以後本，皆捝此句矣。

四十六章

「罪莫大於可欲。」

案：韓詩外傳引「可欲」作「多欲」，義較長。

五十二章

「塞其兑，閉其門。」王注云：「兑，事欲之所由生。」河上公注云：「兑，目也，目不妄視也。」釋文云：「『兑』，河上本作『鋭』，與今本異。」

案：「兑」當讀爲「隧」，二字古通用。襄二十三年左傳「杞殖、華還載甲夜入且于之隧」，禮記檀弓鄭注引之云「隧或爲兑」，晏子春秋内篇問下篇又作「茲於兑」，是其證也。廣雅釋室云：「隧，道也。」左傳文元年杜注云：「隧，徑也。」「塞其兑」，亦謂塞其道徑也。

文子徐靈府注

蔣氏景宋刊本。錢熙祚刊本。杜道堅纘義本。顧觀光校勘記校。俞樾讀文子校。

精誠

「行乎无路，遊乎无怠，出乎无門。」

案：「無怠」與上下文不協。符言篇亦云：「行於無怠。」彼文出淮南子詮言訓，本作「行無迹」。此二篇「怠」字，疑竝當爲「迹」，「迹」、「怠」二字艸書相近而誤。

「聖人不降席而匡天下，情甚於譟呼。」纘義本「譟」作「梟」。錢本同。顧校依文瀾閣本作「課」。

案：景宋本作「譟」是也。說文口部云：「嘄，聲嘄嘄也。」「譟」即「嘄」之俗。又與「叫」同，周禮釋文云：「嘄音叫。」淮南子繆稱訓云：「故舜不降席而天下治，桀、紂不下陛而天下亂，蓋情甚於叫呼也。」即僞託者所本。此書全剽竊淮南子僞作，詳錢跋及顧記。今本作「梟」即「譟」之壞字。閣本作「課」，乃校者肊改，不當據校。

「故匠人智爲不以能以時閉，不知閉也，故必杜而後開。」顧云：「誤謬至不可句。道應訓引愼子曰：『匠人知爲門能以門，所以不知門也，故必杜然後能門。』亦似有誤字。」

案：此當作：「故匠人智與「知」通。爲門，不能以時閉，不知門也，故必杜而後能開。」大意言，必能閉門，乃能開門。詳後淮南子。

九守

「一月而膏，二月血脈，三月而肧，四月而胎，五月而筋，六月而骨，七月而成形，八月而動，九月而躁，十月而生。」顧云：「『二月血脈』，御覽三百六十『血』作『而』，七籤作『二月而胞』。『七月而成形』，御覽無『而』字，七籤無『形』字。按精神訓亦無『形』字。」

案：蕭吉五行大義論諸人篇引「血」作「而」，此文自一月至十月文例竝同，今本惟二月作「血脈」，其誤明矣。「胎」作「肌」，餘竝與今本同，則隋、唐舊本已如是。張君房所引，疑肊改，不盡足據也。

「形骸已成，五藏乃形，肝主目，腎主耳，脾主舌，肺主鼻，膽主口。」徐注云：「五藏此唯四，與今說不同，未詳。」顧云：「雲笈七籤『脾』作『心』，精神訓無此句。」

案：徐云「五藏唯四」者，謂有肝賢脾肺而無心也。云「與今說不同」者，謂以膽備五藏之一也。下文亦別云「心爲之主」，則故書五藏不數心，可知張君房引「脾」作「心」，乃以今說改之，與注及下文竝不合，不足據。白虎通義五行篇亦云：「脾繫於舌。」與此義合。

「天有四時、五行、九解。」纘義本「解」作「曜」。顧云：「御覽三百六十『曜』作『解』，與精神訓合。」

案：景宋本正與淮南書、御覽合。五行大義引作「九星」，則與今本字異而義同。

「腎爲雨，肝爲雷。」顧云：「御覽十三又三百六十三竝引『腎』爲『電』。」

案：五行大義引此及淮南子竝作「腎爲雨，肝爲電」。今本淮南精神訓竝與此書同，高注云：「『雨』或作『電』。」豈此書亦有別本，與淮南或本同與？

「人與天地相類，而心爲之主。」

案：五行大義引作「與天相類，而心爲天」。此字誤。上文兩以天與人相比況而不及地，則此句似本無「地」字。蕭本爲善。

守弱

「其生貪叨多欲之人，莫宜乎勢利，誘慕乎名位。」纘義本「莫宜」作「顛冥」。

案：「生」疑當爲「在」，「莫宜」當作「真冥」，皆形之誤。杜本作「顛冥」，聲義同。淮南子原道訓云：「貪饕多欲之人，漠睧於勢利，誘慕於名位。」此文本於彼。莊子則陽篇云：「顛冥乎富貴之地。」釋文引司馬彪云：「顛冥，猶迷惑也。言其交結人主，情馳富貴。」此本與莊子字正同。今本淮南書「顛冥」作「漠睧」，王念孫謂當爲「滇眠」之譌是也。淮南子雜志。「真」、「滇」、「顛」聲類竝同，「冥」、「眠」一聲之轉。此連語形容，本無正字，故諸文駁異。景宋本「莫」字雖與今本淮南書「漠」字適合，然實譌文也。

符言

「故羽翼善者傷其骸骨，枝葉茂者害其根荄，能兩美者，天下無之。」

案：「骸骨」當爲「骨骸」，與「荄」、「之」協韻。淮南子詮言訓正作「骨骸」可證。

上德

「老子學於常樅，見舌而守柔。」注云：「見古道皆守雌柔。古字亦作舌字，亦柔也。」顧云：「『而』下脫『知』字，當依繆稱訓補。」

案：杜本正文「舌」作「古」。此文本淮南子，當以作「舌」爲是。但諦繹注義，則唐時蓋有兩本，一本同淮南作「舌」，一本作「古」，自是譌文。然徐既依「古」字爲釋，則不宜輒改作「舌」。宋槧徐本「舌」字雖是，而與注不相應。杜據徐注作纘義，杜本所載舊注，竝即徐注。故「古」字尚沿襲未改也。

上德

「犬豕不擇器而食，俞肥其體，故近死。」纘義本「俞」作「愈」。

案：「愈」即「愉」之變體，與「偷」字通。詳後素問。淮南子說林訓云：「狗彘不擇甂甌而食，偷肥其體而顧近其死。」即此所本。

微明

「天有五方，地有五行。」顧云：「御覽三百六十『方』、『行』二字互易。」

案：五行大義論諸人篇引作「天有五行，地有五嶽」。前九守篇亦云：「天有四時、五行。」足證今本以「五行」屬地之誤。

「上五有神人、真人、道人、至人、聖人，次五有德人、賢人、智人、善人、辯人，中五有公人、忠人、信人、義人、禮人，次五有士人、工人、虞人、農人、商人，下五有衆人、奴人、愚人、肉人、小人」。

案：五行大義引此二十五人，惟上五與今本同，以下作「次五有德人、賢人、善人、忠人、辯人，中五有仁人、禮人、信人、義人、智人，次五有仕人、庶人、農人、商人、工人，下五有衆人、小人、駑人、愚人、完人」。「完」當作「宍」，即俗書「肉」字。後釋作「肉人」，不誤。「士」、「仕」通。後釋亦作「士」。與今本差異。蕭氏又備釋二十五人之義，與所引符合，則今本爲傳寫之誤明矣。徐注竝沿誤爲釋，蓋所見本已然。

「所謂道者，无前无後，无左无右，萬物玄同，无是无非。」

案：五行大義引「道」下有「人」字是也。此以上竝釋上五人神人、真人、道人、聖人之義，故蕭吉云

「文子發言二十五人，論止有四」是也。今本捝「人」字，則似汎論「道」字，上下文義全不貫屬矣。

下德

「其行悦而順情。」

案：淮南子本經訓有此文，「悦」彼作「倪」，高注云：「倪，簡易也。」此傳寫之誤。義詳前晏子春秋。

「懷險以爲平。」錢本「懷」作「攘」。

案：「懷」〔一〕當從本經訓作「壞」，「懷」、「攘」竝形之誤。

上禮

「如此者，譬猶廣革者也，大敗大裂之道也。」注云：「爲革以廣，必裂之道。」

案：淮南子道應訓云：「譬之猶廓革者也，廓之大則大矣，裂之道也。」此即襲彼文。「廣」當作「擴」。孟子公孫丑篇趙岐注云：「擴，廓也。」是「擴」與「廓」音義略同。「敗」當作「則」，「大」下又捝「矣」字。

〔一〕「懷」，原本作「壞」，形近而誤，今改。

札迻卷五

鄧析子劉履芬景宋刊本。錢熙祚校刊本。譚儀校文校。

無厚篇

「長盧之不士，吕子之蒙耻。」

案：史記孟子荀卿傳云：「楚有尸子、長盧。」漢書蓺文志道家：「長盧子九篇，楚人。」列子天瑞篇作長盧子，殷敬順釋文「盧」作「盧」。即此人也。「士」與「仕」通。吕子無攷。

「求而不能得，無始也；謀而不見喜，無理也。」

案：「始」疑當爲「媒」，與「理」對文。「媒」、「理」義略同，詳後楚辭。

「辯景宋本作「辨」，下竝同，今從錢本正。說非所聽也，虛言向非所應也，無益亂非舉也，故談者別殊類使不相害，序異端使不相亂。諭志通意，景宋本重「意」字，衍，今從錢本删。非務相乖也。若飾詞以相亂，匿詞以相景宋本衍「亂」字，今從錢本删。移，非古之辯也。」

案：此文多譌挩，「虛言向」，「向」當作「者」，「無益亂」，當作「無益之辭」；「非舉也」，當作「非所舉也」。「別殊類使不相害」以下七句，與劉向別録引鄧子及韓詩外傳文略同，詳前。

「忠言於不忠，義生於不義。」

案：二句文例同，「言」疑亦當爲「生」。

「非其道不道則諂。」

案：「不」當爲「而」，篆文「不」作「[illegible]」，「而」作「[illegible]」，相似而誤。

「故何方之道不從。」

案：「何」疑「無」之誤。呂氏春秋必己篇云：「如此其無方也。」高注云：「方，術也。」

「夫合事有不合者，知與未知也。」

案：此章亦見鬼谷子内揵篇，彼作：「事有不合者，有所未知也。」疑此文本作「事有合不合者」，今本「合」字誤移「事」字上，遂不可通。

轉辭篇

「在己彼，若扶之與景宋本挩，今據錢本增。攜，謝之與議，故之與右，洪頤煊讀書叢録云：「當作『古』。淮南子説林訓作『先』。『古』、『先』義同。」諾之與已，相去千里也。」

案：「在己」下當更有「在」字，今本誤挩。

「患生於官成，病始於少瘳，禍生於懈慢，孝衰於妻子，此四者，慎終如始也。」錢校依意林，引作「忠怠於宦成」。

案：説苑敬慎篇引曾子云：「官怠於宦成，病加於少愈，禍生於懈惰，孝衰於妻子，察此四者，慎終如始。」與此正同。韓詩外傳八文亦略同。此「始」當作「殆」，「四者」上亦當有「察」字。文子符言篇作「宦敗于官茂」，則繆。

列子張湛注

蔣氏景宋刊本。汪繼培校宋刊本。殷敬順釋文校。盧文弨羣書拾補校。王念孫讀書雜志餘編校。俞樾諸子平議校。任大椿釋文考異校。

天瑞第一

「易變而爲一，一變而爲七，七變而爲九。九變者，究也，乃復變而爲一。一者，形變之始也。」

案：此章與易緯乾鑿度文同。「九變者，究也」，緯作「九者，氣變之究也」，與下「一者，形變之始也」文正相對，此書當亦與彼同。今本「變」字誤移箸「者」字上，又挩「氣之」二字耳。

「精神者，天之分。」釋文「分」作「久」，云：「音『有』，下同。本作篆文，與『久』字相類。按漢書楊王孫曰：『精神者，天之有，骨骸者，地之有。』王孫常讀此經。今國子監本作『分』。」

案：釋文謂「久」當作「有」是也，但「有」篆文與「久」字不甚相類，疑殷所據別本「有」當作「又」，篆文「又」作「ㄡ」，「久」作「久」，正相類。「又」、「有」古通，故殷氏徑定爲「有」字也。

周穆王第三

「命駕八駿之乘，右服𦿀明世德堂本作「𦿀」，汪本作「𦿀」，今從景宋本，任校釋文同。騮〔一〕而左緑耳，左驂赤驥而右白𣽻，主車則造父爲御，离𠣏景宋本作「𠣏」，與集韻二十八合同，今從世德堂本。汪本、任校釋文同。爲右。」張注「𦿀」下云：「古『驊』景宋本作「華」，今從世德堂本、汪本。字。」「𣽻」下云：「古『義』世德堂本作「犧」。字。」「离𠣏」下云：「上齊下合，此古字，未審。」釋文「白𣽻」作「白犧」，「离」作「𪗋」，云：「𪗋音泰，篆作𠓛。世德堂本作「𠓛」。『𠣏』音『丙』，石經作『𠙸』。世德堂本作兖。字林云隱，「云」當作「音」。一切經音義六引字林「音隱」，即此書也。各本竝誤作「云」，任氏亦未校正。作『西』世德堂本作「西」，誤。本作『离𠣏』，音上齊下合，於義無取焉。」

案：此「𦿀」、「𣽻」、「离」、「𠣏」四字，皆隸古傳寫譌繆，不可理董。「𦿀」者，說文馬部「駉」字籀文作「𩧯」，此變「冐」爲「㫐」，「𩧯」爲「𦿀」，又左右互易，遂不可辨。本張文虎舒藝室隨筆說穆天子傳作「𩧯」，亦誤。「白𣽻」，穆天子傳兩見，「𣽻」一作「義」，一作「俄」。郭璞注亦云「古『義』字」，與張注同。廣雅釋畜馬類有騀鹿，「義」疑即「騀」之借字。今本作「𣽻」，洪頤煊謂即爾雅釋畜之「減陽」，讀書叢録。雖形頗相近，然與穆傳及張、郭讀竝不合，恐未塙。「𪗋」當作「㚉」，上從大從収，與齊字上半形近；下從水而變爲合，則失之遠矣。殷云篆作「𠓛」，亦傳寫之誤。張注舊本當與釋文同，故注云「上齊下合」。此注本當箸「𪗋」下，謂其字上從「齊」，依釋文本實從「齊」省。下從「合」。古字書無此文，形聲皆不可說，故云未審。蓋張、殷本雖譌「㚉」爲「𪗋」，而音「泰」則自不誤。上齊下合之云，

〔一〕「騮」，原本無，據列子補。

自專釋「𧧌」字之形，本與音不相涉，與「𠷎」字尤不相涉也。自別本譌「𧧌」爲「𠷎」，上「齊」變爲「亝」，下「合」變爲「𠮚」。既失其齊合之形，而孤存此注，又誤移箸於「𠷎」字下。讀者不見故書，無從索解，遂以其釋「𧧌」字之形者，析而爲「𠷎𠷎」二字之音。其誤始於釋文引或本，殿本「𧧌」字尚未譌，疑不當絶無辯正。或釋文此條爲陳景元所增竄與？而丁度集韻、韓道昭五音集韻竝襲其說，於齊紐收「𠷎」字，合紐收「𠷎」字，蓋古書之重㛹貤繆失其本始有如是者。玉篇马部有「𠷎」字，云：「胡閤切，會也。」亦即「𠷎」字之譌。此必非顧野王之舊，蓋宋人所妄增也。「𠷎」釋文引石經作「㒳」，此據魏三體石經，古文「丙」字也。郭忠恕汗簡及洪氏隸續所載石經殘字竝無此字。今無攷。亦不成字。以意推之，石經古文疑當本作「㒳」，阮元積古齋鐘鼎款識周舀鼎「叜」字作「叟」，「丙」正作此形。石鼓文乙鼓「鰀」字省从「[illegible]」，形尤完備。蓋重絫「丙」字之形，古籀多重形，如「五」作「[illegible]」，「貝」作「賏」，「車」作「[illegible]」之類是也。隸寫當作「㒳」，傳鈔貿亂，變上「丙」爲「冂」，下「丙」爲「只」，遂不可辨識。字林作「西」，則當作「㒳」，此正「丙」字篆文，下誤增一畫耳。穆天子傳作「𠧪𠧪爲右」，亦傳寫之誤。

又案：「主車則造父爲御」，造父既爲御，不當復主車。此「主車則」下當有王字，蓋王乘車，即王爲主車，下次車王不乘，故別以柏夭爲主車也。穆天子傳作「天子主車」，是其塙證。今本捝一「王」字，遂似主車與御爲一，與下次車不相應矣。

仲尼第四

「其有介然之有，唯然之音，雖遠在八荒之外，近在眉睫之內，來干我者，我必知之。」

案：此文以「有」與「音」相儷，「有」疑當作「形」。盧重元注云：「是故有形有音，無遠無近，來干我者，我皆知之。」疑盧本正作「形」字。亢倉子全道篇襲此文亦作有。

湯問第五

「與齊七日，晏陰之閒，跪而授其下劍。」注云：「晏，晚暮也。」

案：說文日部云：「晏，天清也。」漢書天文志云：「日晡時，天星晏。」「星」與「姓」通。韓非子外儲說左篇云「雨霽日出，視之晏陰之閒」，與此義同。「晏陰之閒」，謂半晴半陰之閒，非謂晚暮也。張注失之。

附校列子盧重元注 秦恩復校刊本。

黃帝「禹朝羣神，舜百獸，則其事也。」秦云：「百獸下當脫率舞二字。」案此「舜」下捝一「舞」字，與上「禹朝羣神」句正相對，秦校非。

周穆王「千載骸化當作「肢化」。「肢化」猶言尸解也。秦引集韻「骸」爲古「跂」字，非此義。而上升。」

力命「是收其操當作「桑」。揄而不損護當作「隕穫」，見禮記儒行。也。」

商子 嚴萬里校刊本。 孫星衍校刊本。 錢熙祚校刊本。 傅錄嚴可均校本。 俞樾諸子平議校。

更法第一

「君曰：『代立不忘社稷，君之道也。錯法務民主張，臣之行也。』」

案：「錯法務民主張」，句義殊不可通。新序善謀篇作「錯法務明主長」是也，當據校正。戰國策趙策趙武靈王與肥義、趙造論胡服章文與此多同，彼云：「王曰：『嗣立不忘先德，君之道也，錯質務明主長，臣之論也。』」「明」、「長」二字與新序正同，「錯法」、「錯質」義兩通，當各如本書。此書第九篇名錯法，與此義同。可以互證。錢本「張」亦改「長」，而「民」字仍未校正，蓋未檢新序也。

「疑行無成。」孫校云：「史記作『名』，太平御覽人事部引作『名』，各本作『成』。」

案：新序、戰國策竝作「無名」。

「而可與樂成。」嚴萬里校云：「舊本無『而』字，『成』下有『功』字，今依史記增刪。」

案：新序有「功」字。

「苟可以利民，不循其禮。」嚴云：「舊本作『於禮』，與文誼不合，今據上文及史記改。」

案：新序亦作「其禮」。

「三代不同禮而王。」嚴云：「舊本作『同道』，史記作『同禮』。案此篇禮法竝舉，作『道』訛，今改正。」

案：新序作「得道」。

「便國不必法古。」嚴云：「『元本、范本作『不必古』，錢本同。史記作『不法古』，今據秦本。」

案：新序作「不必古」。

「殷、夏之滅也，不易禮而亡。」嚴云：「元本作『殷、夏』，史記同，秦本、范本作『商、夏』。」

案：作「商」者，疑宋本避諱改。新序亦作「殷、夏」。

「吾聞窮巷多恠。」錢本「恠」作「怪」，校云：「原作『恠』，依御覽百九十五改。」

案：新序正作「窮鄉多怪」，錢校是也。戰國策作「窮鄉多異」。

「愚者笑之，智者哀焉。狂夫之樂，賢者喪焉。」

案：「笑之」，新序作「之笑」，與下文「狂夫之樂」正相對，是也，當據乙正。「哀」，新序作「憂」，義亦較長。

墾令第二

「則以其食口之數，賤而重使之。」

案：「賤」當爲「賦」之誤。

「則誅愚亂農農民，無所於食，而必農。」俞樾云：「『誅』通作『朱』，莊子庚桑篇：『楚人謂我朱愚。』即此文『誅愚』矣。」

案：俞釋「誅愚」是也。此疑當作：「則誅愚亂農之民，無所於食，而必農。」「之」字草書與重文相似，故誤爲兩「農」字也。

「百縣之治一形，則從，迂者不敢更其制。」

案：下文云：「迂者不飾，代者不更，則官屬少而民不勞。」則此當作：「則從，迂者〔一〕不飾，代者不敢更其制。」今本挩「飾代者不」四字，與下文不相應。

農戰第三

「今夫螟、螣、蚼蠋春生秋死，一出而民數年不食。」

案：御覽八百二十二資産部引「蚼」作「蚵」，注云：「胡多切。」則今本作「蚼」，乃傳寫之誤。爾雅釋蟲「蛶，螪何」，釋文云：「『何』，本或作『蚵』，音河。」又有「蚅，烏蠋」。「蚵蠋」疑即「烏蠋」，「蚵」、「烏」一聲之轉。莊子庚桑楚篇「藿蠋」，釋文引司馬彪云：「豆藿中大青蟲也。」即此。

去彊第四

「三官者生蝨官者六：曰歲，曰食，曰美，曰好，曰志，曰行。」嚴云：「范本無『曰美』句，『好』上有『玩』字。」

案：魏仲舉五百家集注韓文六瀧吏詩注引「曰美」作「曰玩」，則南宋本蓋與范本同。

「十里斷者國弱，九里斷者國彊。」嚴云：「案『九』當作『五』，下説民篇亦作『五』。」

案：靳令篇云：「以五里斷者王，以十里斷者彊。」韓非子飭令篇「十」仍作「九」。

開塞第七

〔一〕「者」字原本無，據正文補。

「思則出度。」嚴云：「案『出』字疑誤。」

案：「出度」疑當作「生度」，下云「淫則生佚」可證。

錯法第九

「夫離朱見秋豪百步之外，而不能以明目易人。」

案：「易」，「賜」之借字，古鐘鼎款識皆以「易」爲「賜」。「易人」猶言賜予人也。

戰法第十

「行是必久王。」

案：當作「行是久必王」，今本誤到，不可通。

「深入，偕險絕塞。」

案：「偕險」義難通，「偕」當爲「偝」，形近而誤。「偝」與「背」同。禮記明堂位注：「負之言偝也。」釋文云：「偝本作背。」

立本第十一

「錯法而俗成，而用具。」

案：「俗成」二字當重，今本誤挩。

兵守第十二

「客至而作土以爲險阻及耕格阱。」嚴云：「案『及耕格阱』不成文，疑『耕』字誤。」

案：「耕格」當作「柞格」，周禮雍氏：「令爲阱擭。」鄭注云：「阱，穿地爲塹，所以禦禽獸，其或超踰則陷焉。擭，柞鄂也。」國語魯語：「鳥獸成，設穽鄂。」韋注云：「穽，柞格也。」「柞」、「耕」形近而誤。「阱」字上下疑有挩字。

「發梁撤嚴可均校改「徹」。是，當據正。屋，給從從之，不洽而熯之。」嚴可均校作「給從徒之」。俞云：「當云『給從而□之，不給從而熯之。』」

案：此當作「給徙徙之，不給而熯之」，謂所發徹之材，可徙入城邑則徙之，急卒不及徙則焚之。墨子號令篇云：「外空室盡發之木盡伐之，諸可以攻城者盡内城中，材木不能盡内，即燒之，無令客得用之。」此云「徙」，即墨子所謂「内城中」也。嚴、俞校竝失之。

靳令第十三

「靳令則治不留。」嚴云：「秦本『靳』作『飭』。嚴可均亦校改『飭』。」

案：此篇文與韓非子飭令篇同，作「飭」是也。

「行治曲斷。」

案：「治」，韓子作「法」，似是。

「雖有辯言，不能以相先也。」嚴云：「秦本、范本『雖』上有『廷』字，疑當作『朝廷』，闕『朝』字，今依元本删去。范本『能』作『得』。」

案：韓子有「廷」字，「能」亦作「得」。

來民第十五

「其寡萌賈息民，上無通名，下無田宅，而恃姦務末作以處。」

案：「寡萌賈息」義難通，疑當作「賓萌貸息」。「賓」、「寡」及「貸」、「賈」竝形近而誤。「賓萌」即客民，對下民爲土著之民也。呂氏春秋高義篇墨子曰：「翟度身而衣，量腹而食，比於賓萌。」高注云：「賓，客也。萌，民也。」「萌」與「氓」通，字亦作甿。古凡外來旅居之民謂之氓，周禮旅師謂之新甿是也。「民」、「氓」，散文通，對文則異，詳周禮正義。「貸息」謂以泉穀貸與貧民，而取其息。此言韓、魏國貧，其有餘資而貸息者，皆外來之客民，其土著之民則皆「上無通名，下無田宅，而恃姦務末作以處」，明客民富，而土著貧也。

「且非直虛言之謂也，不然。夫實曠土，出天寶。」嚴云：「一切舊本竝作『且直言之謂也，不然。夫實曠什虛，出天寶』。今案文誼，移『虛』於『言』上，增『非』字，改『曠土』字。」

案：此文舊本固多舛互，然嚴校亦不塙。「實壙什虛」，當作「實壙虛」。呂氏春秋貴卒篇云：「於是令貴人往實廣虛之地。」此「實壙虛」與呂覽「實廣虛」義同。嚴專輒改竄，不可據。漢書晁錯傳云：「徙遠方以實廣虛。」

「此反行兩登之計也。」

案：「兩登」猶言兩得也。公羊隱五年傳云：「登來之也。」何休注云：「登讀言得，齊人名求得爲得來，作『登來』者，其言大而急由口授也。」此以「登」爲「得」，與公羊正同。

賞刑第十七

「舉兵伐曹五鹿，及反鄭之埤，東徵之畂。」嚴云：「葉校本作『舉兵伐衛，取五鹿，伐曹，救宋』。嚴可均校作『伐衛取五鹿，伐曹，南圍鄭之埤』。」

案：「徵」當作「衛」，呂氏春秋簡選篇云：「晉文公反鄭之埤，東衛之畂。」高注云：「使衛耕者皆東畂以遂晉兵也。」此文與彼正同。上云「伐曹取五鹿」，自是所傳之異。先秦諸子與左傳紀事不必同，葉、嚴校竝改「曹」爲「衛」，失之。

境内第十九

「其戰也，五人來薄爲伍。」

案：「來」疑當爲「束」，尉繚子有束伍令。「薄」古「簿」字。「五人束薄爲伍」，言爲束伍之籍也。

「一人羽而輕其四人。」

案：「羽」疑當爲「死」，「輕」當爲「剄」，言同伍之中，一人死事，四人不能救，則受刑也。

「夫勞爵，其縣過三日有不致士大夫勞爵，能。」

案：「能」當爲「罷」，言罷免其縣令也。此十七字與上下文不相屬，疑當在後文「將軍以不疑致士大夫勞爵」下，而誤錯著於此。「夫勞爵」三字，即冡彼而衍。又疑「能」即「耐」之借字，漢書高帝紀應劭注：「輕罪不至於髡，完其耏鬢。耐音若能。」

「戰及死吏，而輕短兵。」

案：「吏」當爲「事」，說文史部「事」古文作「叓」，與「吏」相似。「輕」亦當爲「剄」，言主將死則短兵受刑。

「能一首則優。」

案：「能」下當挩「人得」二字，「優」當爲「復」，形之誤也。上文云「能人得一首則復」可證。

「有稅邑六百家者，受客。」

案：此句有挩誤，「受」疑當爲「就」，音近而誤，「客」下疑當有「卿」字。下文云：「故客卿相，論盈，就正卿。」「就客卿」猶言「就正卿」也。

「高爵能，無給有爵人隸僕。」

案：「能」亦當爲「罷」，言高爵有罪而罷，無得給有爵人爲隸僕也。此「能」疑亦當讀爲「耐」。或耐罪當爲隸僕，若漢罰作也。

「内通則積薪，積薪則燔柱。」

案：「内」當爲「穴」，篆文相似而誤。墨子備穴篇云：「古人有善攻者，穴土而入，縛柱施火，以壞吾城。」即穴攻之法也。

「不能死之，千人環。」

案：「環」當爲「轘」，聲同字通。說文車部云：「轘，車裂人也。」

禁使第二十四

「吏雖衆，同體一也。夫同體一者相不可。」

案：「同體一」上疑挩「事」字，下文兩云「事合而利異」可證。「相」下當有「監」字，下文云「騶虞以相監，不可」，亦其證也。

愼法第二十五

「雖堯爲主，不能以不臣諧所謂不若之國。」

案：明刻本、孫、錢及嚴可均本，「謂」字竝在「所」字上，是也。惟嚴萬里本如是，疑肊改。以文義攷之，「諧謂」當爲「諧調」之誤。「調」、「謂」形相近。

定分第二十六

「有鋌鑰，爲禁而以封之。」

案：「鋌」當爲「鍵」，方言云：「户鑰，自關而東，陳、楚之閒謂之鍵，自關而西謂之鑰。」

「及禁剟一字以上。」

案：「禁剟」當作「剟禁」，說文刀部云：「剟，刊也。」謂刊削禁令之字。上文云：「有敢剟定法令，損益一字以上，罪死不赦。」

「諸侯郡縣皆各爲置一法官及吏，皆此秦一法官。郡縣諸侯一受寶來之法。」

案：「皆此秦一法官」，「此」當作「比」，形近而誤，言諸侯郡縣之法官，其職秩吏屬，與秦國都法官同也。「寶來」當作「禁室」，今本「禁」譌爲「來」，「室」譌爲「寶」，又傎到其文，遂不可通。上文云「爲法令爲禁室」可證。

「遇民不修法，則問法官。」

案：「修」當爲「循」，經典「脩」、「修」通用，隸書「脩」、「循」二字形略同，傳寫多互譌。漢北海相景君碑陰，「循行」作「脩行」。莊子大宗師篇，「以德爲循」，釋文云：「循本亦作脩。」

莊子郭象注

明世德堂刊本。　宋本成玄英莊子疏校。　王念孫讀書雜志餘編校。　俞樾諸子平議校。

內篇逍遙遊第一

「大有逕庭。」釋文云：「『逕』，司馬本作『莛』。李云：『逕庭，謂激過也。』」

案：文選辯命論李注引司馬彪云：「逕庭，激過之辭也。」則司馬本字義竝與李頤同，與釋文不合，未詳。

齊物論第二

「故昔者堯問於舜曰：『我欲伐宗、膾、胥敖。』」釋文云：「胥，華胥國。司馬云：『宗、膾、胥敖，三國名也。』崔云：『宗一也，膾二也，胥敖三也。』」

案：宗、膾、胥敖竝無攷。人閒世篇云：「昔者堯攻叢枝、胥敖。」宗膾當即叢枝。荀子議兵篇云：「堯伐驩兜。」戰國策秦策亦有此語。楊注云：「書曰：『放驩兜於崇山。』」「宗」蓋即「崇」之叚字。「宗」、「崇」聲類同。書牧誓「是崇是長」，漢書谷永傳引「崇」作「宗」。呂氏春秋召類篇云：「禹攻曹、魏、屈驁、有扈。」「敖」疑與「驁」字通。「胥」或當作「骨」，「骨敖」即「屈驁」，俗書「胥」作「肙」，與「骨」相似，「骨」、「屈」音近字通。列子楊朱篇「禽骨螯」，釋文「骨」作「屈」。

人閒世第四

「而彊以仁義繩墨之言術暴人之前者，是以人惡有其美也。」

案：「術」與「述」古通，禮記祭義：「結諸心，形諸色，而術省之。」鄭注云：「『術』當爲『述』，聲之誤也。」

德充符第五

「戰而死者，其人之葬也不以翣資。」注云：「翣者，武所資也。」釋文云：「李云：『資，送也。』崔本作『翣杦』，音坎，謂先人墳墓也。』」

案：注說迂鑿。此「翣資」疑即「翣柳」，周禮縫人：「衣翣柳之材。」鄭注云：「故書『翣柳』作『接檟』，鄭司農云：『「接」讀爲「歰」，「檟」讀爲「柳」，皆棺飾。』」此「資」疑即「檟」之譌，「檟」字字書所無，段玉裁周禮漢讀考謂「當从木，貿聲」。音義竝當與「柳」同。

「使之和豫，通而不失於兑。」注云：「苟使和性不滑，靈府閒豫，則雖涉乎至變，不失其説然也。」釋文云：「兑，徒外反。李云：『悦也。』」

案：「兑」當讀爲「侻」，淮南子本經訓高注云：「侻，簡易也。」言變通而不失之簡易也。郭、李説竝失之。

應帝王第七

「汝又何帠以治天下感予之心爲？」釋文云：「帠，徐音藝，又魚例反。司馬云：『法也。』一本作『寱』，牛世反。崔本作『爲』。」

案：「帠」字字書所無，疑當爲「叚」，説文又部「叚」或作「㝮」，古金文「叚」字或爲□，見鐘鼎款識晉姜鼎。詳余所箸古籀拾遺。故隸變作「帠」。「□」變爲「白」，「□」變爲「巾」。此亦古字之僅存者。「何叚」猶言何藉也。崔譔本作「爲」，於文複贅，非也。王筠説文句讀據崔本，謂「帠」是「爲」，古文作「白」之譌，俞氏平議又謂「帠」當爲「臬」，而讀爲「寱」，竝未得其義。

「老眀曰：『是於聖人也，胥易技係，勞形怵心者也。』」釋文云：「胥，如字。司馬云：『疏也。』簡文云：『相也。』成同。易音『亦』。崔：『以豉反，相輕易也。』簡文同。」

案：天地篇亦有此文。「胥」當爲「諝」之借字，説文言部云：「諝，知也。」周禮天官敘官鄭注云：「胥，讀如諝，謂其有才知爲什長。」詩小雅桑扈篇「君子樂胥」，鄭箋云：「胥，有才知之名也。」此「胥」與「技」、「形」與「心」文竝相對，駢拇篇云：「夫小惑易方，大惑易性。」「胥易」謂知識惑易，與「技係」同爲失其常性也。司馬彪及梁簡文、崔譔説竝未得其恉。

「執斄之狗來藉。」釋文云：「斄，音來，李音貍。崔云：『旄牛也。』」成疏云：「狗以執捉狐狸，每遭係頸。」

案：李音、成釋是也。「譔」「貍」音近字通，即逍遥遊篇「貍狌」之「貍」，若旄牛至大，「旄」、「犛」之借字，亦或作「斄」。逍遥遊篇云：「今夫斄牛，其大若垂天之雲。」釋文：「司馬彪云：『旄牛。』」是也。豈田犬所能執乎？崔說非是。天地篇又作「執罶之狗成思」。釋文云：「罶，本又作『貍』。一本作『狸』。司馬云：『貍，竹鼠也。』一云：『執罶之狗，謂有能故被罶係，成愁思也。』」此訓亦未塙，疑「思」當爲「累」之誤，「成累」謂見繫累也。成本作「貍」。案：彼「罶」亦即「貍」也，司馬說及或說竝非。山海經南山經「其音如罶牛」，郭注引莊子曰「執犛之狗」，則晉時本又有作「犛」者。「斄」、「犛」、「貍」、「罶」竝一聲之轉，山海經借「罶」爲「犛」，猶此書借「斄」、「罶」爲「貍」也。

外篇駢拇第八

「而敝跬譽無用之言。」釋文云：「『敝』，本亦作『蹩』。徐音婢，郭父結反，李步計反。司馬云：『罷也。』『跬』，徐丘婢反，郭音屑。向、崔本作『趌』。向丘氏反，云：『近也。』司馬同。李卻垂反。一云：『敝跬，分外用力之貌。』」

案：依郭音義，蓋讀「敝跬」爲「蹩躠」。後馬蹄篇云：「蹩躠爲仁，踶跂爲義。」釋文云：「『蹩』，步結反。向、崔本作『弊』，音同。『躠』，本又作『薛』，悉結反。向、崔本作『殺』，音同。一音素葛反。李云：『蹩躠』、『踶跂』，皆用心爲仁義之貌。』」說文足部云：「蹩，踶也。」「敝」、「弊」皆叚借字。「跬」，郭本當作「薛」，「薛」俗書或作「辥」，見唐那羅延經幢。一切經音義以「菩薩」爲「扶薛」。與「跬」形近，「跬」又傳寫作「趌」。「薛」、「殺」一聲之轉，俗又作「躠」，說文所無。文選張衡南都賦「蹴蹐蹁躚」，字與此同。玉篇足部云：「蹩躠，旋行貌。」淮南子原道訓云：「不與物相弊撥。」楚辭七諫愁世云：「蓑母勃屑而日侍。」王注云：「勃屑猶嫳姍，膝行貌。」「敝薛」、「蹩薛」、「弊撥」、「勃屑」聲義竝相近。

「自虞氏招仁義以撓天下也，天下莫不奔命於仁義。」郭注云：「夫與物無傷者，非爲仁也，而仁迹行焉；令萬理皆當者，非爲義也，而義功見焉，故當而無傷者，非仁義之招也。然而天下奔馳，弃我徇彼以失其常然。」

案：「招仁義」，謂表揭仁義以爲準的也。呂氏春秋本生篇云：「萬人操弓共射其一招，招無不中。」高注云：「招，埻的也。」注意似釋爲「以仁義招天下」，於文殊不順，不可從。

「雖通如楊、墨。」釋文出正文。釋文云：「一本無此句。」

案：今本無此文，然依陸說，似亦不當止多此一句。竊疑當云：「屬其性乎辯者，雖通如楊、墨，非我所謂臧也。」蓋舊本「屬其性乎仁義」章後，「屬其性於五味」章前，多此一章，上文亦以曾、史枝於仁，楊、墨駢於辯分舉，即其例也。釋文止出此一句，陸偶疏耳。

馬蹄第九

「翹足而陸。」釋文云：「『足』，崔本作『尾』。司馬云：『陸，跳也。』」

案：文選江賦「夔牯翹踛」，李注引此作「翹尾而踛」，司馬彪曰：「踛，跳也。」則司馬本「足」亦作「尾」，與崔本同，與釋文亦不合。「陸」、「踛」文異，釋文亦未載。

「夫加之以衡扼，齊之以月題，而馬知介倪闉扼鷙曼詭銜竊轡。」釋文云：「李云：『介倪，猶睥睨也。』成同。崔云：『介出俾倪也。』李云：『闉，曲也。鷙，抵也。曼，突也。』成同。崔云：『闉扼鷙曼，距扼頓遲也。』司馬云：『言曲頸於扼以抵突也。』成同。一云：『鷙曼，旁出也。』」

案：「扼」即衡軶之「軶」，司馬説得之。此文倪也、扼也、曼也、銜也、轡也，皆言車馬被具之物，而馬介之、闉之、鷙之、詭之、竊之也。「倪」即「輗」之借字。説文車部云：「輗，大車耑持衡者也。」「曼」即周禮巾車之「⿰衤冥」，儀禮既夕及禮記玉藻之「幦」，詩大雅及禮記曲禮之「幭」，車覆笭也。「曼」从冒得聲，冒、⿰衤冥一聲之轉，玉藻「羔幦」，逸周書器服篇作「羔冒」，是其證。

胠篋第十

「故曰，脣竭則齒寒。」

案：呂氏春秋權勳篇、淮南子説林訓竝同。呂覽高注云：「竭，亡也。」戰國策韓策「竭」作「揭」，鮑注云：「揭猶反也。」「竭」、「揭」同聲，叚借字，此當從韓策作「揭」爲正。素問五藏生成論云：「多食酸則肉胝腸而脣揭。」王冰注云：「脣皮揭舉也。」左僖五年傳引諺云：「脣亡則齒寒。」公羊、穀梁傳竝同。高誘義蓋本於彼，然與「揭」字義不合。

「攦工倕之指。」釋文云：「『攦』，李云：『折也。』崔云：『撕之也。』」

案：崔説是也。「攦」與「歷」通，「撕」與「⿰木斯」同。天地篇云：「則是罪人交臂歷指。」説文木部云：「櫪⿰木斯，柙指也。」依段玉裁注本。後天地篇釋文引司馬彪云：「歷指猶歷樓貌。」非。洪頤煊讀爲「櫪」，得之。呂氏春秋順民篇説湯以身禱於桑林云：「於是翦其髮，鄽其手，以身爲犧牲。」三國志蜀志郤正傳裴注引呂覽「鄽」作「攦」。今攷呂覽，字當作「磿」。文選劉孝標辯命論李注引作「磨」者，「磿」之譌。論衡感虛篇又作「麗」。皆「櫪」之借字也。此以「攦」爲「櫪」，與裴松之引呂覽正同，可以互證。

在宥第十一

「禍及止蟲。」釋文云：「『止蟲』，本亦作『昆蟲』。崔本作『正蟲』。」成本亦作「昆蟲」，疏云：「昆，朋也，向陽啟蟄。」

案：崔本是也。「正」與「貞」通。墨子明鬼篇云：「百獸貞蟲。」又非樂篇云：「蜚鳥貞蟲。」淮南子原道訓云：「跂蟯貞蟲。」墬形訓、説山訓亦竝有「貞蟲」之文。字又作「征」。大戴禮記四代篇云：「蜚征作。」猶墨子云：「蜚鳥貞蟲。」「征蟲」即謂能行之蟲也。新語道基篇亦有「行蟲走獸」之文。「正」、「貞」皆聲近，叚借字。淮南高注云：「貞蟲，細腰蜂，蜾蠃之屬，無牝牡之合曰貞。」乃望文生訓，不足據。洪頤煊謂「止蟲」當是「豸蟲」，讀書叢録。亦失之。

天地第十二

「方且本身而異形，方且尊智而火馳。」

案：「火」當爲「仌」，「仌」與「火」形近而誤。説文八部云：「仌，分也，从重八。八，别也，亦聲。孝經説曰：『故上下有别。』」今經典通借「别」爲之，此古字之僅存者。「仌馳」，猶言舛馳，與「異形」文意相類。外物篇云：「火馳而不顧。」「火」亦「仌」之誤。

「若然者，豈兄堯、舜之教民，溟涬然弟之哉！」注云：「溟涬，甚貴之謂也。不肯多謝堯、舜而推之爲兄也。」

案：「兄」當讀爲「況」，古「況」字多作「兄」，詩小雅桑柔篇「倉兄填兮」，釋文云：「『兄』本亦作『況』。」謂比況也。

「弟」當爲「夷」，形近而誤。易渙「匪夷所思」，釋文云：「『夷』，荀本作『弟』。」左昭十七年傳云：「五雉爲五工正，利器用，正度量，夷民者也。」杜注云：「夷，平也。」正義云：「雉聲近夷。」此云「溟涬然夷之」，「溟涬」，亦平等之義，前在宥篇云：「大同乎〔一〕涬溟。」注云：「與物無際。」釋文引司馬彪云：「涬溟，自然氣也。」論衡談天篇云：「溟涬濛澒，氣未分之貌也。」此「溟涬」與彼義略同。郭本譌「夷」爲「弟」，遂釋「兄堯、舜」爲推之爲兄，又以「溟涬」爲「甚貴之謂」，殆所謂郢書燕説矣。

「孝子操藥以修慈父。」成云：「修，理也。」

案：「修」與「羞」古通，儀禮鄉飲酒禮「乃羞無算爵」，禮記鄉飲酒義作「修〔二〕爵無數」，是其例也。爾雅釋詁云：「羞，進也。」

天道第十三

「舜曰：『天德而出寧，日月照而四時行。』」注云：「與天合德，則雖出而靜。」

案：「出」當爲「土」，形近而誤。墨子天志中篇「君臨下土」，今本「土」譌「出」，亦其證。「天德而土寧」，即老子「天得一以清，地得一以寧」之義。天與土，日、月與四時，文皆平列。郭所見本已誤。

天運第十四

〔一〕「乎」，原本作「夫」，據莊子改。

〔二〕「修」，原本作「羞」，據禮記改。

「仁義，先王之蘧廬也，止可以一宿，而不可久處，覯而多責。」注云：「猶傳舍也。」釋文引司馬彪說亦同。釋文云：「蘧，音渠。」

案：依注說，則「蘧」當爲「遽」之借字。說文辵部云：「遽，傳也。」周禮「行夫掌邦國傳遽之小事」，鄭注：「傳遽，云若今時乘傳騎驛而使者也。」傳遽所止廬舍謂之遽廬，故云「可以一宿，而不可久處」。周禮釋文傳遽字音其據反，大僕。又音其庶反，行夫。此音「蘧」如字，殆未知其爲「遽」之叚借字與？

「唯循大變無所湮者爲能用之。」

案：「大變」者，大法也。書顧命「率循大卞」，僞孔傳訓爲「大法」，孔疏引王肅說同。莊子正用書文。「變」、「卞」音近字通。「卞」漢隸作「亓」，即「弁」之變體，古與「變」通。漢孔宙碑「於亓時廱」，即書堯典之「於變時雍」，是其例也。

「殺盜非殺，人自爲種而天下耳。」

案：郭讀「非殺」句斷。荀子正名篇云：「殺盜非殺人。」楊注云：「殺盜非殺人，亦見莊子。」則楊倞讀人字句斷，亦通。

秋水第十七

「掇而不跂。」釋文云：「『跂』，一本作『企』。」

案：文選傅長虞〔一〕贈何劭王濟詩李注引此亦作「企」。又引司馬彪云：「企，望也。」則司馬本與或本同。

「至大不可圍。」又云：「不可圍者，數之所不能窮也。」成云：「至廣大者不可圍繞。」

案：成說望文生訓，不足據。此「圍」當作「圉」，「圉」與「御」通，則陽篇云「大至於不可圍」亦同，皆謂其大無竟，莫能御止也。繕性篇云：「其來不可圉。」釋文云：「『圉』，本又作『禦』。」易繫辭上云：「夫易，廣矣大矣，以言乎遠則不禦，以言乎邇則靜而正。」墨子備城門篇：「乃足以守圉。」「圉」，道藏本亦誤「圍」，是其證。

至樂第十八

「支離叔與滑介叔觀於冥伯之丘，崐崘之虛，黃帝之所休。俄而柳生其左肘。」

案：「柳」，注及釋文竝無說，疑當爲「瘤」之借字。說文疒部云：「瘤，腫也。」抱朴子論仙篇云：「支離爲柳，秦女爲石。」則以「柳」爲楊柳。人肘無生楊柳之理，不足信也。

山木第二十

「子桑雽曰：『子獨不聞假人之亡與？林回棄千金之璧，負赤子而趨。』」釋文云：「『假』，古雅反。李云：『國名。』『林回』，司馬云：『殷之逃民之姓名。』」成云：「假，國名，晉下邑也。」

〔一〕「虞」，原本作「孺」，據文選改。

案：依司馬彪説，則「假」當爲「叚」之誤。文選王仲寶褚淵碑文李注引司馬彪云：「假，國名也。」與釋文異。

知北游第二十二

「大馬之捶鉤者，年八十矣，而不失豪芒。」注云：「玷捶鉤之輕重，而無豪芒之差也。」釋文云：「司馬、郭云：『捶者，玷捶鉤之輕重，而不失豪芒也。』或説云：『江東三魏之間人皆謂鍛爲捶，音字亦同，郭失之。』今不從此説也。」

案：淮南子道應訓亦有此文，「大馬」作「大司馬」，未知孰是。許注云：「捶，鍛擊也。今本「鍛」下衍「銀」字，據宋本删。鉤，釣鉤也。」今本題高誘注，此從宋本及道藏本。正與或説同。則訓「捶」爲「鍛」者，自是漢儒古訓，揆之文義，實爲允協。郭「司馬」易爲「玷捶」，不可從。

庚桑楚第二十三

「昭、景也，著戴也，甲氏也，著封也，非一也。」注云：「此四〔一〕者雖公族，然已非一。」釋文云：「『著』，丁略反，又張慮反。『戴』，本亦作『載』。一説云：『昭、景、甲三者，皆楚同宗也。著戴者，謂著冠，世世處楚朝，爲衆人所戴仰也。著封者，謂世世處封邑，而光著久也。』崔云：『昭、景二姓，楚之所顯戴，皆甲姓顯封。』」

案：此「著」音當爲張慮反，讀丁略反者非。「戴」當爲「載」。爾雅釋詁云：「載，始也。」王逸楚辭

〔一〕「四」，原本作「三」，據莊子注改。

離騷序云：「三閭之職，掌王族三姓，曰昭、屈、景蓋以所出君之謚爲氏。「著載」，謂著其所始。「著封」，謂著其封邑也。

「臘者之有膍胲，可散而不可散也。」釋文云：「『膍』，司馬云：『牛百葉也。「胲」，足大指也。』崔云：『備也。』案：臘者大祭備物，而肴有膍胲。此雖從散，禮應具不可散棄也。」

案：此文難通。説文肉部云：「胲，足大指毛肉。」依段氏注本。陸義本於彼，然禮經載脀體之法皆云去蹄，儀禮士昏、士喪禮文。則臘祭雖備物，必無升足指之理，陸説與禮不合。竊疑「胲」當爲「胘」之誤，説文「膍」、「胘」二字同訓「牛百葉」，廣雅釋詁云：「胃謂之胘。」則是一物也。「散」，説文肉部作「散」，云：「襍肉也。」此「散」當亦如許義，蓋「膍胘」即周禮醢人之「脾析」，饋食以爲「豆實」，以其特薦於豆，不襍它肉物，故云「不可散」。古書多叚「散」爲「㪔」，説文林部云：「㪔，分離也。」惟此尚用其本義，而陸仍以「散棄」釋之，蓋古訓之湮失久矣。崔譔訓「胲」爲「備」，亦非。

「一雀適羿，羿必得之，威也；以天下爲之籠，則雀無所逃。」注云：「威以取物，物必逃之。」釋文云：「『威也』，崔本作『或也』。」

案：韓非子難三篇云：「故宋人語曰：『一雀過羿，羿〔一〕必得之，則羿誣矣〔二〕。以天下爲之羅，

〔一〕「羿」字原本脱，據韓非子補。
〔二〕「矣」字原本脱，據韓非子補。

則雀不失矣。』」舊注云：「羿雖善射，見雀未必一一得之，故曰誣也。」韓子文與此略同。莊子，宋人，故亦用宋人語。以彼上下文意審之，自謂雀過而羿不能一一必得，故庶其誣，韓子舊注是也。此書云「威」，則是言其必得，與本意不相蒙矣。彼此互校，此「適」當依韓子作「過」，「威」當依崔譔本作「或」。「或」與「惑」通。此云「或」，猶韓子云「誣」，皆不必得之意也。

徐無鬼第二十四

「中民之士榮官。」釋文云：「『中民』，李云：『善治民也。』」

案：史記索隱引三倉云：「中，得也。」周禮師氏「掌國中失之事」，鄭注云：「故書中爲得。」「得」、「中」義同，故古書多互用。「中民之士」，即周禮大宰「九兩」章之「二曰長，以貴得民」、「七曰吏，以治得民」，故曰「榮官」也。外物篇云：「中民之行〔一〕進焉耳。」義亦同。

「莊子曰：『齊人蹢子於宋者，其命閽也不以完。』」注云：「投之異國，使門者守之，出便與子不保其全。此齊人之不慈也。」釋文引司馬彪說略同。

案：此言齊人蹢其子者，各以職事自名，其欲爲閽者則必刖之。後文說子綦使子梱於燕，盜得之，全而鬻之則難，不若刖之則易，即此所謂不以完也。郭謂「使門者守之」，未達其義。

「公曰：『鮑叔牙。』曰：『不可。其爲人，絜廉善士也，其於不己若者，不比之，又一聞人之過，終身不

〔一〕「行」，原本作「道」，據莊子改。

忘。』」

案：此又當「爲人」、「不比之人〔一〕」句斷，言不得齒於人也。列子力命篇云：「小白曰：『鮑叔牙可。』曰：『不可。其爲人，潔廉善士也，其於不己若者，不比之人，一聞人之過，終身不忘。』」呂氏春秋貴公篇：「管仲曰：『鮑叔牙之爲人也，清廉潔直，視不己若者，不比於人。』」高注云：「比，方也。」竝與此書同，可據以校正。

「於是乎〔二〕刖而鬻之於齊，適當渠公之街，然身食肉而終。」釋文云：「或云：『渠公，齊之富室，爲街正，買梱自代，終身食肉至死。』一云：『渠公，屠者，與梱君臣同食肉也。』『街』音佳，一本作『術』。」

案：「當」當爲「掌」，「渠」當爲「康」。齊康公名貸，見史記齊世家。康公當周安王時，與莊子時代相去正不遠。「康」與「渠」形近而誤。列子湯問篇：「秦之西有義渠之國。」張注引別本「渠」又作「康」，與此可互證。「街」當爲「閨」。蓋梱賣於齊，適爲康公守閨，即刖鬻之齊君爲閽人也，故上文云：「將與國君同食，以終其身。」若如或說，渠公爲「街正」、「屠者」，何得云「國君」乎？

則陽第二十五

「忌也出走，然後抶其背，折其脊。」釋文云：「『忌也出走』，忌畏而走。或言圍之也。元嘉本『忌』作

〔一〕「人」字莊子正文無，似爲作者據列子、呂氏春秋例補入。
〔二〕「乎」字原本無，據莊子補。

『亡』。」成云：「姓田名忌，齊將也。」

案：以史記田齊世家攷之，是時齊相爲騶忌，將爲田忌，而威王二十年使田忌伐魏，大敗之桂陵，則惠王所深怨者，宜是田忌也。成說近是，釋文及元嘉本竝誤。

「至齊，見宰人焉〔一〕，推而强之，解朝服而幕之。」釋文云：「『强』字亦作『彊』。」

案：成本亦作「彊」字，與「僵」通。

外物第二十六

「末僂而後耳。」注云：「耳卻近後而上僂。」釋文云：「『末僂』，李云：『末上，謂頭前也，又謂背膂也。』」

案：郭注及李頤前一義竝訓「末」爲「上」。逸周書武順篇云「元首曰末」，「上」即謂首也。李後一義則訓「末」爲「背膂」。淮南子墬形訓云：「其人面末僂脩頸。」「面」上下疑有挩文。高注云：「末猶脊也。」李後義與高誘正同。攷說文人部云：「僂，尪也。周公韈僂。或言背僂。」末、韈聲近字通。荀子禮論篇「絲末」，「末」即禮記曲禮及詩大雅韓奕之「幭」，是其例也。依許義，蓋「韈僂」、「背僂」義同，言之異耳，白虎通義聖人篇亦云「周公背僂」。是漢人舊詁皆以「末僂」爲「背脊」，李後義爲長。

「箕圓五尺。」

案：「箕」、「其」字同。說文箕部「箕」，籀文作「其」。「圓」、「運」之聲轉。山海西山經云：「是山也，廣員

〔一〕「焉」字原本作「也」，據莊子改。

百里。」國語越語云：「句踐之國，廣運百里。」韋注云：「東西爲廣，南北爲從。」此以「圓」爲「運」，猶山海經以「員」爲「運」也。「其運五尺」，言龜大徑五尺，猶山木篇說異鵲云「翼廣七尺，目大運寸」矣。

寓言第二十七

「孔子云：『夫受才乎大本，復靈以生。』」注云：「若役其才知，而不復其本靈，則生亡矣。」

案：「復」疑與「腹」通，「腹靈」猶言含靈也，「復」、「腹」聲類同。注說未得其恉。

讓王第二十八

「顏回對曰：『不願仕。回有郭外之田五十畝，足以給飦粥；郭內之田十畝，足以爲絲麻。』」

案：郭內之田以爲絲麻者，即周禮載師云「以場圃任園地」也。凡園地，在國門之外，郭門之內。詳周禮正義。管子輕重甲篇云：「桓公憂北郭民之貧，召管子而問曰：『北郭者，盡屨縷之甿也，以唐園爲本利。』」「唐園」即「場圃」，「屨縷之甿」即「爲絲麻」者也，與此文可互證。

「王謂司馬子綦曰：『屠羊說居處卑賤而陳義甚高，子綦爲我延之以三旌之位。』」釋文云：「『三旌』，三公位也。司馬本作『三珪』，云：『謂諸侯之三卿皆執珪也。』」

案：司馬彪本是也。楚爵以執珪爲最貴，故云三珪。楚辭大招云：「三圭重侯。」王注云：「三圭，謂公侯伯也。公執桓圭，侯執信圭，伯執躬圭，故言三圭也。」戰國策楚策昭陽說楚貴爵爲上執珪，然則執珪蓋有上中下之異與？韓詩外傳載此事作「三公」，余知古渚宮舊事又作「三事」，義竝通，而與楚爵制皆不合，恐非。

盗跖第二十九

「穴室樞户。」釋文云：「樞户，尺朱反，徐苦溝反。司馬云：『破人户樞而取物也。』」

案：依徐音，則樞當爲摳。殷敬順列子釋文云：「摳，探也。」「樞」、「摳」聲類同，形亦相近。

「此四者，無異於磔犬流豕操瓢而乞者。」釋文云：「李云：『言上四人不得其死，猶豬狗乞兒流轉溝中者也。』乞或作走。」成本作「此六子者」，疏云：「六子者，謂伯夷、叔齊、鮑焦、申徒、介推、尾生。」又云：「『豕』字有作『死』字者。」

案：「此四者」當從成本作「此六子者」。「流豕」無義，疑當爲「沈豕」。周禮大宗伯云：「以貍沈祭山林川澤，以疈辜祭四方百物。」此「磔犬」即所謂「疈辜」，「沈豕」即所謂「沈」，言犬豕見磔，沈棄於溝壑，乞人亦然。荀子榮辱篇云：「是其所以不免於凍餓，操瓢囊爲溝中瘠者也。」可證此章之義。

「今謂臧聚曰『汝行如桀、紂』，則有作色，有不服之心者，小人所賤也。」釋文云：「『臧聚』，司馬云：『謂臧獲盗濫竊聚之人。』」成疏云：「聚，謂擘竊，即盗賊小人也。」

案：司馬彪、成玄英説竝迂繆難通。以聲類攷之，「聚」當讀爲「騶」，説文馬部云：「騶，廄御也。」周禮「趣馬」，鄭注云：「趣，養馬者也。」國語楚語説「齊有騶馬繻」。月令「命七騶咸駕」，鄭注亦謂即「趣馬」。「趣」、「聚」同從取得聲，古字通用，「聚」與「臧」皆僕隸賤役，故竝舉之。

「堯、舜爲帝而雍，非仁天下也，不以美害生也；善卷、許由得帝而不受，非虛辭讓也，不以事害己。」成疏云：「雍，和也。」

案：「而雍」義難通，「雍」疑當爲「推」，形近而誤，謂推位於善卷、許由也。成疏望文生訓，不足據。漢書田千秋傳贊「劉子推」，鹽鐵論雜論篇「推」作「雍」，是其證。

漁父第三十一

「諸侯暴亂，擅相攘伐，以賤民人。」

案：「賤」當爲「賊」，成本作「殘」，亦通。

列御寇第三十二

「夫內誠不解，形諜成光。」注云：「舉動便辟而成光儀也。」釋文云：「諜，說文：『閒也。』司馬云：『形諜於衷，成光華也。』」成疏云：「諜，便辟貌也。」

案：郭及司馬說竝難通。列子黃帝篇亦有此文，張注引郭義。成以「諜」爲「便辟貌」，古書亦無此義。疑「諜」當爲「渫」之叚字。二字聲類同。「內誠不解」，謂誠積於中；「形渫成光」，謂形宣渫於外，有光儀也。

「夫人以己爲有以異於人以賤其親。」注云：「夫有功以賤物者，不避其親也。」

案：「賤」亦當爲「賊」之誤。注說難通，疑非。

「中德也者，有以自好也而吡其所不爲者也。」注云：「吡，訾也。」

案：說文無「吡」字，依注疑「吡」當爲「呲」，即「呰」之變體也。說文口部云：「呰，苛也。」與此義正合。今經典多叚訾字爲之。詩小旻「潝潝訿訿」，荀子修身篇作「噏噏呰呰」，「訿」即「訾」之變體。是其證。

天下第三十三

「猶有家衆技也。」

案：「有」當從成本作「百」。上文云「百家之學，時或稱而道之」，下文云「夫百家往而不反，必不合矣」，是其證。

「是故慎到棄知去己而緣不得已，泠汰於物以爲道理，曰知不知，將薄知而後鄰傷之者也。」注云：「謂知力淺，不知任其自然，故薄之而又鄰傷焉。」成疏云：「鄰，近也。夫知則有所不知，故薄淺其知；雖復薄知而未能都忘，故猶近傷於理。」

案：注、疏説竝迂舛。此「後」疑當爲「復」，形近而誤。蓋言慎到不惟非薄知者，而復務損其知，以自居於愚。「鄰」當讀爲「磷」，「磷傷」猶言「毀傷」也。攷工記鮑人「雖敝不甐」，鄭注云：「甐，故書或作鄰。」鄭司農云：「鄰，讀爲『磨而不磷』之磷。」此「鄰」正與鮑人故書字同。

「天與地卑，山與澤平。」釋文云：「『卑』，如字，又音婢。李云：『以地比天，則地卑於天，若宇宙之高，則天地皆卑，天地皆卑，則山與澤平矣。』」

案：李説非也。「卑」與「比」通。古卑聲比聲相近，字多通用。孟子萬章篇「有庳」，白虎通義封公侯篇作「有比」，是其例。荀子不苟篇云：「山淵平，天地比。」韓詩外傳三文同。楊注云：「比，謂齊等也。」亦引莊子此文，是其證也。廣雅釋詁云：「比，近也。」漢書嚴延年傳云：「比，接近也。」此「比」亦接近之義。天與地相距本絶遠，而云相接近，猶山與澤本不平，而謂之平，皆名家合同異之論也。李讀「卑」如字固誤，楊釋「比」爲「齊等」亦未得其義。國語楚語云：「夫天地成而不變，何比之有？」韋注云：「言不相比近也。」

札迻卷六

尹文子 汪繼培校刊本。宋古迂陳氏刊本。錢熙祚校勘記校。

大道上

「形而不名，未必失其方圓白黑之實；名而不可不尋名以檢其差。」

案：「名而」下當有「無形」二字，各本竝捝。「名而無形」，與上文「形而不名」正相對。

「設復言好人則彼屬於人矣。」汪校云：「彼，疑復。」

案：宋本正作「復」。

「治亂以簡。」「治」，汪云：「沈本、説郛本作『制』，治要同。」錢校引藏本同。

案：宋本亦作「制」。

「不知不害爲君子，知之無害爲小人。」汪云：「兩『爲』字，各本作『於』，據治要改。」

案：宋本上「爲」字不誤，下「爲」字仍作「於」。

「路逢怒蛙而軾之。」汪云：「御覽百四十三作『下車而揖之』。」

案：宋本正與御覽同。

「不係於不肖與仁賢也。」汪云：「文選薦士表注、東征賦注竝作『乎』。」

案：宋本與文選注同。

「然後曰：『黄公好謙，故毁其子不姝美。』於是爭禮之，亦國色也。」

案：宋本「不姝美」作「姝必美」是也。據上文，黄公有二女，衞人所娶者是其長，故人意其妹必美而爭禮之。今本作「不姝美」屬上「毁其子」爲句，則下二語文無所承矣。

「怪石也。」汪云：「藏本『怪石』上有『此』字。」錢引明吉府本同。

案：宋本與藏本同。

「王問價。」汪云：「類聚、文選注『價』上有『其』字。」錢引吉府本、藏本同。

案：宋本亦有「其」字。

「殺懷公子而自立。」

案：晉文公所殺者，即懷公，不當云「懷公子」。「子」，宋本作「于」，疑故書本云殺懷公于某地，而今本挩之。僖二十四年左傳云：「殺懷公于高梁。」

大道下

「法者所以齊衆異，亦所以生乖分。」汪云：「姜本無『生』字，各本作『乖名分』，据治要改。」

案：宋本「齊」、「生」二字竝無，以文義校之，當從治要爲正。

「疏宗族。」汪云：「沈本作『疏宗彊』，治要同。」錢引吉府本、藏本同。

案：宋本與沈本同。

「上不勝其下，下不犯其上。」汪云：「治要、長短經注『勝』、『犯』上並有『能』字。」錢云：「藏本下句亦有『能』字。」

案：宋本與藏本同。

「乃實對。」錢云：「御覽四百五引作『人以實對』。」

案：宋本作「人實對」，蓋捝一「以」字，校者不審，肊改「人」爲「乃」，殊繆。

「魏下先生曰：『善哉，田子之言。』」今本捝此文，汪、錢並據羣書治要補。

案：「魏下先生」疑當作「稷下先生」。此論田駢語，當即尹文子，自稱仲長氏。敍云：「尹文子，齊宣王時居稷下。」漢書藝文志尹文子，顏注亦引劉向云：「與宋鈃俱遊稷下。」是也。鹽鐵論論儒篇云：「齊宣王褒儒尊學，孟軻、淳于髡之徒，受上大夫之祿，不任職而論國事。」蓋齊稷下先生千有餘人。

「富貴者有施與於己。」汪云：「緜眇閣本無『與』字，子彙本、姜本、沈本無『於』字，今據說郛本。」

案：宋本與說郛同。

「於物弗傷。」汪云：「『物』，姜本、沈本作『我』。」錢本同。

案：宋本亦作「我」。

「亦如貧賤之望富貴。」汪云：「『貧賤』下治要有『者』字。」

案：宋本與治要同。

附宋本尹文子校文

札迻

大道上

使善惡宋本有「之」字。盡然有分。

別宋本誤「何」。彼此而撿虛實者也。

分宋本捝此字，宜屬我。

可與「以」。錢本同。察慧聰明同其治也。

遠近遲疾「速」。之閒。

君子非樂「好」。有爲。

所爲者不出於農桑軍陳。「陣」。下同。錢本同。

極於儒墨是非之辨。「辯」。下竝同。錢本同。

使人不能得宋本無。從。

使人不能得爲。宋本作「不得從」。錢本「從」同。

不足以成化。宋本「化成」。

而得同於無宋本捝。心無欲者。

必遊「游」。宦諸侯之朝者。

遊於宋本「游宦」。諸侯之朝。

何若「患」。物之失分。

使不得不宋本挩。用。

使不得宋本衍「不」字。固。

闔境不鬻異采。「彩」。

一國皆有饑「飢」。色。

則私欲寑「寢」。下同。廢。

是治亂屬「續」。錢本「係」。於賢愚。

與聖主「王」。而俱没。

則亂多而「所」。治寡。

守職効「效」。下同。錢本同。能。

可爲人臣宋本挩。矣。

楚人擔「檐」。下同。山雉者。

遂聞楚王王宋本不重。感其欲獻於己。

過於買鳥宋本誤「金」。之金宋本誤「鳥」。十倍。

以告隣人。宋本作「鄰人」，下不重。

遄棄殃可銷。「消」。於是遽而棄宋本下有「之」字。於野。

召忽、宋本下有「管」字。夷吾奉公子宋本捝。糾奔魯。

出亡。宋本捝。

亦不知己之「所」。錢本同。非。

御羣下也。宋本無。

有宋本衍「法」字。合以聚民。

大道下

聖人措「錯」。錢本同。而不言也。

彊「强」。下同。國也。

吾必謂之存者也。宋本無。

曰鬼神宋本捝此三字。聰明正直。

善能揚之,宋本捝。已非理宋本誤「禮」。也。

惟「唯」。錢本同。聖人能該之。

少子曰毆。宋本誤「歐」,下同。錢本同。

則人必宋本無此字。爭盡力於其君矣。

今能同算筭。鈞。

雖怨無所非「悲」。也。

此情所易制。宋本誤「貴」，下同。

以其無益於宋本無。物之具故也。

弗與同勞逸「役」。下同。故也。

不可弗與民同勞逸焉，故宋本「故」在「焉」上。富貴者可不酬貧賤者。

鶡冠子陸佃注明刊子彙本。俞樾讀鶡冠子校。

博選第一

「王鈇非一世之器者，厚德隆俊也。」陸注云：「王鈇，法制也。夫專任法制，不以厚德將之，而欲以持久，難哉！」

案：羣書治要三十四引無「王鈇」句，首句作「博選者，序德程俊也」，與篇名正相應，是也。後王鈇篇云：「王鈇者，非一世之器也。」今本疑涉彼文而誤增，與上下文義皆不相屬，足明其非。陸農師所見，已是誤本。「序」、「厚」，「程」、「隆」，亦形近而誤。

「權人有五至。」

案：此冢上「三曰人」而言。治要引無「權」字，是也。

「所謂天者，物理情者也。」

案：治要引作「理物情者也」，當據乙。俞謂「物」與「勿」通，未塙。

「樂嗟苦咄，則徒隸之人至矣。」注云：「樂則嗟之，苦則咄之。」

案：「樂嗟苦咄」，治要引作「噫嗟叱」三字，黄氏日鈔引作「謳藉詼咄」，王應麟小學紺珠引同。似皆有譌。攷此章文與戰國策燕策郭隗說燕昭王語正同，「樂嗟苦咄」彼作「呴藉叱咄」，是也。「謳」、「呴」，「藉」、「唶」，形聲相近，「噫」、「詼」竝傳寫之誤。此書正文及注皆明人肊竄，並非陸本之舊。明朱養和本載王宇校云：「按：舊本闕『樂嗟苦』三字，今補之。」今檢子彙本，亦有此三字，不知據何本補也。

著希第二

「畏禍而難却。」

案：「却」，治〔一〕要引作「刼」，是也。當據正。

「時動而不苟作，體雖安之而弗敢處，然後禮生。心雖欲之而弗敢信，然後義生。」注云：「信，猶任也。」

案：治要引「動」下有「靜」字，「信」作「言」，「禮生」、「義生」下竝有「焉」字，當據補正。陸本「信」字已誤。

環流第五

「積往生跂，工以爲師。」注云：「工，或作王。跂，跛倚也。師，如師巫之師，巫步多跛，故積往生跂，工

〔一〕「治」，原本作「法」，形近而誤，今改。

以爲師。」俞云：「往當讀爲尪，說文尣部『尣，彶曲脛也』，古文作尪。」

案：俞讀「往」爲「尪」是也。「跂」當作「跛」，「工」當作「巫」，竝形近而誤。注「工」或作「王」，亦即「巫」之誤。巫以爲師，所謂巫尪也。荀子正論篇云：「傴巫跛匡。」楊注云：「匡，讀爲尪。」國語魯語云踦跂□□□□□□□□蹇也。宋庠補音引賈義□□□□□□□□亦通。

王鈇第九

「鶡冠子曰：『其制邑理都使矔習者，五家爲伍，伍爲之長；十伍爲里，里置有司；四里爲扁，扁爲之長；十扁爲鄉，鄉置師；五鄉爲縣，縣有嗇夫治焉；十縣爲郡，有大夫守焉，命曰官屬。』」

案：此及下文多與管子小匡篇相出入。彼云：管子乃制五家以爲軌，軌爲之長；十軌爲里，里有司；四里爲連，連爲之長；十連爲鄉，鄉有良人。此「伍」即彼「軌」，「扁」即彼「連」。鄉上有縣郡，又郡大於縣，竝與古制不合，古制縣大於郡，見逸周書作雒篇，及哀二年左傳。蓋戰國時之變法，而秦、漢因之。

「少則同儕，長則同友，游敖同品，祭祀同福，死生同愛，禍災同憂，居處同樂，行作同和，弔賀同雜，哭泣同哀，驩欣足以相助，僸諜足以相止，安平相馴，軍旅相保，夜戰則足以相信，晝戰則足以相配。」

案：此文亦與管子小匡篇相出入。「晝戰則足以相配」，小匡作「晝戰其目相見，足以相識」。此「配」疑當作「記」，「記」、「識」義同。廣雅釋詁云：「記，識也。」「游敖同品」，「品」疑當作「區」；「弔賀同襍」，「襍」疑當作「集」，竝形聲之誤。小匡無此二語。

「惑爽不嗣謂之焚。」注云：「焚，或作婪。」

案：「焚」、「婪」義竝未協，疑當爲「棼」之誤。爾雅釋天：「焚輪謂之穨。」釋文云：「焚，本或作棼。」左傳隱四年，杜注云：「棼，亂也。」

「禮嗣弗引，奉常弗內。」

案：「嗣」疑「司」之借字。「禮司」、「奉常」皆謂禮官也。漢書百官公卿表云：「奉常，秦官，掌宗廟禮儀。」

「不待士史。」注云：「士，李官也。」

案：「士」與「李」通，上文云：「使史李不誤。」「史李」即「士史」也。書舜典孔傳云：「士，理官也。」管子大匡篇尹注云：「李，獄官也。」「李」、「理」音近字通。

泰錄第十一

「不見形臠，而天下歸美焉。」注云：「臠，肉也。」

案：「形臠」即「形埒」也。史記司馬相如傳子虛賦「脟割輪焠」，集解引郭璞云：「脟音臠。」漢書司馬相如傳顏注云：「脟字與臠同。」呂氏春秋察今篇「嘗一脟肉」，意林引作「臠」。「埒」、「脟」聲同，故「形埒」亦謂之「形臠」。陸注失之。

兵政第十四

「子獨不見夫閉關乎，立而倚之，則婦人揭之；仆而措之，則不擇性而能舉其中；若操其端，則雖選士不能絕地。關尚一身，而輕重異之者，埶使之然也。」

案：「身」當爲「耳」，形近而誤。管子兵法篇「教其耳以號令之數」，墨子公孟篇「是言有三物焉，子今乃知其一耳」，今本「耳」竝誤「身」，與此正同。「闞尚一耳」，言門闞猶一耳。下文云：「若達物生者，五尚一也耳。」「也」字疑衍。與此文例正同。「異之」、「之」字疑衍。

世賢第十六

「卓襄王問龐煖曰。」注云：「卓當爲悼，此趙悼襄王也。」

案：治要引「卓」正作「悼」，則唐本尚未誤。

「楚王臨朝，爲隨兵。」

案：此句與上下文不相屬，疑誤衍。治要引無，當據删。

「楚王聞傳暮鯎在身，必待俞附。」

案：此十二字與上下文亦不相屬，治要引無，當據删。

「龐煖曰：『王其忘乎？』」

案：治要引「忘」下有「之」字，今本挩。

「太公醫周武王。」

案：治要引無「武王」二字，以上下文例校之，此二字不當有，當據治要删。

「若扁鵲者，鑱血脈投毒藥副肌膚閒，而名出聞於諸侯。」

案：治要引「副」作「割」，無「閒」字。今本疑誤衍。

「使管子行醫術以扁鵲之道，曰桓公幾能成其霸乎？」

案：「曰」，治要引作「則」，是，當據正。

「雖幸不死，創伸股維。」注云：「維，牽攣也。」

案：股牽攣不可以言維，陸說無據。「維」疑當爲「絿」，與「戾」字通。呂氏春秋遇合篇云：「陳敦洽長肘而盭股。」「盭」與「絿」字亦同。史記司馬相如傳索隱張揖云：「盭，古戾字。」續漢書輿服志劉注云：「絿字亦作盭，音同也。」

天權第十七

「惑故疾視愈亂，惇而易方。」注云：「惇，猶篤也。」

案：「惇」當爲「悖」，形近而誤。注沿誤爲釋，不可從。

「干音之謂。」

案：「謂」無義，疑「調」之誤。

「究賢能之變，極蕭楯之元。」注云：「蕭，蕭斧也；干謂之楯，蕭以戮人，楯以衛己，知此則知兵矣。」洪頤煊云：「『蕭』當是『蘭』字之譌。管子小匡篇：『輕罪入蘭盾鞈革二戟。』隸釋堯廟碑：『階陛欄楯。』『蕭』、『蘭』字形相近。」讀書叢録。

案：管子「蘭盾」與漢碑「欄楯」二義絶異，與此文又竝無會，洪妄爲牽合，殊不可通。此「蕭楯」疑當作「蕭條」，「條」與「循」俗書形略近，唐李晟碑「循」作「偱」，與「條」偏旁相似。又古書「脩」、「循」二字多互譌，亦其比例。蓋「條」譌爲「循」，「循」傳寫又譌爲「楯」，其本字遂不可知。淮南子齊俗訓云：「故蕭條者形之君。」許注云：「蕭條，深靜也。」此云「極蕭條之元」，謂窮極深靜虛無之本也。

能天第十八

「槀木降風。」注云：「槀，籜落之籜，降下也。」

案：「槀」當讀爲「蠹」。二字古通，詳前管子。韓非子亡徵篇云：「木之折也，必通蠹。」淮南子説林訓云：「蠹衆則木折。」又云：「木雖蠹，無疾風不折。」此云「槀木降風」，亦謂木已内蠹，而又遇風，則必折。陸讀「蠹」爲「籜」，失之。

公孫龍子謝希深注

明梁杰刊本。錢熙祚刊本。俞樾讀公孫龍子校。

跡府第一

「王曰：『鉅士也？見侮而不鬭。』」

案：「鉅」與「詎」通。荀子正論篇云：「是豈鉅知見侮之爲不辱哉！」楊注云：「鉅與遽同。」此與荀子同。明刊子彙本及錢本竝作「詎」，疑校者所改。

通變論第四

「曰：『羊與牛唯異，「唯」與「雖」通，此書常見。羊有齒，牛無齒，而羊牛之非羊也之非牛也，未可。是不俱有而或類焉。』」

案：「而羊牛之非羊也之非牛也，」子彙本及錢本竝作「而羊之非羊也，牛之非牛也」，與謝注似合，然以文義校之，疑當作「而牛之非羊也，羊之非牛也」。下文云：「羊有角，牛有角，牛之而羊也，羊之而牛也，未可。是俱有而類之不同也。」文正相對。墨子經說下篇云：「以牛有齒，馬有尾，說牛之非馬也，不可。是俱有，不偏有，偏無有。」墨子說牛非馬不可，猶此說牛非羊、羊非牛不可，文異而意同，可互證也。明刻與錢校皆非其舊。

「若左右不驪。」謝注云：「驪，色之雜者也。」

案：「驪」竝「麗」之借字，故下文云「而且青驪乎白而白不勝也。」謝以爲「色之襍者」非是。篇內諸「驪」字義竝同。

「白足之勝矣而不勝，是木賊金也。」

案：「之」當作「以」。

堅白論第五

「曰：『得其白，得其堅，見與不見離。一一不相盈，故離。離也者，藏也。』」

案：墨子經下篇云：「不可偏去而二，說在見與俱，一與二。」說下篇云：「見不見，離一二，不相盈。」正與此同。此「一一不相盈」，亦當依墨子作「一二不相盈」。後文云「於石，一也；堅白，二也」，即此義。

「且猶白以目以火見，而火不見。」

案：墨子經說下篇云：「智以目見，而目以火見，而火不見。」此文亦當作「且猶白以目見，目以火見，而火不見」。今本挩「見目」二字，遂不可通。

鬼谷子陶弘景注秦恩復校刊述古堂鈔本。 俞樾讀鬼谷子校。

「梁陶弘景注。」

案：陶注，晁公武讀書志始箸録云：「唐志以爲尹知章注，未知孰是。」周廣業跋謂：「注，筆法絶似管子注，當是尹注。」孫志祖讀書脞録説同。今宷校，殆非也。尹注管子今具存，此書符言篇與管子七法篇文正同，詳俞氏讀書餘録。以彼校此書，挩譌甚夥，注皆沿誤妄説，叚令果出尹手，豈得自注管子而略不省勘乎？然則今本題陶注雖未可盡信，而非尹注則無疑義。

謀篇第十

「故鄭人之取玉也，載司南之車。」秦校云：「太平御覽引鬼谷子曰：『肅慎氏獻白雉於文王，還恐迷路，問周公，作指南車以送之。』今按全書無此文，疑是司南句下注文也。」

案：高承事物紀原九引樂臺注鬼谷子曰：「肅慎還，周公恐其迷路，造指南車送之。」則此爲樂注文，今本是陶注，故無此文也。樂臺，隋書經籍志作樂壹。

荀子楊倞注

謝墉校刊本。景宋台州刊本。日本久保愛增注本。劉台拱補注校。郝懿行補注校。王念孫讀書雜志校。俞樾諸子平議校。

不苟篇第三

「夫富貴者則類傲之，夫貧賤者則求柔之。」楊注云：「富貴之類，不論是非，皆傲之也。」

案：「類」與「戾」通，逸周書史記篇云：「昔穀平之君愎類無親。」孔晁注云：「類，戾也。」「類傲」二字平列，與「求柔」文正相對，注說非。

榮辱篇第四

「其沗長矣，其温厚矣。」注云：「温，猶足也。言先王之道於生人，其爲温足也，亦厚矣。」

案：「温」當讀爲「薀」。俗作「藴」。詩小雅小宛孔疏云：「蘊藉者，定本及箋作温字。」說文艸部云：「薀，積也。」後禮論篇云：「積厚流澤廣〔一〕。」「温厚」與「積厚」義同，注望文生訓，不足據。

非十二子篇第六

「成名況乎諸侯，莫不願以爲臣。」注云：「況，比也，言其所成之名，比況於人，莫與爲偶，故諸侯莫不願得以爲臣。或曰：『既成名之後，則王者之輔佐也，況諸侯莫不願得以爲臣乎？未知其賢，則無國能

〔一〕「廣」，原本作「光」，據荀子禮論改。

容也。』或曰：『況猶益也，國語驪姬曰：「衆況厚之。」』」俞讀「成名況乎諸侯」爲句，云：「『成』與『盛』通。況者，賜也。言以盛名爲諸侯賜也。」

案：俞以「成名」爲「盛名」，又讀以「盛名況乎諸侯」爲句，竝得其義。而釋「況」爲「賜」，則非也。「況」與「皇」通。書無逸「則皇自敬德」，孔疏引王肅本「皇」作「況」。又秦誓「我皇多有之」，公羊文十二年傳作「而況乎我多有之」。詩周頌烈文毛傳云：「皇，美也。」大戴禮記小辯篇云：「治政之樂，皇於四海。」此云「成名況乎諸侯」，與小辯「皇於四海」義正同。說文金部云：「鍠，鐘聲也。」呂氏春秋自知篇云：「鍾況然有音。」「況」即「鍠」之借字。此「況乎」與呂覽「況然」文例相近。儒效篇亦有此文，義竝同。楊讀既誤，說復迂繆，不可通。

儒效篇第八〔一〕

「周公屏成王而及武王。」注云：「屏，蔽。及，繼。」

案：「屏」，猶言置而不立。「及」，即兄終弟及之及。言周公攝王位，若自繼武王而立也，故下文云：「成王鄉無天下。」

「不知隆禮義而殺詩、書。」

案：「殺」當讀爲「述」。中庸「親親之殺」，墨子非儒篇作「親親有術」。「殺」、「術」、「述」竝從朮得

〔一〕「八」，原本作「六」，據荀子改。

聲，古通用。

王制篇第九

「主攘擇五卜。」注云：「攘擇，攘除不祥，擇取吉事也。」

案：「攘」、「禳」，「擇」、「釋」，聲類竝同，古字通用。禮有釋菜、釋奠之類，與禳除事略同，楊釋爲「擇取吉事」，未塙。

「傴巫跛擊之事也。」注云：「擊，讀爲覡，男巫也。」

案：正論篇云：「譬之，是猶傴巫跛匡大自以爲有知也。」注云：「『匡』讀爲『尪』，廢疾之人。王霸篇云『賤之如尪』，與此匡同。」「擊」者，脩身篇云：「行而俯項，非擊戾也。」注云：「擊戾，謂項曲戾不能仰者也。」此「擊」亦謂擊戾不能仰之人，猶正論篇云「跛匡」也。蓋古巫皆以病人爲之，傴也、跛也、擊也、尪也，其形不同，爲其病一也。

富國篇第十

「垂事養民。」注云：「垂，下也。以上所操之事，下就於民而養之，謂施小惠也。」

案：注釋「垂事」義殊迂曲。此「垂事」與下文「進事長功」文相對，疑當爲「舍」之譌。墨子尚賢下篇云：「垂其股肱之力，而不相勞來也。」尚同中篇作「舍餘力不以相勞」，是其證也。「垂」「舍」二字，艸書相似，故荀、墨二子皆互譌。下文云「故垂事養譽，不可以遂功」，義同。

「則國安於盤石，壽於旗翼。」注云：「『旗』讀爲『箕』。箕、翼，二十八宿名，言壽比於星也。或曰禮記

『百年曰期頤』，鄭云：『期，要也。頤，養也。』」盧云：「旗翼以其行度之多，天官書亦有旗星。」

案：楊、盧説竝非也。「旗」，即周禮司常之九旗。「翼」，當讀爲「釴」，爾雅釋器説鼎云：「附耳外謂之釴，款足者謂之鬲。」「翼」、「釴」聲近字通。史記楚世家云：「居三代之傳器，吞三翮六翼，以高世主。」索隱云：「三翮六翼，亦謂九鼎也。空足曰翮。翼近耳旁。」彼「三翮六翼」即「三鬲六釴」也。韓非子大體篇云：「故致至安之世，雄駿不創壽於旗幢，豪傑不著名於圖書，不録功於盤盂。」墨子魯問篇云：「則書之於竹帛，鏤之於金石，以爲銘於鍾鼎，傳遺後世子孫。」此云「壽於旗翼」，猶言「創壽於旗幢」，「爲銘於鍾鼎」，與墨、韓二子義正同。

君道篇第十二

「纂論公察則名不疑。」

案：「纂」疑當作「綦」。王霸篇：「目欲綦色，耳欲綦聲，口欲綦味，鼻欲綦臭，心欲綦佚。」注云：「綦，極也。」此「綦論」亦言極論也。

彊國篇第十六

「無僇乎族黨，而抑卑其後世。」次「其」字台州本作「乎」。注云：「雖無刑戮之恥，而後世亦抑損卑下，無以光榮也。」

案：「無僇」二字當平列，與「抑卑」文正相對。墨子天志中篇引大誓「無廖僔務」，非命上篇作「毋僇匪扁」，下篇作「毋僇其務」，此「無僇」與墨子之「毋僇」文相類，疑「無」、「毋」皆「侮」之叚字，三字音竝相近。言侮辱其族黨也。注釋爲「雖無刑戮之恥」，增字爲訓，非荀子意也。

「荀卿子説齊相曰。」盧云：「此七字元刻無，從宋本補。」顧千里云：「宋錢佃本卷末云：『監本有此七字。宋呂夏卿本有。』」襍志。

案：台州本亦有此七字，有者是也。前章「公孫子曰」，注云：「公孫子，齊相也，未知其名。」蓋即因此文而合爲一人，則楊本有此七字可知。但以全書文例校之，「荀」實當爲「孫」耳。

天論篇第十七

「養略而動罕，則天不能使之全。」注云：「罕，希也。動罕，言怠惰也。」俞云：「『罕』，疑『屰』字之誤，『屰』即今『逆』字。『養略而動屰』，正與上文『養備而動時』相對成義。」

案：俞説於義頗協，而字形不甚相近。疑「罕」當作「咢」。説文吅部咢从屰得聲，此與屰義同。釋名釋言語云：「逆，遻也。遻不從其理，則生殿。遻，不順也。」「遻」、「罕」聲義亦同。

正論篇第十八

「乘大路，趨越席以養安。」注云：「『趨』，衍字耳。」

案：「趨」當爲「蹴」之叚字，與「乘」相對，非衍文。言乘路時，足蹴越席也。「蹴」或作「蹵」。禮記曲禮云：「以足蹵路馬芻有誅。」釋文云：「『蹵』，本又作『蹴』。」「趨」从芻聲，「蹵」从戚聲，古音近字通，「趨」、「蹴」亦一聲之轉。説文壴部云：「鼜，讀若戚。」周禮鎛師「守鼜」，杜子春注云：「春秋傳所謂『賓將趨』者，音聲相似。」是芻聲、戚聲古通之證。

「藉靡舌縪。」注云：「舌縪未詳。或曰：『莊子云：「公孫龍口呿而不合，舌舉而不下。」謂辭窮亦恥辱也』。」

案：楊引莊子文秋水篇。與此義無會，疑「舌縪」當爲「后縛」。干禄字書「后」俗作「𠮋」，亦見魏敬使君碑、唐大盧舍那像龕記。與舌形近而誤。「后」與「後」通，「后縛」猶言反縛。莊子天地篇：「罪人交臂歷指。」釋文引司馬彪云：「交臂，反縛也。」

「風俗之美，男女自不取於途，而百姓羞拾遺。」

案：「取」當讀爲「聚」，古字通用。易萃「聚以正」，釋文「『聚』，荀本作『取』。」「男女不聚於途」，即謂異路而行也。

禮論篇第十九

「故有天下者事十世。」注云：「『十』當爲『七』，穀梁傳作『天子七廟』。」

案：禮記王制孔疏引聖證論「孫卿云『有天下者事七世』」，則王肅所見本「七」字尚不誤。

「凡禮，始乎梲，成乎文，終乎悅校。」注云：「史記作『始乎脱，成乎文，終乎税』，言禮始於脱略，成於文飾，終於税減。禮記曰『禮主其減校』，未詳。大戴禮作『終於隆』，隆，盛也。」郝云：「『校』當作『恔』。恔者，快也。」

案：「悅校」當讀爲「娧姣」。說文女部云：「娧，好也。」「姣」，說解同。蓋禮彌文則彌姣好，即大戴禮禮三本篇「終於隆」之意。「娧」、「悅」、「税」及「姣」、「校」竝同聲叚借字。楊釋「税」爲「減」，郝讀

「校」爲「恔」，竝未得其義。

「故天子棺椁十重，諸侯五重，大夫三重，士再重。」王引之云：「『十』疑當作『七』，禮自上以下降殺以兩，天子七重，故諸侯減而爲五，大夫減而爲三也。」

案：王說是也。莊子天下篇述喪禮正作「天子七重，諸侯五重，大夫三重，士再重」，足證此文之誤。此與檀弓經注說不能强合，郝氏謂當作「天子五重，諸侯三重，大夫二重，士一重」，亦非。

樂論篇第二十

「亂世之徵，其服組。」

案：「組」謂華麗也，即「黼」之叚字。說文黹部云：「黼，合五采〔一〕鮮色。詩曰：『衣裳黼黼。』」晏子春秋諫下篇云：「聖人之服，中侻而不駔。」又云：「今君之服，駔華不可以導衆。」「組」、「駔」字亦通。

解蔽第二十一

「空石之中有人焉，其名曰觙。」注云：「空石，石穴也。蓋古有善射之人，處深山空石之中，名之曰觙。」

案：「空石」當是地名，疑即「窮石」之借字。左傳昭九年「窮桑」，淮南子本經訓作「空桑」。左傳襄四年云：「羿遷窮石。」即其地也。後文云：「夏首之南有人焉，曰涓蜀梁。」「夏首」亦地名，與此正同。

〔一〕「采」，原文作「色」，據說文改。

「醉者越百步之溝，以爲蹞步之澮也；俯而出城門，以爲小之閨也。」注云：「閨，小門也。」

案：「以爲小之閨也」句，文未足。淮南子氾論訓云：「夫醉者俛入城門，以爲七尺之閨也；超江、淮，以爲尋常之溝也。」似即本此文。此「小之閨」，疑亦當作「七尺之閨」，今本蓋傳寫捝「七尺」二字，而校者以注肊補一「小」字，故與上文不相對也。

正名篇第二十二

「聖人不愛己。」注云：「『聖人不愛己』，未聞。其說似莊子之意。」

案：此謂聖人愛己，不加於人，是爲不愛己也。墨子大取篇云「愛人不外己，己在所愛之中」，即此義。

「非而謁楹，有牛馬非馬也。」注云：「『非而謁楹有牛』，未詳所出。『馬非馬』，是公孫龍白馬之說也。」

案：此當以「有牛馬非馬也」爲句，謂兼舉牛馬與單舉馬異也。注讀大誤。墨子經說下篇云：「或不非牛，而非牛也可，則或非牛或牛而牛也可。故曰牛馬非牛也未可，牛馬牛也未可。則或可或不可，而曰牛馬牛也未可，亦不可。且牛不二，馬不二，而牛馬二，則牛不非牛，馬不非馬，而牛馬非牛非馬，無難。」即此有牛馬非馬之義。

「心平愉，則色不及傭而可以養目，聲不及傭而可以養耳。」注云：「所視之物，不及傭作台州本作「保」。之人，亦可養目。」久保愛云：「『傭』當作『備』。解蔽篇云：『目視備色，耳聽備聲。』」

案：注非也。此「傭」當與「庸」通，詩節南山「昊天不傭」，釋文引韓詩作「庸」。庸猶言常。史記佞幸傳「寵最過庸」，索隱云：「庸，常也。」此文以不及常爲不及傭，猶漢書以過常爲過庸矣。久保愛說亦誤。

詳前管子。

性惡篇第二十三

「少言則徑而省，論而法，若佚之以繩。」注云：「『佚』猶『引』也。『佚以繩』，言其直也。」

案：楊釋「佚」爲「引」義，甚迂曲。疑「佚」當爲「扶」。管子宙合篇云：「千里之路，不可扶以繩。」鹽鐵論遵道篇亦云：「文學可令扶繩循刻，非所與論道術之外也。」「扶」、「佚」形近而誤。「扶」者，「輔」之借字。

成相篇第二十五

「吏謹將之無鈹滑。」注云：「『鈹』與『披』同，『滑』與『汩』同，言不使紛披汩亂也。」台州本無「亂」字。

案：正名篇亦云：「疾養滄熱鈹滑輕重以形體異。」注云：「『滑』與『汩』同，『鈹』與『披』同，皆擾亂之名。或曰『滑』如字，『鈹』當爲『鈒』，傳寫誤耳，與『澀』同。」正名篇注二說，後說是也。此言吏持法謹，無太寬，無太嚴，猶形體之無澀滑也。

賦篇第二十六

「名號不美，與暴爲鄰。」注云：「侵暴者，亦取名於蠶食，故曰『與暴爲鄰』也。」

案：此言「蠶」音與「殘」相轉最近也。注以爲取「蠶食」義，未塙。

宥坐篇第二十八

「女庸安知吾不得之桑落之下。」台州本有「平哉」二字。注云：「『桑落』，九月時也。夫子當時蓋暴露居此樹之下。」

案：「落」即「笿」之借字。説文木部云：「杝，笿也。」「杝」、「籬」同。管子地員篇云：「行廧落。」文選張衡西京賦云：「揩枳落突棘藩〔一〕。」李注云：「落猶籬也。」此「桑落」亦謂以桑木爲籬，猶云枳落矣。

呂氏春秋高誘注

畢沅校刊本。元至正刊本。梁玉繩校補校。陳昌齊正誤校。王念孫讀書雜志餘編校。俞樾諸子平議校。

重己

「是聾者之養嬰兒也，方雷而窺之於堂。」高注云：「聾者不聞雷之聲，不頓顙自拍解謝咎過，而反徐步窺兒於堂。」

案：此謂方雷時，兒聞雷聲驚怖，而聾者不聞，方抱兒窺堂，使之益怖也。注説繆。

當染

「從屬彌衆，弟子彌豐，充滿天下。」

案：「從」當作「徒」，形近而誤。有度篇云：「孔、墨之弟子徒屬充滿天下。」墨子非儒篇云：「其徒

〔一〕「藩」，原本作「籬」，據西京賦改。

屬弟子皆郊孔某。」皆「弟子」與「徒屬」竝舉之證。

季春紀

「犧牲駒犢，舉書其數。」注云：「舉其犢駒在犧牲者。」

案：「在」當爲「任」之誤。

論人

「豪士時之，遠方來賓，不可塞也。」陳云：「据文義，『時』當作『附』。」

案：陳校非也。此「之」疑「止」之誤。詩小雅車舝篇「高山仰止」，釋文云：「『止』本作『之』。」「時止」猶言以時至也。毛詩大雅抑傳云：「止，至也。」

「何謂四隱？交友，故舊，邑里，門郭。」

案：「郭」當作「郎」，「郎」、「廊」古今字。漢書東方朔傳「累郎屋」，顏注云：「郎，堂下周屋。」司馬相如傳云：「高廊四注。」顏注云：「堂下四周屋也。」韓非子十過篇云：「有玄鶴二八，道南方來，集於郎門之垝。」論衡異虛篇述此事作「廊門之危」，紀妖篇又作「郭門之上危」，「郎」譌爲「郭」，與此正同。韓子內儲說下篇云：「齊中大夫有夷射者，御飲於王，醉甚而出，倚於郎門。」戰國策衛策云：「客見魏王趨出，至廊門而反。」姚宏校本作「郭門」，誤與此同。「郎門」蓋即寢門，門內外有周屋，與塾相連屬，故以爲名，因之侍御近臣執事於門內外者謂之郎中。韓子說疑篇云：「使郎中日聞道於郎門之外。」又八經篇云：「郎中約其左右。」此「門郎」即謂左右近習之臣。若作「郭」，則在國門之外，相去疏遠，不當與「交友、故舊、邑里」竝舉矣。

尊師

「高何、縣子石，齊國之暴者也，指於鄉曲，學於子墨子。」畢云：「墨子弟子有高石子，不見此二人。」

案：墨子耕柱篇有縣子碩，「碩」、「石」字通，即此人也。畢殊失攷。

「疾諷誦，謹司聞，觀驩愉，問書意。」注云：「司，候。」

案：「司聞」義不可通，「聞」當爲「閒」。國語吳語云：「以司吾閒。」韋注云：「閒，隙也。」「謹司閒」，謂謹司候師閒隙而問業也。大戴禮記曾子立事云：「問而不決，承閒觀色而復之。」

仲夏紀

「木堇榮。」注云：「雜家謂之朝生。」

案：注「雜家」當作「雒家」，謂雒陽也。淮南子説林訓注云：「鉒者，提馬，雒家謂之投翩。」與此正同。

古樂

「帝堯立，乃命質爲樂，質乃效山林谿谷之音以歌，乃以麋輅置缶而鼓之。」

案：「置缶」難通，「置」疑當爲「冒」，形近而誤。周禮：「籥章掌土鼓、豳籥。」注，杜子春云：「土鼓以瓦爲匡，以革爲兩面，可擊也。」説文革部云：「輅，生革可以爲縷束也。」此以麋輅冒缶以爲鼓，即以瓦爲匡，以革爲面也。禮記明堂位云：「土鼓、蕢桴、葦籥，伊耆氏之樂。」郊特牲釋文引或説，謂伊耆氏即帝堯。此云帝堯命質爲樂，則麋輅冒缶，或即伊耆土鼓之制與？「置」或當作「冥」，即「幎」之省，與「置」作「寘」形近。墨子備穴篇云：「令陶者爲罌，固幎之，以薄輅革。」「冒」、「幎」義亦同。

序意

「以日倪而西望知之。」注云：「西望，日暮也。」畢云：「倪與睨同。」

案：「日倪」猶言日衰側。廣雅釋詁云：「倪，衰也。」莊子天下篇云：「日方中方睨。」與此義同。

有始覽

「秦之陽華。」注云：「陽華在鳳翔。或曰在華陰西。」

案：元和郡縣志云：「岐州，至德元年改爲鳳翔郡。」則鳳翔之名起於唐中葉，非高氏所得聞。鳳翔蓋當作馮翊，字形之誤也。淮南子墬形訓云：「秦之楊紆。」高注云：「楊紆，蓋在馮翊池陽，一名具圃。」可據以校此注。爾雅釋地「十藪」，「周有焦護」。郭注云：「今扶風池陽縣瓠中是也。」高蓋以陽華、楊紆、瓠中、焦護爲一。其後一說謂在華陰，則淮南注無之。

論大

「地大則有常祥、不庭、岐母、羣抵、天翟、不周。」注云：「常祥、不庭、羣抵、岐母、天翟皆獸名也。不周山在翟。」

案：「常祥」以下〔一〕六者皆山名，高唯以不周爲山，餘皆爲獸，又以不周屬下「山大」爲句，竝非也。山海經大荒西經云：「有山名常陽之山，日月所入。」又云：「有偏句、常羊之山。」即此常祥也。大荒南經云：「大荒之中，有不庭之山。」大荒東經云：「大荒東南隅，有山名皮母地丘。」「皮母」，淮南子墬形訓作「波母之山」。又云：「有山名曰孽摇頵羝。」即此岐母、羣抵也。以上略本郝懿行、錢侗說。不周山亦見大荒西經。是呂書悉本彼經，惟「天翟」未見，竊疑即大荒西經所云「天穆之野高二千仞」者，「穆」與「繆」通，故書或本作「天繆」，右半从「翏」，形與「翟」相似，因而致誤耳。

遇合

「故嫫母執乎黃帝。」注云：「黃帝說之。」

案：高以「說之」訓「執」，於文意無迕，而未能質言「執」字之義。今攷「執」猶親厚也。墨子尚賢中篇云：「則此語古者國君諸侯之不可以不執善承嗣輔佐也。」「執善」猶言親善也。王氏墨子襍志謂「『善』上不當有『執』字，『執』乃衍文」，失之。詳余所箸墨子閒詁。列女傳辯通篇齊鍾離春傳云：「衒嫁不售，流弃莫執。」「莫執」猶言莫之親也。此云嫫母執於黃帝，亦言嫫母雖醜，而親厚於黃帝耳。此先秦、西漢舊義，雖不見於倉、雅，而校覈古籍，尚可得其塙詁。俞據詩周頌釋文引韓詩釋「執」爲「服」，則於墨子列女傳之文不可通矣。禮記曲禮「執友稱其仁也」，「執友」亦猶言親友。荀子堯問篇云「貌執之士百有餘

〔一〕「下」，原本作「上」，據文義改。

人」，「貌執」亦言以禮貌相親厚也。詳經迻禮記。

樂成

「魯人鷖誦之曰。」畢云：「『鷖』，蓋魯人名。」

案：「鷖」當讀爲「繄」。左傳僖五年云：「民不易物，惟德繄物。」詩泂酌孔疏引服虔云：「繄，發聲也。」「繄」、「鷖」同聲叚借字。周禮巾車「鷖總」，鄭注云：「故書『鷖』或作『繄』。」是其證。畢說失之。

知度

「禹曰：『若何而治青北，化九陽、奇怪之所際。』」

案：「青北」當作「青丠」，「奇怪」當作「奇肱」。求人篇云：「禹東至鳥谷青丘之鄉。」又云：「南至九陽之山，西至其肱一臂三面之鄉。」「其」、「奇」字通。山海經海外東經云：「青丘國在朝陽北。」又海外西經云：「奇肱之國在一臂北，其人一臂三目。」「北」即「丠」之壞字。「丠」隸變作「丘」。「肱」，說文作「厷」，與「怪」形近，故譌。

重言

「有執蹠⿸疒秮而上視者。」注云：「蹠，踰。」畢云：「⿸疒秮子無攷。注以『踰』訓蹠亦難曉。說苑權謀篇作『執柘杵』。」孫志祖讀書脞録亦疑「蹠⿸疒秮」爲「柘杵」之譌。

案：「⿸疒秮」疑「枱」之異文。說文木部云：「枱，耒耑也。」淮南子主術訓云：「一人蹠耒而耕，不過十畎。」高注云：「蹠，蹈也。」宋本「蹠」作「跖」，字通。又齊俗訓云：「脩脛者使跖钁。」注云：「長脛以蹋插者，使入深。」「插」當爲「臿」。文選舞賦李注引淮南子許慎注亦云「跖，蹋也。」此「蹠枱」猶言蹠耒、跖钁也。「蹠枱」，言可用足蹈之枱。論衡效力篇云：「鍤所以能擨地者，跖蹈之也。」「蹠枱」與彼義同。說苑作「柘杵」者，亦即「跖枱」之譌。注「踰」，以淮南注校之，亦當爲「蹋」。干祿字書「蹋」字通作「蹹」，亦見左傳宣十二年釋文曹憲廣雅音。與「踰」形近而誤。

審應覽

「昔出公之後聲氏爲晉公，拘於銅鞮。」注云：「出公、聲氏，韓之先君也，曾爲晉公所執於銅鞮。」孫志祖云：「戰國時，衛入於魏，此出公、聲氏蓋指衛言。史衛世家出公後有聲公，疑即聲氏。注非。」校補。案：史記韓世家韓先君無出公、聲氏，亦無見拘之事，高說殊不足據。孫謂是衛事，以史攷之，亦絕無證驗。竊疑此當讀「昔出公之後聲氏爲晉公」爲句，出公、聲氏皆晉君也。晉世家載出公爲四卿所攻，奔齊。智伯立昭公曾孫哀公驕。至哀公玄孫靜公俱酒二年，魏、韓、趙共滅晉，靜公遷爲家人。聲氏蓋即靜公也，「聲」、「靜」古音相近，字通。但世家不詳其所遷之地，而趙世家則云：「成侯十六年，與韓、魏分晉，封晉君以端氏。肅侯元年，又徙處屯留。」皆不云銅鞮。惟古文苑劉歆遂初賦云：「憐後君之寄寓兮，唁靖公於銅鞮。」「靜」、「靖」字通。是靜公亡國後，實有居銅鞮之事。西漢距戰國尚近，古籍遺聞閒出正史之外，劉賦與呂書符合，必有所本。高氏不能檢勘，而望文肊說，其疏甚矣。古文苑章樵注云：「靖公，晉之末君，三卿分晉，靖公寄寓於銅鞮，降爲家人。」樵蓋因劉賦上下文竝說晉事肊揣爲釋，非實有根據，而與此書卻闇合，不可易也。世家所紀晉末世系，事實舛互甚多。梁曜北史記志疑攷證極詳覈，而前後兩校呂書，不知此爲晉事，何也？

淫辭

「荆柱國莊伯令其父視，曰：『日在天。』『視其奚如？』曰：『正圓。』『視其時。』『日當今。』令謁者駕，曰：『無馬。』令涓人取冠，進上。」陳云：「『日日』二字倒誤。『日當今』，『日』字當作『曰』。」

案：陳校是也。「進上」上亦當有「曰」字，陳失校。此章皆言辭意相左之弊，莊伯令其父視日者，「父」字疑誤。欲知其蚤莫，而乃答以「在天」；「視其奚如」者，欲知其中昃，而乃答以「正圓」。又令「視其時」者，問其所加何時，而乃答以適當今時。謁者本不掌駕，今令之駕者，謂令傳命使騶駕，而謁者乃辭以無馬。此皆與所使之意不相當也。惟「令涓人取冠」，曰「進上」，未詳其義耳。

應言

「然而視之蝺然美，無所可用。」高注云：「蝺讀齲齒之齲。齲，鼎好貌。」畢云：「『蝺』字無攷，疑是『踽』，與『偊』、『踽』皆同。」

案：「蝺」當與「竘」同。方言云：「竘，貌治也。吳、越飾貌爲竘。」説文立部云：「竘，健也，讀若齲。」與高讀正同。淮南子人閒訓説高陽魋爲室云：「其始成，竘然善也。」許注云：「高壯貌。」此云「蝺然美」，猶淮南云「竘然善」矣。

貴信

「冬之德寒，寒〔一〕不信，其地不剛，地不剛則凍閉不開。」注云：「不開，氣不通也。」俞校云：「孟冬紀曰：『孟冬行春令則凍閉不密。』疑此文『開』字亦『密』字之誤。」

案：俞校是也。但「開」、「密」形不相近，不宜致誤。疑「開」當爲「閟」即「密」之叚字，「閟」又譌「開」耳。「閟」、「密」聲類同。

恃君覽

「縛婁、陽禺、驩兜之國。」

案：周書王會篇伊尹獻令云：「正東符婁。」疑即此「縛婁」。「縛」从専聲，「符」从付聲，古音近字通。

觀表

「還車而臨，三舉而歸。」注云：「臨，哭也。右宰息如是者〔二〕三，故曰三舉。」畢云：「注『右宰息』三字有譌脫，當作『右宰一哭一息』。」

案：畢校非也。「息」謂右宰穀之子息，戰國策趙策云：「左師觸讋曰賤息舒祺。」言喪主與成子竝三舉哭也，無誤挩。

〔一〕「寒」，原本脱，據呂氏春秋補。
〔二〕「者」下原本衍一「者」字，據呂氏春秋高注删。

「録圖幡薄。」注云：「幡亦薄也，鍛作鐵物言薄令薄也。」

案：此注難通。「薄令薄」當作「搏令薄」，言以金鐵爲椎，搏擊之令薄。爾雅釋器云：「鉼金謂之鈑。」「薄」即金版之類。

過理

「雕柱而桔諸侯。」注云：「雕畫高柱，施桔槔於其端，舉諸侯而上下之。」

案：注以「桔諸侯」爲桔槔「舉諸侯而上下之」，所説近於戲，古書别無所見，恐不可信。竊謂「桔」當爲「梏」，形近而誤。「梏諸侯」，斥紂之酷；雕柱，斥紂之侈，二事不相冡也。賈子新書君道篇云：「紂作梏數千，睨諸侯之不諂己者，杖而梏之。文王桎梏，囚于羑里。」此即「梏諸侯」之事。

士容論

「桔乎其若陵上之木。」注云：「陵上之木鴻且大。」

案：「桔」無鴻大之義，疑亦當作「梏」。爾雅釋詁云：「梏，直也。」上云「純乎其若鍾山之玉」，言其温純，此則言其峻直也。「梏」誤爲「桔」，與前過理篇同。

上農

「民舍本而事末則不令，不令則不可以守，不可以戰。」注云：「令，善。」

案：「不令」，謂不受令也。此三言民舍本事末之害，與上文三言民農之善，文反正相對。上云：「民農則樸，樸則易用，易用則邊境安，主位尊。」彼農則易用，故此舍本事末則不受令，猶言不可用耳，不當訓令爲善也。亢倉子農道篇用此文，作「人捨本而事末則不一令」，雖與呂子文意小異，而亦不釋令爲善，蓋唐人已知高説之未安，而不從之矣。

「農不上聞，不敢私籍於庸。」

案：「上聞」，謂賜爵也。前下賢篇説魏文侯「東勝齊於長城，虜齊侯獻諸天子，天子賞文侯以上聞」。今本譌作「卿」，畢依史記樊噲傳如淳注引校正。史記樊噲傳「賜上間爵」，集解如淳云：「『間』或作『聞』。」索隱本作「聞」，引張晏云：「得竟上聞。」晉灼云：「名通於天子也。」然則此農得上聞者，亦謂名通於官也。商子來民篇云：「民上無通名，下無田宅。」無通名即不上聞也。「不敢私籍於庸」，謂不得私養庸以代耕。

任地

「后稷曰：『子能以窐爲突乎？』」注云：「窐，容汙下也。」陳云：「按注『容』當作『谷』。」

案：陳説非也。「容」當爲「窞」，形近而譌。一切經音義十云：「『凹』，蒼頡篇作『窞』，烏交反，墊下也」。「窐」即「墊下」之義。

「日至苦菜死而資生。」注云：「菜名也。」畢云：「『資』，疑即『薋』，蒺藜也。」

案：「日至」亦謂冬日至也。「資」與「薺」字通，詩小〔一〕雅楚茨，禮記玉藻鄭注「茨」作「薺」，楚辭離騷王注又作

〔一〕「小」，原本作「大」，據詩經改。

「薋」。此「資」與「薋」字同。即爾雅釋草「差薺實」之「薺」。詩邶風谷風篇「誰謂荼苦，其甘如薺」，亦即此也，故高云「菜名」。畢以「資」爲「薋」，得之。而謂即「蒺藜」，則非。淮南子墬形訓云：「薺冬生，中夏死。」春秋繁露循天之道篇云：「薺以冬美，而荼以夏成。」依淩曙本。「荼」即苦菜，夏生而冬死；「薋」爲甘菜，夏死而冬生，二者正相反，故呂兼舉之。

「操事則苦，不知高下，民乃逾處。」

案：「逾」當讀爲「偷」。禮記表記云：「君子莊敬日强，安肆日偷。」墨子脩身篇云「故君子力事日彊，願欲日逾」，與表記文正相類，亦借「逾」爲「偷」，與此文可相證。鄭注云：「偷，苟且也。言民怠惰，苟且安處，不肯力作也。」

辯土

「凡耕之道，必始於壚，爲其寡澤而後枯，必厚其靹，爲春唯厚而及餂也。䔽之堅者耕之，澤其靹而後之。」注云：「厚，深也。『䭚』或作『選』。」畢引梁履繩云：「『䭚』疑即『餂』字，集韻『飽』或作『缶』。」

案：此文多譌體，不能盡通。以意求之，「厚」竝當爲「後」，高釋爲「深」，非也。「靹」當爲「靹」，廣雅釋詁云：「靹，弱也。」玉篇韋部云：「靹靹，耎也。」「唯」當讀爲「雖」。「及」當讀爲「急」。「澤其靹而後之」之「澤」當讀爲「釋」。「唯」、「雖」，「及」、「急」，「澤」、「釋」，竝聲類同，古通用。蓋壚爲剛土，說文土部云：「壚，黑剛土也。」靹爲耎土，「必後其靹」與「必始於壚」文正相對，謂先耕剛土，後耕耎土，故承之云「釋其靹而後之」，即謂捨其耎土而後耕之也，畢讀「澤」屬「耕之」爲句，誤。「堅」與「靹」文亦正相對。「䥥」當從集韻爲「飽」之異文。「爲其唯厚而及䥥」，言因鞘土禾易長成，耕雖稍後於壚土，而禾成實甚急，可與壚土同時穫也。「莛」字未詳。

「莖生有行，故遬長；弱不相害，故遬大。」

案：亢倉子作：「立苗有行，故速長；强弱不相害，故速大。」此「弱」上疑亦挩「强」字。

「肥而扶疏則多粃。」注云：「根扇迫也。」

案：扇者，侵削之意。齊民要術云：「榆性扇地，其陰下五穀不植。」陶弘景周氏冥通記云：「年内多勞，扇削鬼神。」蓋漢、晉、六朝人常語。

「免耕殺匿。」

案：當讀爲「勉耕殺慝」，「免」、「勉」，「匿」、「慝」，聲類竝同。説文無「慝」字，古書多以「匿」爲之。管子明法篇云：「比周以相爲匿。」明法解「匿」作「慝」是其證。禮記樂記鄭注云：「慝，穢也。」

審時

「穗閲而青零。」注云：「青零，未熟而先落。」

案：注蓋釋「青零」爲色尚青而先零落。亢倉子作「穗鋭多粃而青蘦」，「鋭」、「閲」聲同字通。亦同高義，然高説實非也。後文説麥云：「後時者，弱苗而穗蒼狼。」畢校云：「蒼狼，青色也，在竹曰蒼筤，在天曰食浪，在水曰滄浪，字異而義皆同。」畢説甚塙。此「青零」即「蒼狼」，蓋禾麥後時，其穗皆青而不黄，爲病同也。「青零」、「倉狼」，一聲之轉。

札迻卷七

韓非子某氏注

吴鼒景宋乾道刊本。顧廣圻識誤校。日本蒲阪圓增讀韓非子校。盧文弨羣書拾補校。王念孫讀書雜志餘編校。俞樾諸子平議校。

初見秦第一

「其頓首戴羽爲將軍，斷死於前。」盧校改「頓」爲「頡」云：「據戰國策補注改。」引正説文：「頡，直項也。」

案：元本國策補注仍作「頓」，盧校非。此「頓首」，疑當作「頓足」。下文云：「頓足徒裼，犯白刃，蹈鑪炭，斷死於前者皆是也。」正與此文相應，是其證。

「乃使其臣張孟談，於是乃潛於行而出。」

案：「潛」下明刻無「於」字，此誤衍也。十過篇云：「張〔一〕孟談曰：『臣請試潛行而出，見韓、魏之君。』」「潛」下亦無「於」字。戰國策秦策一載此事亦作「潛行而出」。

〔一〕「張」，原本作「趙」，據韓非子改。

愛臣第四

「將相之管主而隆國家，此人君者所外也。」蒲阪圓本作「後主而隆家」，云：「物本『後』作『管』，『隆』下有『國』字。」物茂卿本。凌本同，非。凌瀛初本。八經篇：『家隆刼殺之難。』」

案：「管主」、「後主」竝無義。「管」當作「營」，形近而誤。「營主」，謂營惑其主也。淮南子原道訓高注云：「營，惑也。」「隆國家」，當依蒲阪本删「國」字。彼引八經篇爲證是也。「隆家」，言搆諸大家使爭鬭。詳後八經篇。

「夫燕、宋之所以弒其君者，皆以類也。」

案：「以類」，當作「此類」。

「是故不得四從，不載奇兵，非傳非遽，載奇兵革，罪死不赦。」舊注云：「四鄰之國爲私交。」

案：注說非也。此「四從」，「四」與「駟」通，謂駟乘也；左文十一年「叔孫得臣敗狄於鹹」傳云：「侯叔夏御莊叔，緜房甥爲右，富父終甥駟乘。」杜注云：「駟乘，四人共車。」「從」謂「從車」，皆論貴臣隨從車乘之事。下云「不載奇兵」，即蒙上「四從」而言。史記商君傳：「趙良曰：『五羖大夫之相秦也，行於國中，不從車乘，不操干戈。』又曰：『君之出也，後車十數，從車載甲，多力而駢脅者爲驂乘。』」參乘爲驂乘，四乘爲駟乘，二者略同。商君正以從車載兵甲，故爲趙良所責，可證此文之義。

主道第五

「官有一人，勿令通言，則萬物皆盡。函掩其跡，匿其端。」盧云：「『掩』字疑是注，凌本無。」顧校云：

「盡函句絶。」蒲阪圓讀同。

案：「函」，當爲「亟」。「函」，俗作「凾」，形近而誤。爾雅釋詁云：「亟，疾也。」此當以「亟掩其跡」爲句。顧讀「則萬物皆盡函」句，失之。盧校尤誤。

十過第十

「楚靈王爲申之命，宋太子後至，執而囚之，狎徐君，拘齊慶封。中射士諫曰。」舊注云：「中射士，官有上中下。」顧云：「本書説林上、下皆有中射之士。『射』，他書又作『謝』。呂氏春秋去宥云：『中謝，細人也。』史記張儀列傳索隱云：『蓋侍御之官。』」

案：呂覽高注云：「中謝，官名也。」「謝」與「射」通，字當以「射」爲正，蓋即周禮夏官之射人也。國策楚策亦有中射之士，鮑彪注云：「射人之在中者。」鮑不引周禮，則似謂能射之人在中者，與余説微不同。中射者，射人之給事宮内者，猶涓人之在内者謂之中涓，庶子之在内者謂之中庶子矣。周禮射人與大僕竝掌朝位，又大喪與僕人遷尸，禮記檀弓云：「扶君，卜人師扶右，射人師扶左。」鄭注云：「卜當爲僕，聲之誤也。」僕人、射人皆平生時贊正君服位者，是射人與僕人爲官聯，故後世合二官以爲侍御近臣之名曰僕射。史記韓信傳「連敖」，集解如淳云：「楚有連尹、莫敖，其後合爲一官。」亦合二官爲名之證。漢書百官公卿表云：「僕射，秦官。古者重武，官有主射以督課之。」此義尚與古合。李涪刊誤引孔衍則云：「僕射，小官，扶掖左右者也。」此因後世僕射字音「夜」而爲之説，不足據也。漢書百官表顔注引應劭云：「僕，主也。」未塙。

孤憤第十一

「人主所以謂齊亡者，非地與城亡也。」

案：「主」字衍。

解老第二十

「赤松得之與天地統。」

案：「統」，疑當作「終」，言壽與天地同長也。「終」、「統」二字篆文形相近而誤。

說林下第二十三

「伯樂教其所憎者相千里之馬，教其所愛者相駑馬。千里之馬時一，其利緩，駑馬日售，其利急。此周書所謂『下言而上用者惑也』。」

案：此所引蓋逸周書佚文。淮南子氾論訓云：「昔者周書有言曰，上言者下用也，下言者上用也，上言者常也，下言者權也。」高注云：「用，可否相濟也。常，爲君常也。權，謀也。謀度事宜，不失其道。」兩文同出一原，而意恉皆不甚明晰。以高說推之，似謂上言而下用之者爲事之常，下言而上用之者則爲權時暫用。權與常相對爲文。故文子道德篇亦云：「上言者常用也，下言者權用也。」即隱襲淮南書語，蓋尚得其恉。此云：「下言而上用者惑也。」「惑」，古字與「或」通用，「或」亦不常用之言，與淮南、文子言權略同。韓子引之者，以況千里馬時一，其利緩，猶下言上用之不可爲常耳。

「宋之富賈有監止子者，與人爭買百金之璞玉，因佯失而毁之，負其百金。」

案：「負其百金」者，謂償其值百金。「負」，猶後世言陪也。韓詩外傳三云：「子產之治鄭，一年，而負罰之過省。」魏書刑法志云：「盗官物一備五，私物一備十。」通鑑宋紀胡三省注云：「備，陪償。」今人多云陪備。「負」、「陪」聲近字通。「陪」，今俗作「賠」，古無此字。

「韓子索兵於魏。」顧校引王渭云：「『子』字衍，策無。」

案：存韓篇亦云：「詔以韓客之所上書，書言韓子之未可舉，下臣斯。」依宋本。則「子」字似非衍。

外儲説左上第三十二

「耕者盡巧而正畦陌畦時者，非愛主人也。」顧云：「今本下『畦』作『疇』。按『時』非此之用，句當衍二字，未詳。」

案：「時」，當作「埒」。一切經音義引倉頡篇云：「時，埒也。」是其證。此「畦」、「埒」二字，蓋舊注之文，傳寫誤混入正文，遂複舛不可通耳。後文云：「趙主父令工施鉤梯而緣播吾，刻疎人迹其上。」盧校亦以「人迹」二字爲注誤入正文，與此正同。

外儲説左第三十三

「及文公反國，舉兵攻用兑而拔之。」顧云：「藏本同。今本『用兑』二字作『原』。按：句有誤。」

案：「用」，當爲「周」之誤。「兑」，讀爲「隧」，謂六遂也，「隧」、「兑」字通。詳前老子。國語周語云：「晉文公既定襄王於郟，王勞之以地，辭，請隧焉。」韋注云：「隧，六隧也。」事亦見僖二十五年左傳。杜預注以「隧」爲王之葬禮，與韋說異。此文公攻原，即周襄王所賜之地，於王國爲都鄙，不在六遂，而云攻周遂者，蓋戰國時已有文公請六遂之說，展轉傳譌，遂以文公伐原爲攻周之遂地。先秦諸子解經，已不免沿譌，悉心推校，可略得其蹤迹。今本作「原」，則明人不知而妄改，不足據也。

外儲說右上第三十四

「荊莊王有茅門之法曰：『羣臣大夫諸公子入朝，馬蹏踐霤者，廷理斬其輈，戮其御。』」下文「茅門」作「茆門」，說苑至公篇與此略同，亦作「茅門」。「一曰：楚王急召太子。楚國之法，車不得至於茆門。天雨，廷中有潦，太子遂驅車至於茆門。」說苑云：「楚莊王之時，太子車立於茅門之內。」

案：「茅門」即雉門也。說文隹部云：「雉，古文作鮷。」或省爲「弟」，與「茅」形近而誤。史記魯世家：「築茅闕門。」即春秋定二年經之雉門兩觀也。諸侯三門：庫、雉、路。外朝在雉門外。茅門之法，廷理掌之，即周禮秋官：「朝士，掌建邦外朝之法也。」天子、諸侯三朝皆有廷士。士〔一〕理字通。詳前鶡冠子。

「狐子對〔二〕曰：『不足。此皆所以慎產也。而戰之者，殺之也。民之從公也，爲慎產也，公因而迎殺之，失所以爲從公矣。』」物茂卿云：「『慎』、『順』通。言不違生產之道也。」韓非子讀。

〔一〕「士」，原本誤落，今補。

〔二〕「對」，原本作「封」，據韓非子改。

案：物讀「慎」爲「順」是也。此「産」與「生」義同字通。「迎殺」，「迎」當爲「逆」。「慎産」者，言文公所言皆是順其生之事。「迎殺」者，言戰爲逆而殺之之事。順逆、生殺，文正相對也。

外儲説右第三十五

「然而使王良操左革而叱咤之，使造父操右革而鞭笞之，馬不能行十里，其故也。」

案：「革」、「勒」古字通。説文革部云：「勒，馬頭絡銜也。」詩小雅蓼蕭：「鞗革沖沖。」毛傳云：「革，轡首也。」「革」，即「鞗革」，亦即「勒」也。

「田嬰令官具押券斗石參升之計。」又云：「吏盡揄刀削其押券升石之計。」顧云：「下文無『斗』『參』，作『升石』。按：此未詳。」

案：商子定分篇云：「主法令之吏，謹其右券木押，以室藏之，封以法令之長印。」此「押券」即「右券木押」。「押」與「柙」通。説文木部云：「檢，柙也。」「參升」二字疑衍。下文「升石」，當依上作「斗石」。「斗」、「升」隸書形近而誤。詳前急就篇。

難二第三十七

「李兑治中山，苦陘令上計而入多。李兑曰：『語言辨，聽之説，不度於義，謂之窕言。』」注云：「苟且也。」蒲阪云：「李兑，合作李克，其治中山已見左下。外儲説。『語言』，下文作『言語』。『辨』、『辯』通。『聽』，合作『聰』。魏都賦注引李克書曰：『言語辯聰之説而不度於義者，謂之膠言。』」文選注。

案：蒲阪圓據劉逵引李克書校正此文，郅塙。御覽一百六十一引史記亦以此爲李克事，今史記無此文。又案：此難諸篇皆襍舉古書之文而難之，李克書即漢書藝文志儒家李克七篇之佚文，劉逵所引未全，此可以補之。惟「窕言」、「膠言」義兩通，廣雅釋詁云：「膠，欺也。」方言云：「膠，詐也。」此李克書「膠」字之義。當各從本書。昭二十一年左傳云：「小者不窕。」杜注云：「窕，細不滿。」呂氏春秋適音篇高注義同。蓋「窕」本爲空虛不充滿之言，引申之，凡虛假不實者通謂之「窕」。「窕言」者，虛言不可信以爲實。下文「窕貨者」，虛貨不可恃以爲富也。舊注釋爲「苟且」，蓋讀爲佻愉字，於義未切。

難三第三十八

「不紹葉公之明，而使之悦近而來遠。」盧校依明凌瀛初本，「紹」作「咎」。

案：盧校非也。此「紹」當作「詔」，謂詔告之以尚明之義。「紹」、「詔」形聲竝相近。

「知下明則見精沐。」

案：「精沐」義不可通，疑當爲「精悉」。說文心部云：「悉，詳盡也。」「悉」或變作「悉」，又譌作「怵」，見前管子。與「沐」形近，因而致誤。

八說第四十七

「任智則君欺，任修則君事亂。」

案：下句「君」字衍。

「搢笏干戚，不適有方鐵銛。」注云：「方，楯也。」

案：「有方」，當爲「酋矛」。「酋」、「有」音近，「矛」、「方」形近，因而致誤。墨子備水篇云：「亓二十人，人擅酋矛。」今本亦譌作「有方」，與此正同。詳余所著墨子閒詁。

「人臣肆意陳欲曰俠，人主肆意陳欲曰亂；人臣輕上曰驕，人主輕下曰暴。行理同實，下以受譽，上以得非，人臣大得，人主大亡。」

案：「驕」，當作「撟」，謂撟君也。荀子臣道篇云：「有能比知同力，率羣臣百吏而相與彊君撟君，君雖不安，不能不聽，遂以解國之大患，除國之大害，成於尊君安國謂之輔。」即此所謂「人臣輕上曰撟」。此「俠」與「撟」皆美名，「亂」與「暴」皆惡名，故云「下以受譽，上以得非」。若作「驕」，則不得爲譽矣。「撟」字又作「矯」。荀子楊注云：「撟與矯同，屈也。」後忠孝篇云：「故烈士內不爲家，亂世絕嗣而外矯於君。」義亦同。

八經第四十八

「外國之置諸吏者，結誅親暱重帑。」顧云：「藏本無『結』字，今本『結誅』作『誅其』，皆誤。」

案：「結」，當爲「詰」，同聲叚借字。「外國之置諸吏者」，謂鄰國之爲內臣求官者，戰國時往往有之。「結誅」，謂詰其罪而誅之。

「外不藉，內不因，則姦充塞矣。」

案：「姦充塞」，義不可通。「充」，疑當作「兑」。老子云：「塞其兑，閉其門。」「兑」，即「隧」之叚字，詳前。「隧」猶「徑」也。「塞其兑」，謂塞其涂徑。「姦兑塞」，亦謂姦之涂徑塞也。淮南子兵略訓云：「立正法，塞邪隧。」「姦兑塞」與「塞邪隧」義同。

「大臣兩重、提衡而不踦曰卷禍，其患家隆劫殺之難作。」

案：「卷禍」，「卷」當作「養」，謂養成禍亂也。「養」、「卷」形近而誤。「家隆」，「隆」讀爲「閧」。呂氏春秋察微篇云：「楚卑梁公舉兵攻吳之邊邑，吳王怒，使人舉兵侵楚之邊邑，吳、楚以此大隆。」「大隆」，即「大閧」也。孟子云：「鄒與魯閧。」孫奭音義引劉熙注云：「閧，構也，構兵以鬭也。」說文門部云：「閧，鬭也。」此云「家隆」，即「家閧」，亦謂私家構兵爭鬭也。「隆」與「閧」，古音相近得相通借。古文苑揚雄宗正箴云：「昔在夏時，太康不恭，有仍二女，五子家降。」「降」與「隆」，聲類亦同，古字通用。彼「家降」與此「家隆」，事異而義正同。

「而務賕紋之政。」又云：「行賕紋以疑法。」顧云：「『紋』字有誤，未詳所當作。」

案：「紋」，疑當作「納」，篆文「納」作「納」，「紋」作「紋」，二形相近而誤。「納」，謂納貨財子女也。國語鄭語說褒姒云：「褒人有獄而以爲入。」「入」、「納」義同。

忠孝第五十一

「古者黔首悗密惷愚，故可以虛名取也。今民儇詗智慧，欲自用，不聽上。」注云：「『悗』，忘情貌。」

案：爾雅釋詁云：「密，靜也。」「悗密」，謂忘情而靜謐也。莊子太宗師篇云：「悗乎忘其言也。」「詗」，當作「譎」，字形相近而誤。列女傳節義篇京師節女傳「使要其女爲中譎」，亦即「中詗」之誤，「中詗」，見漢書淮南王安傳。可與此互證。

顯學第五十

「有相夫氏之墨。」蒲阪圓引山仲質云：「『相夫』，一本作〔一〕『祖夫』。」

案：廣韻二十陌「伯」字注云：「韓子有伯夫氏，墨家流。」則古本「相」或作「伯」，山氏所見本作「祖夫」，疑即「伯夫」之誤。「相」，或當爲「柏」之誤，古「柏」、「伯」聲同字通。

制分第五十五

「然則去微姦之柰何。」顧云：「藏本、今本『之』下有『道』字。按：非也。此當衍『之』字。」

案：此當云「然則微姦之法柰何」。此篇首以「法重」發端，以下至篇末「法」字凡十五見，此「去」亦即「法」之壞字，校者不知其誤，因移著「微姦」之上，遂不可通矣。「微」者，「覹」之借字。說文見部云：「覹，司也。」墨子迎敵祠篇云：「謹微察之。」亦以「微」爲「覹」，與此正同。「微姦之法」，謂司察姦人之法也，「之」非衍字。藏本、今本「道」字固後人肊增，顧校亦未允。

燕丹子 孫星衍校刊本。

卷中

「是疑而生於世，光所羞也。」

案：「是」當作「見」。後文荆軻述田光言太子戒以國事，恥以丈夫而不見信，即蒙此文而言。

〔一〕「作」字原本誤落，今補。

卷下

「民氏日，太子置酒請軻。」孫校云：「『民氏』，疑『昬昬』之譌。」

案：「民氏日」固不可通，孫疑作「昬昬日」亦未安，疑「民」乃「后」之譌，「氏」則衍文也。「后」與「後」同。後文云：「後日，與軻之東宮，臨池而觀。」又云：「後日，軻從容曰。」可證。

「軻拾瓦投鼃，太子令人奉槃金，軻用抵，抵盡，復進。」孫云：「初學記天部、史記刺客列傳索隱引作『太子奉金瓦進之』。」

案：「奉槃金」當作「奉槃金丸」，今本捝一「丸」字。初學記、史記索隱引作「金瓦」，「瓦」即「丸」之誤。太平寰宇記河北道易州引九州要記云：「荊軻城南臨濡水，即軻以金圖投龜處。」「金圖」，當作「金圓」，「圓」亦即「丸」也。

新語

宋翔鳳校刊本。　俞樾讀書餘録校。

道基第一

「鑠金、鏤木、分苞、燒殖以備器械。」

案：「苞」與「匏」通。太玄經達次三云：「厥美可以達於瓜苞。」論衡無形篇云：「更以苞瓜喻之。」「苞」竝「匏」之借字。「分匏」，謂爲蠡瓢之屬。儀禮士昬禮鄭注云：「合卺，破匏也。」莊子逍遥游篇說大瓠云：「剖之以爲瓢。」「分」與「破」、「剖」義同。「殖」，當讀爲考工記「摶埴」之「埴」。「燒埴」，謂陶旊之事也。

「美才次德。」

案：「美」，疑「差」之誤。「差」與「次」義同，謂差次才之高下也。

術事第二

「聖人貴寬而世人賤衆。」

案：「貴寬」無義，疑當作「聖人不貴寡」，「寡」與「寬」形近而誤，干禄字書「寬」俗作「寛」，「寡」通作「寘」，二形相似。上又捝「不」字。「貴寡」與「賤衆」文正相對。後慎微篇「分財取寡」，「寡」亦譌作「寬」，見俞氏讀書餘録。可證。俞校謂「寬」疑「實」字之誤，未塙。

辨惑第五

「故行或合於世，或順於耳。」

案：「行」不可言「順於耳」，此篇多以言、行對舉，此亦當作「言或順於耳」，今本誤捝一「言」字。

至德第八

「饍不足好，以快婦人之目。」宋云：「本作『饍不用之好，以□婦人之目。』依羣書治要改。子彙本『饍』作『繕』，『快』作『悦』。」

案：此當作「繕不用之好」，謂修繕無用之玩好也。前無爲篇云：「繕雕琢刻畫之好。」文例與此正同。治要所引，亦有捝誤。

懷慮第九

「□陰陽，合物悋，作乾谿之臺，立百仞之高。」

案：「悋」，當作「怪」，形近而誤。史記封禪書云：萇弘「依物怪欲以致諸侯」。公羊莊三十一年何休注云：「禮，天子有靈臺以候天地，諸侯有靈臺以候四時。」故陸子以「陰陽」、「物怪」言之。

「撥刺難匡」。

案：「撥」，「癶」之借字。「刺」，當作「剌」，說文癶部云：「癶，足剌癶也，讀若撥。」刀部云：「剌，戾也。」淮南子脩務訓云：「琴或撥剌枉橈。」高注云：「撥剌，不正也。」程榮本「剌」作「刺」，尤譌。

本行第十

「深授其化以厚終始，治去事以正來世。」

案：此言孔子作春秋也。「厚」，當爲「序」，漢隸序、厚二字形近，漢荆州刺史度尚碑「厚」作「庢」，三公山碑「厚」作「庢」，竝與「序」相似。故傳寫多互譌。毛詩序「厚人倫」，釋文云：「『厚』，本或作『序』。」亦其證也。「序終始」，謂序次十二公之事也。

賈子新書

盧文弨校刊本。傳録戴望校本。俞樾諸子平議校。

盧校新書敘云：「漢書藝文志儒家載賈誼五十八篇；隋書經籍志載賈子十卷，録一卷；舊唐書志則云九卷，其稱賈子則同；新唐書志始稱賈誼新書，其卷則十。」

案：馬總意林二引此書，題賈誼新書八卷，高似孫子略載庾仲容子鈔目同，惟八卷作九卷。則梁時已稱新書，不自新唐志始也。新書者，蓋劉向奏書時所題，凡未校者爲故書，已校定可繕寫者爲新書。楊倞注荀子末載舊本目録劉向敍録前題「荀卿新書十二卷三十二篇」，殷敬順列子釋文亦載舊題云「列子新書目録」，宋本劉敍前無此目，非唐本之舊。釋文又云：「此是劉向取二十篇除合而成，都名『新書』焉。」案殷氏所釋，最爲審塙。又引劉向上管子奏稱「管子新書目録」，宋本管子亦無此題。足證諸子古本舊題大氏如是。意林又載「晁錯新書三卷」，隋書經籍志引梁七録作「朝氏新書」。「朝」、「晁」字通。若然，此書隋、唐本當題「賈子新書」，隋、唐志箸録稱賈子者，省文。蓋「新書」本非賈書之專名，宋、元以後，諸子舊題删易殆盡，惟賈子尚存此二字，讀者不審，遂以「新書」專屬之賈子，校槧者又去「賈子」，而但稱「新書」，展轉譌省，忘其本始，殆不可爲典要。盧校載宋淳祐八年潭州刊本止題賈子，雖非隋、唐本之舊，然猶愈於止題新書之不辨某氏書也。盧校頗爲精審，而亦沿茲題，何也？

制不定

「特賴其尚幼偷猥之數也。」盧云：「『偷猥』，猶言偷安苟且。建本訛作『偷煖』，潭本作『偷煨』。洪頤煊云：「後漢書鄧禹傳李注引漢官儀曰：『其次下土小國侯，以肺腑親公主子孫，奉墳墓於京師，亦隨時朝見，是爲隈諸侯。』『偷猥之數』，謂等於『隈諸侯』之數，『猥』與『隈』同。」讀書叢録。案：洪謂「猥」即「隈諸侯」是也。海昌唐仁壽云：「史記秦始皇本紀有『倫侯建成侯趙亥、倫侯昌武侯成、倫侯武信侯馮毋擇』，索隱云：『爵卑於列侯，無封邑者。倫，類也，亦列侯之類。』『倫猥』，即謂『倫侯』及『猥諸侯』。」此册不録它人說。光緒初元，余在安慶，唐君貽書示以此義，歎其郅塙。唐君旋卒，遺箸散佚，恐遂零落，聊附記之，以遺來學。

審微

「昔者，衛侯朝於周，周行問其名，曰：『衛侯辟彊。』周行還之曰：『啟彊、辟彊，天子之號，諸侯弗得用。』衛侯更其名曰『熓』，然後受之。」盧云：「『周行』，韓非子作『周行人』。外儲說右篇。下同。『辟彊』，音闢疆，譚本即作疆字。字書不載。『熓』字，韓非子作『燬』，衛文公名也。」

案：匡謬正俗五引竝與韓子同，「彊」，亦作「疆」，譚本是也。

時變

「諸侯設諂而相飭，設輹而相紹者爲知。」盧云：「譚本作『諸侯設諂而相輹，飾詐而相紹』。『紹』一作『詔』。皆未詳。或疑『諂』當爲『謟』，『輹』當爲『愎』。」

案：「飭」，當爲「飾」。「紹」，當爲「紿」。「詔」亦「詒」之誤。説文言部云：「詒，相欺語也」。字通作「紿」。穀梁定元年范甯注云：「紿，欺紿也。」「輹」，當爲「愎」之借字，輹，愎聲類同。謂設愎很之心而相詐紿也。

「胡以行義禮節爲家富而出官耳。」

案：「出官」，疑當作「士宦」，形近而誤。「士」與「仕」通。

孽產子

「夫錞此而有安上者，殆未有也。」盧云：「『錞此』，猶言際此。山海經：『騩山是錞于西海，敦題之山東錞于北海。』『錞』，章閏反。郭注：『錞，猶堤埻也。』是則今人所謂邊際耳。」

案：盧引山海經〔一〕證此「錞」字，是也；而釋爲「際」，則非。以文義推之，「錞」當讀爲「準」。說文土部云：「埻，射臬也。讀若準。」是「錞」、「埻」、「準」三字聲近字通。

「今也平居則無茈施。」盧云：「『茈』與柴同。『茈施』，猶藩籬也。」

案：盧說是也。「施」與「杝」通。說文木部云：「杝，落也。」一切經音義引通俗文云：「柴垣曰杝。」「杝」、「籬」字同。

匈奴

「夢中許人，覺且不背其信。」戴校云：「此不可解，必是妄增。」

案：此隱據周文王事，見後諭誡篇，非後人妄增。

「飯物故四五盛美胾膹炙，肉具醯醢，方數尺於前。」盧云：「『膹』，字書無之，一本作『賭』，即『豬』字，亦非辭。疑『膹』、『肉』二字爲衍文。」

案：「美」，當爲「羹」，「膹」，當爲「膹」，竝形之誤。後文云：「美臛炙膹者。」此「美」亦「羹」之誤。又云：「飯羹啗膹肏。」俗「炙」字。皆其證也。說文肉部云：「膹，䐁也。」急就篇云膹膾炙胾各有形。此當讀「羹胾膹炙」爲句，「肉具醯醢」爲句。「肉具」，猶史記陳平世家所云「大牢具」，對粗惡疏菜

〔一〕「經」字原本誤爲「海」，今改。

之食爲「草具」也。盧校讀「美胾膹炙肉」爲句，又疑「膹」、「肉」爲衍文，竝失之。

「或薄或揜，爲其胡戲。」

案：「薄」，當作「簙」。説文竹部云：「簙[一]，局戲也，六箸十二棊也。」漢書貨殖傳云：「搏掩。」顔注云：「『搏』字或作『博』。『博』，六博也，『掩』，意錢之屬也，皆戲而賭取財物。」「薄揜」即「搏掩」也。

「上使樂府幸假之但樂。」

案：「但」，當作「倡」，「倡」與「但」形近而誤。文子上德篇「使倡吹竽」，淮南子説林訓「倡」譌作「但」，與此正同。下文云：「上幸，令官助之具，假之樂。」「假之倡樂」，即「假之樂」也。

「因於要險之所，多爲鑿開，衆而延之。」

案：此蒙上文「關市」而言，「開」，當作「關」。下文云：「關吏卒足以自守。」亦可證。「衆」，疑當爲「聚」之誤。

「美臛炙膹者。」盧云：「潭本『炙膹』倒。」

案：潭本是也。「美」，當作「羹」，説詳前。

勢卑

〔一〕「簙」，説文作「簙」。

「夫胡人於古小諸侯所銍權而服也。」盧云：「『銍權』，未詳。」

案：「權」，當作「穫」。說文金部云：「銍，穫禾短鎌也。」詩周頌臣工篇：「奄觀銍艾。」毛傳云：「銍，穫也。」此以刈禾爲喻，言以銍刈芟薙即可征服之也。管子輕重己篇「穫渠」又作「權渠」，與此正同。

淮難

「舍人横制等室之門。」盧云：「『等室』，他無所見，疑是『靜室』，即前階級篇之『清室』也。」

案：「等室」，當作「寺室」，謂官寺宮室。盧校誤。後漢書光武紀李注引風俗通云：「『諸官府所上皆曰寺。」後漢書張堪傳云：「告歸平陵，望寺門而步。」「寺室之門」，即「寺門」也。

禮

湯曰：「昔蛛蝥作罟不高順，不用命者寧丁我網。」

案：「不高順」三字難解，疑當作「高下順」。句。下又有挩字，即諭誠篇所云「欲高者高，欲下者下」也。

春秋

「無驕熙之行。」盧云：「潭本『熙』作『燕』。」

案：「熙」，即「嬰」之借字。說文女部云：「嬰，說樂也。」

耳痺

「置社稷而分裂，容臺榭而掩敗。」盧云：「『稷』，別本作『稿』，疑是『槁』。潭本『榭』作『握』，別本作

『振』。」

案：「稷」，當作「槁」。「榭」，當依別本作「振」。淮南子覽冥訓亦有此文，作「植社槁而𡍫裂，容臺振而掩覆」，可證此文之誤。

道術

「行充其宜謂之義，反義爲懜。」盧云：「與『懵』同。建、潭本作『憒』，訛。」

案：說文心部云：「懜，不明也。」與「反義」之義不協。宋本作「憒」，亦字書所無。「憒」，疑當爲「費」，古與「悖」通。禮記緇衣：「口費而煩。」鄭注云：「費，或爲悖。」又與「拂」通。中庸：「君子之道費而隱。」注云：「費，猶佹也。」釋文云：「費，本又作『拂』。」墨子兼愛下篇云：「即此言行費也。」彼下文「費」又作「拂」。蓋「反義」則言行拂悖，故謂之費。

胎教

「王太子無羞臣，領臣之子也。故謂領臣之子也。身朝王者，妻朝后，之子朝王太子，是謂臣之子也。」

案：「羞」，當爲「養」。「故」，當爲「胡」。「之子朝王太子」，「之」字衍。「是謂臣之子也」，「謂」下亦當有「領」字。大意言，太子不得養私臣，唯得師領諸臣之子也。俞謂「羞臣領」三字、「故謂領〔一〕臣之子也」七字竝衍文，失之。

〔一〕「領」字原本誤落，今補。

淮南子許愼高誘注

莊逵吉校刊本。傳校宋刊本。王念孫讀書雜志校。俞樾諸子平議校。

叙

「詔使爲離騷賦，自旦受詔，日早食已。上愛而祕之。」莊校云：「本傳作『使爲離騷傳』。」

案：此自作賦，與本傳不同。文心雕龍神思篇云：「淮南崇朝而賦騷。」即本高叙。

「典農中郎將弁揖，借八卷刺之。會揖身喪，遂亡不得。」莊云：「『弁』，古『卞』字。」

案：林寶元和姓纂九卞姓云：「濟陰冤句人魏卞揖生統，爲晉瑯琊內史；生粹，中書令，此下據晉書卞壼傳當有「粹生壼」云云，永樂大典本捝。子昣、旴、眈、瞻。」然則此「弁揖」即「卞揖」，漢隸書「弁」字多作「亓」，後遂變爲「卞」，莊校是也。爲壼之曾祖。晉書壼傳所載世系，止詳統、粹官爵，而不及揖，此可以補其闕。

原道訓

「如是則萬物之化無不遇，而百事之變無不應。」高注云：「遇，時也。」今本捝此注，據宋本補。又宋本竝題許注，今據莊本及勞格讀書雜識攷定。後凡高注竝同。

案：「遇」與「耦」通。齊俗訓云：「夫以一世之變，欲以耦化應時。」要略云：「所以應待萬方，覽耦百變也。」許注云：「耦，通也，字亦作『偶』。」說林訓云：「聖人之偶物也。」高注云：「偶，猶周也。」此云「無不遇」，亦即周通之義。高釋「遇」爲「時」，失之。文子守弱篇襲此文，「遇」作「偶」，正與說林訓「偶物」字同。

俶真訓

「古之真人，立於天地之本，中至優游，抱德煬和，而萬物雜累焉。」高注云：「抱其志德而炙於和氣，故萬物雜累，言成熟也。」

案：「雜累」無成熟之義。「雜」，疑當作「炊」。莊子在宥篇云：「從容無爲，而萬物炊累焉。」釋文云：「『炊』，本或作『吹』，同。司馬云：『炊累，猶動升也。』向、郭云：『如埃塵之自動也。』」淮南書似即本彼文。高訓爲「成熟」，則與司馬、郭義異耳。

「今以涅染緇則黑於涅。」

案：賈公彥周禮鍾氏、儀禮士冠禮疏引「染緇」並作「染紺」，疑據許本。齊俗訓云：「夫素之性白，染之以涅則黑。」則此本爲長。然賈兩引以證紺色，則唐時自有作「紺」之本。

墬形訓

「殽阪。」高注云：「殽阪，弘農郡澠池殽欽吟是也。」

案：注「欽」，當作「嶔」。鹽鐵論險固篇云：「敗秦師崤嶔崟。」公羊傳作「嶔巖」，穀梁作「巖唫」。釋文云：「『唫』，本作『崟』。」「吟」、「唫」字同，「欽吟」即「嶔崟」也。

「崑崙莊本作昆侖。之邱〔一〕，或上倍之，是謂涼風之山，登之而不死；或上倍之，是謂懸圃，登之乃靈，能

〔一〕「邱」字原本作「上」，據淮南子改。

使風雨，或上倍之，乃維上天，登之乃神，是爲太帝之居。」高注云：「假令高萬里，倍之二萬里。」

案：「倍之」，爲言乘也，登也，本王念孫讀書襍志餘編釋莊子義。或者又也。「或上倍之」，謂又登其上也。莊子逍遥遊篇云：「故九萬里則風斯在下矣，而後乃今培風。」此「倍」與莊子之「培」義正同。莊子釋文云：「『培』，重也。本或作『陪』。」倍、培、陪字竝通。高訓「倍」爲加倍，陸訓「培」爲重，皆未得其義。「涼風」，穆天子傳郭注引作「閬風」。「閬」、「涼」一聲之轉。

時則訓

「其樹杏。」高注云：「杏有竅在中。」莊校云：「太平御覽注云：『杏有核在中。』」

案：杏不可言有竅。「竅」，當作「覈」，覈、核古今字。後三月「其樹李」注云：「李亦有核。」說與杏同，正蒙此注而言，御覽是也。

「三月官鄉。」高注云：「三月科民户口。故官鄉也。」

案：注「科」，當作「料」，形近而誤。「料民」，見國語周語。

覽冥訓

「還至其曾逝萬仞之上。」

案：「還」字無義，當爲「遝」之誤。「遝」與「逮」同。詳前吴越春秋。墨子兼愛下篇云：「遝至乎夏王桀。」今本「遝」亦誤「還」，是其證。

「西老折勝。」高注云：「西王母折其頭上所戴勝」。

案：「老」，當作「姥」。廣韻十姥云：「姥，老母。」古書多以「姥」爲「母」，故西王母亦稱西姥。郭璞山海經圖讚不死樹讚云：「請藥西姥，烏得如羿。」與此正同。

「金積折廉。」高注云：「金氣積聚，折其鋒廉也。」

案：王充論衡量知篇云：「銅未鑄鑠曰積石。」是「積」爲礦樸之名。「金積」，即金樸也。高釋爲「金氣積聚」，望文生訓，與「折廉」之文不相貫矣。

精神訓

「人之耳目曷能久熏勞而不息乎。」

案：「熏勞」無義。「熏」，當作「勤」，「勤」挩其半爲「堇」，又譌作「熏」，篆文「堇」作「[illegible]」，「熏」作「[illegible]」，二形相似而譌。遂不可通。文子九守篇襲此文，作「何能久燻而不息」，亦非。御覽三百六十三引文子作「人之耳目何能久勤而不愛」，文亦有譌，而「勤」字可正文子及淮南此文之誤。

「⿰月曷下迫頤。」高注云：「⿰月曷肝，胷也，迫薄至于頤也。『⿰月曷』，讀精神歇越無之歇也。」

案：注「⿰月曷肝，胷也」，古無此訓。「⿰月曷肝」，當作「𩩲骬」。廣雅釋親云：「𩩲骬，𦙶也。」靈樞經骨度篇云：「結喉以下至缺盆長四寸，缺盆以下至𩩲骬長九寸。」是「𩩲骬」正當胷閒，故高云：「⿰月曷骬，胷也。」但據靈樞，則「缺盆」、「𩩲骬」竝雙字爲名，不當單舉「𩩲」言之。且頤在𩩲骬上，而云「下迫」，於義亦乖。竊疑正文本作「⿰月曷肟古从「骨」字多變爲从「肉」。注「肝」即「肟」之譌。玉篇肉部有「肟」字。迫頤」，注「⿰月曷肟」即述正文也。「肟」或挩「肉」形作「于」，又譌爲「下」，遂不可通耳。

「病疵瘕者，捧心抑腹。」

案：「疵」與「病」義複，疑是「疝」之誤。急就篇云：「疝瘕，顛疾，狂失響。」詮言訓云：「豈若憂瘕疵之與痤疽之發而豫備之哉。」「疵」亦「疝」之譌。

本經訓

「乃至夏屋宮駕，緜聯房植。」「緜」，今本誤「縣」，依王氏雜志正。

案：「駕」，當爲「架」之誤。後文云：「大構駕，興宮室。」注云：「駕，材木相乘駕也。」文選鮑照蕪城賦李注引彼文「駕」作「架」。此「宮駕」字誤與彼同。

「抑微滅瑕。」高注云：「言劒理之美没滅其瑕。」

案：「抑微」無注。以義審之，疑「微」當讀爲「釁」，聲近字通。周禮鬯人鄭司農注云：「釁，讀爲徽。」此借「微」爲「釁」，與禮注讀「釁」爲「徽」正同。國語晉語韋注云：「釁，隙也。」「抑微」，亦謂抑杜其釁隙，與「滅瑕」文相對也。

「山無峻幹，林無柘梓。」高注云：「柘，桑。梓，滋生也。」王云：「『梓』，當爲『桻』。『桻』，古『櫱』字也。」

案：王說是也。惟「柘桻」與「峻幹」文不相對。「柘」，疑當爲「碩」字叚字。「柘」、「碩」聲類同。「碩桻」，謂萌櫱之大者。爾雅釋詁云：「碩，大也。」

主術訓

「耳能聽而執正進諫。」

案：「正」與「政」聲同古通。後文「執正營事」同。

「鞅鞈鐵鎧。」

案：「鞅」爲馬頸靼，於甲義無取。此疑當爲「韇」。草書央、貴二形近，因而致誤。國語齊語云：「輕罪贖以韇盾一戟。」管子小匡篇作「輕罪入蘭盾鞈革二戟」。韋注云：「韇盾，綴革有文如繢也。」説文革部云：「韇，革繡也。」荀子議兵篇云：「楚人鮫革犀兕以爲甲，鞈如金石。」楊注云：「鞈，堅貌。」考工記有「合甲」。此「韇鞈」，亦言合綴革札爲甲也。

「聲者可令嗺筋，而不可使有聞也。」王云：「『嗺筋』未詳。易林蒙之離亦云：『抱關傳言，聾跛摧筋。』」

案：玉篇口部云：「嗺，撮口也。」筋不可以言嗺。「嗺」，當爲「嚼」之譌。考工記弓人云：「筋欲敝之敝。」注鄭司農云：「嚼之當孰。」賈疏云：「筋之椎打嚼齧欲得勞敝。」是「嚼筋」爲漢時常語，即謂椎打之使柔熟以纏弓弩也。「嚼」，俗作「⿰口雀」，从「雀」與从「爵」同。廣雅釋言云：「⿰口雀，茹也。咀，⿰口雀也。」玉篇口部云：「⿰口雀，同嚼。」與「嗺」形近，因而致誤。易林展轉傳寫，又誤作「摧」，益不可通矣。

「脩行者競於往。」莊本作「住」，此從宋本。注同。高注云：「往，自益也。」

案：「往」，當爲「任」，形之誤也。後詮言訓云：「君好智，則倍時而任己。」宋本「任」亦誤「住」，可與此互證。

「趙武靈王貝帶鵕鸏今本作「鷚」，注同。此依宋本。而朝。」高注云：「鵕鸏，讀曰私鈚頭，二字三音也。曰郭洛帶粒今本作「位」。鈚鏑也。」莊云：「本或作『曰郭洛帶係鈚鏑也』。」

案：此注文難通。戰國趙策「武靈王賜周紹胡服衣冠、具帶黄金師比」，史記匈奴傳作「黄金胥紕」，索隱張晏云：「鮮卑郭落帶，瑞獸名也，東胡好服之。」延篤云：「胡革帶鉤也。」班固與竇憲牋云：「賜犀比黄金頭帶也。」漢書匈奴傳作「犀毗」。師古云：「『犀毗』，胡帶之鉤也，亦曰『鮮卑』，亦謂『師比』，總一物也，語有輕重耳。」此注「私鈚頭」，即史記之「師比」，漢書之「胥紕」、「犀毗」。「郭洛帶」，即張晏所謂「郭落帶」也。「郭洛帶粒銚鏑也」，義未詳，疑當作「郭洛帶私鈚鉤」也。

「府吏守法，君子制義，法而無義，亦府吏也，不足以爲政。」

案：「吏」，竝當爲「史」，形之誤也。周禮諸官皆有府史、胥徒，鄭注云：「府治藏、史掌書者。凡府、史皆其官長所自辟除。」

齊俗訓

「聖人之見終始微言。」

案：「言」，當作「矣」。

「角觡不厭薄。」許注云：莊本竝題高注，今據宋本及勞格説攷定。後凡許注竝同。「角觡，刀劍羽閒之覆角也。」

案：刀劍無羽飾，此「羽」疑當爲「削」之譌。釋名釋兵云：「刀，其室曰削。」

「帶足以結紐收衽，束牢連固，不亟於爲文句疏短之鞻。」

案：「短」，疑當爲「矩」。「文句」者，圜文也。說文句部云：「句，曲也。」「疏矩」者，方文也。「鞻」字疑誤。說文革部云：「鞻，革生鞮也。」此上文竝說「帶」，不宜忽及「鞮屨」，此必有譌捝也。

「鵜胡飲水數斗而不足，鱓鮪入口若露而死。」許注云：「鱓鮪，魚名。」

案：「鱓鮪」生於水，無入口若露而死之理，竊疑此「鱓鮪」當作「蟬蜅」。「蟬」、「鱓」古字通用。周書王會篇「歐人蟬蛇」。彼以「蟬」爲「鱓」，與此以「鱓」爲「蟬」，可互證。説文虫部云：「蜩，蟬也。或从舟，作蜅。」與「鮪」形近，因而致誤。「死」，當爲「飽」，亦形之誤。艸書二字相似。墬形訓云：「蟬飲而不食。」荀子大略篇亦云：「飲而不食者，蟬也。」是「蟬蜅」雖飲而不多，故云「入口若露而飽」也。然許注已以「魚名」爲釋，或後人所增竄與？

「視高下不差尺寸，明主弗任，而求之乎浣準。」許注云：「浣準，水望之平。」

案：泰族訓云：「人欲知高下而不能，教之用管準則説。」「管」、「浣」音近，叚借字。凡从「官」聲、「完」聲字古多通用。「管」或作「筦」，是其比例。「管」所以視遠，「準」即水平，非一物也。李筌太白陰經水攻具篇載「爲水平槽，鑿三池，浮木立齒注水，眇目視之，三齒齊平以爲準」是其遺法，但彼不用管，與古異耳。

道應訓

「齊人淳于髡，以從説魏王，魏王辯之，約車十乘，將使荆。辭而行，人以爲從未足也，復以衡説。」

案：此「人」當作「又」，「又以爲從未足也」句斷。吕氏春秋離謂篇作「有以横説魏王」，「有」與「又」同。

「故慎子曰：『匠人知爲門，能以門，所以不知門也，故必杜，然後能門。』」許注云：「不知門之要也，門之要在門外。」

案：今本愼子殘缺，無此文，義亦難通。文子精誠篇襲此云：「故匠人智爲不以能，以時閉，不知閉也，故必杜而後開。」彼文亦有譌挩。參合校繹，此似當云：「不能以閉，所以不知門也，故必杜然後能開。」言門以開閉爲用，若匠人爲門，但能開，而不能閉，則終未知爲門之要也。文子「開」、「閉」二字尚未譌，可據以校正。互詳文子。

氾論訓

「魯昭公有慈母而愛之，死，爲之練冠，故有慈母之服。」高注云：「慈母者，父所命養己者也。此大夫之妾、士之妻爲之。女母禮爲之，今本挩，據宋本補。緦麻三月，昭公獨練，言其記禮之所由興也。」

案：此本禮記曾子問，注「女母」當作「如母」。儀禮喪服云：「慈母，如母是也。」但以禮經攷之，注文必有舛譌。蓋注云「慈母者，父所命養己者也」，此喪服之慈母也，其服父卒則爲之齊衰三年。注又云「此大夫之妾、士之妻」，此據內則云「國君世子生，卜士之妻、大夫之妾使食子」，則喪服之乳母。內則又云：「大夫之子有食母。」鄭注云：「喪服所謂乳母也。」案：諸侯所使食子者，亦即食母也。下又云「禮爲之緦麻三月」，即據喪服乳母之服也。揆之禮服，慈母、乳母輕重縣殊，不可并爲一談。高氏既根據經、記，不宜踳駮至此。竊謂，此注當云：「慈母者，父所命養己者也，爲之如母。此先舉禮經慈母之正名正服也。此大夫之妾，士之妻，禮爲之緦麻三月。」此明魯昭公之慈母實即禮經之乳母，非父命養己者，其服不得如母也。今本傳寫錯互移「爲之如母」四字著此「大夫之妾、士之妻」下，遂錯互不可通矣。但曾子問「孔子曰：『古者男子外有傅，内有慈母，君命所使教子也，何服之有！』」則非乳母甚明。故鄭釋之云：「大夫、士之子爲庶母、慈己者服小功。」蓋謂即喪服小功章所云「君子子爲庶母、慈己者」。高義與記文顯迕。又喪服慈母及庶母、慈己三者之服，竝據大夫以下言之，諸侯則咸不服，而高猶援乳母緦麻三月之服以爲釋，壹若昭公於乳母宜服緦者，亦與禮經不相應，皆不足據耳。

「東至會稽、浮石。」高注云：「會稽，山名也。浮石，隨水高下，言不没。皆宋本作自。在遼西界。一説會稽山在太山下，封於太山，禪於會稽是也。『會稽』，或作『滄海』。」

案：高謂會稽、浮石在遼西界，今無攷。竊謂會稽即揚州鎮山。周禮職方氏及吕氏春秋有始覽竝云「東南曰揚州」，則會稽於方位自得爲東。莊子外物篇云：「蹲乎會稽，投竿東海。」明今浙東之海亦爲東海，不必别求之遼西及太山下也。楚辭九思傷時云：「超五嶺兮嵯峨，觀浮石兮崔嵬。」王注云：「東海有浮石之山。」然則浮石在五嶺之東，準之地望，其不在遼西，明矣。

「羿除天下之害，死而爲宗布。」「死而」二字今本到，此據宋本乙正。注云：「羿，古之諸侯，有功於天下，故死託祀於宗布。祭田爲宗布謂出也。一曰今人室中所祀之宗布是也。或曰司命傍布也。」

案：此注譌挩，不可通，以意求之，「祭田爲宗布謂出也」，當作「祭星爲布，宗布謂此也」。爾雅釋天云：「祭星曰布。」即高所本。今本「星」譌「田」，「此」譌「出」，又挩一「布」字。但高釋「宗布」，三義竝肊説，難信。竊疑即周禮黨正之「祭禜」，族師之「祭酺」。鄭注云：「禜，謂雩禜水旱之神。」「酺者，爲人物烖害之神也。」「禜」「宗」、「酺」「布」，聲近字通。禮記祭法「雩禜」，「禜」亦作「宗」。「禜」、「酺」竝禳除烖害之祭，羿能除害，故託食於彼，義亦正相應也。

詮言訓

「由此觀之，賢能之不足任也，而道術之可脩，今本作「修」，此從宋本。明矣。」

案：「脩」，當爲「循」，言道術可循守也。循、脩二字，古書多互譌，詳前商子。

「故羽翼美者傷骨骸，枝葉美者害根莖，能兩美者，天下無之也。」

案：「莖」，文子符言篇作「荄」，與「骸」、「之」協韻，是也。「荄」、「莖」形近而誤。

兵略訓

「夫風之疾，至於飛屋折木，虛舉之下大遲宋本作「達」。自上高丘，人之有所推也。」許注云：「虛舉，不駕風疾飛之下大遲復上高丘也。」

案：注以「不駕」釋「虛舉」，則「舉」疑當作「轝」，即「輿」之俗。「大遲」，宋本作「大達」，疑當作「大逵」。注同此。似言疾風能飛屋折木，而虛轝不能自下大逵而上高丘，必藉人力推之，以喻兵勢之得失。注釋虛轝亦云風疾飛之，則與「人之有所推」之文不合，殆非也。

「出入解續，不相越淩。」

案：「續」，宋本作「贖」。上文亦云「察行陳解贖之數」，然不知「解贖」何義，注亦竝無說。攷釋名釋衣服云：「齊人謂如衫而小袖曰侯頭。侯頭猶解瀆，臂直通之言也。」疑「解續」、「解贖」、「解瀆」義同，「解贖」亦往來通達之語，猶「解瀆」爲直通之言也。

「審煙斥。」

案：「煙」、「闉」同聲叚借字。上文云：「無刑罰之威而相爲斥闉要遮者，同所利也。」是其證。正字當作「垔」。墨子備城門篇作「堙」，襍守篇亦作「煙」。

說林訓

「以兔之走，使大莊本作「犬」，誤，今从宋本正。如馬，則逮日歸風。」

案：「歸」，當爲「遺」，聲之誤也。呂氏春秋本味篇云：「馬之美者，遺風之乘。」高注云：「行迅謂之遺風。」

「榛巢者，處林茂，安也。」

案：「茂」，疑當爲「莽」，形近而誤。漢書揚雄傳長楊賦云：「羅千乘於林莽。」

「巧冶不能鑄木，工巧不能斲金者，形性然也。」

案：「工巧」，當作「巧匠」。今本「匠」譌爲「工」，而文又到，遂不可通。泰族訓云：「故良匠不能斲金，巧冶不能鑠木。」是其證。文子上德篇作「良匠不能斲冰」，「良匠」二字亦與泰族訓同。

脩務訓

「嫫母仳倠也。」高注云：「『仳』，讀人得風病之『靡』。」

案：「靡」無風病之義，注「靡」當作「痱」。說文疒部云：「痱，風病也。」

「琴或撥剌〔一〕枉橈，闊解漏越。」高注云：「漏越，音聲散。」

案：後泰族訓「朱弦漏越」，許注云：「漏穿越琴瑟兩頭也。」與此注異。許義爲允。禮記樂記云：「清廟之瑟，朱弦而疏越。」鄭注云：「越，瑟底孔畫，疏之使聲遲也。」此云「漏越」，亦猶「疏越」矣。

「籠蒙之視。」高注云：「籠蒙，猶妙瞀，二字莊本作二「眇」字，今從宋本。目視也。」

案：注「妙瞀」即法言先知篇之「眇縣」也。李注云：「眇縣，遠視。」莊本「妙」作「眇」，亦通；挩「瞀」字，則非。

泰族訓

「周公誅管叔、蔡叔，以平國弭亂，可謂忠臣也，而未可謂弟也。」

案：當作「而未可謂悌弟也」，與上下文「未可謂孝子」、「未可謂忠臣」、「未可謂慈父」文例同。

「初絻而親迎。」莊本「初」誤「紱」，今從宋本。王引之云：「『初』，當作『冠』。」襍志。

案：「初」，當爲「袀」，形近而誤。「袀絻」者，謂玄衣而冕。禮記郊特牲説昏禮云「玄冕齊戒」，又哀公問云「冕而親迎」，「袀冕」，即「玄冕」也。前齊俗訓云：「尸祝袀袨，大夫端冕。」注云：「袀，純服。」是其義也。文選閒居賦李注引左傳服虔注云：「袀服，黑服也。」又引説文云：「袀服，玄服也。」今本説文衣部作「袗，玄服也」。王校未塙。

〔一〕「剌」，原本誤爲「解」，據淮南子改。

要略

「挾日月而不烑。」許注云：「挾〔一〕，至也。烑，光也。」

案：「挾」，當爲周挾之義。荀子禮論篇：「方皇周挾。」楊注云：「挾，讀爲浹，帀也。」「烑」者，「窕」之借字。二字聲類同。本經訓高注云：「窕，不滿密也。」後文云：「布之天下而不窕。」注云：「窕，緩也。」前俶真訓云：「横扃天地之閒而不窕。」氾論訓云：「舒之天下而不窕。」荀子賦篇云：「充盈大宇而不窕。」竝與此文意相近。

〔一〕「挾」，原本誤爲「接」，據淮南子改。

札迻卷八

鹽鐵論

明涂禎刊本。張敦仁考證校。王先謙校勘小識校。俞樾讀鹽鐵論校。盧文弨羣書拾補校。

力耕第二

「雖有湊會之要，陶室之術，無所施其巧。」

案：「陶室之術」，不知何指，竊疑「室」當爲「宛」。史記貨殖傳云：「范蠡之陶爲朱公。」又云：「宛孔氏用鐵冶爲業，家致富數千金。」「陶」、「宛」即指朱公與孔氏也。上文云「宛、周、齊、魯商偏天下」亦可證。

錯幣第四

「吏近侵利，或不中式，故有薄厚輕重。」

案：「吏近」，義不可通。「近」，當爲「匠」，謂鑄泉之工匠也。干祿字書「匠」俗作「近」，亦見唐易州御注道德經及僧定太等造像記。與「近」相似，因而致誤。

「夫鑄僞金錢以有法，而錢之善惡，無增損於政。」俞校云：「『於政』二字疑衍文。『以』讀爲『已』。言鑄僞金錢已有重法，而錢之善惡仍如故，見其無益也。」

案：俞讀「以」爲「已」是也。而疑「於政」二字爲衍文則非。此當作「而錢之善惡無增損於故」，今本「故」譌爲「政」，遂不可通。

非鞅第七

「何者？商君之遺謀，備飾素循也。」

案：「飾」，當作「飭」；「循」，當爲「脩」，並形近而譌。莊子漁父篇「飾禮樂」，釋文云：「飾，本作飭。」「脩」、「循」詳商子。

刺復第十

「而勉獲者咸蒙厚賞。」

案：「勉獲」無義。「勉」，當爲「勊」，形近而誤。前輕重篇云：「克獲之賞，以億萬計。」「克」、「勊」字通。

憂邊第十二

「今子弟遠於勞外。」

案：「勞於」二字當乙。

「昭公廢卿士，以省事節用。」

案：此即指春秋昭五年「舍中軍」而言。公羊傳云：「舍中軍者何？復古也。」又襄十一年傳「作三軍」，傳云：「三軍者何？三卿也。古者上卿下卿、上士下士。」是「舍中軍」即是廢中卿、中士，故云

「廢卿士」，「省事節用」，與公羊「復古」之義亦相近。

本議第一

「是以盤庚萃居。」盧校云：「『萃』，大典『莘』，亦未詳。」張校云：「按即盤庚下篇『鞠人謀人之保居』也，但未詳此『萃』當彼經何字，并其説若何耳。」

案：「萃居」，義固難通，張説亦未塙。「萃居」，實當作「率苦」，形近而誤。文選張衡西京賦云：「盤庚作誥，帥人以苦。」李注引書盤庚「率籲衆慼出矢言」，葢西漢經師有「帥人以苦」之説，桓、張竝本於彼。「率」、「帥」古字通。此當在力耕篇前，誤錯著於此。

褒賢第十九

「患在位者之虎飽鴟咽，於求覽無所孑遺耳。」盧校「鴟」作「嗌」云：「涂作『鴟』，未詳。」

案：「鴟」，疑「鵄」之誤。干禄字書「鴟」俗作「鵄」，與「鴟」形近而誤。「覽」與「攬」通。此以虎鴟之噬咽，喻在位者之貪。盧校從俗本作「嗌咽」，則與「虎飽」之文不相對矣。

相刺第二十

「天設三光以照記，天子立公卿以明治。」

案：淮南子繆稱訓云：「日月之所照認。」「記」即「認」之叚字。

「鄙人不能巷言面違。」

案：「巷言面違」義難通，疑當作「善言庯違」。書堯典「靜言庸違」，史記五帝本紀「靜言」作「善言」，蓋漢時今文家説如是，次公引書多從今文也。「善」與「巷」艸書相近，傳寫「善」誤作「巷」，校者不憭，又改「庸違」作「面違」，遂不可通耳。

殊路第二十一

「孔子曰：『觚不觚，觚哉！觚吉！』故事人加張云：「『事人』當倒。」則爲宗廟器，否則斯養之疊才。」

案：此釋論語雍也篇義，蓋亦以觚爲爵屬，與馬融説同。集解馬曰：「觚，禮器，一升曰爵，二升曰觚。」「斯養」，即「厮養」。「斯」、「厮」古今字。哀二年左傳「去斯役」，釋文云：「『斯』，本作『厮』。」「疊才」，當作「爨材」。俗書「爨」或作「爨」，見唐秋日宴石淙序。「爂」或作「㸑」，見魏大饗碑。「疊」亦「爂」之俗體。形近而誤。蓋觚以木爲之，考工記「梓人爲飲器，觚三升」。言木加以人事刻鏤則爲觚，薦之宗廟，否則爲棄材，斯養取以爲薪，給爨亨而已。史記張耳陳餘傳集解引韋昭云：「析薪爲厮，炊亨爲養。」故云「斯養之爨材」。此蓋西漢論語經師古義，與何氏集解及皇侃義疏引王肅等説竝微異。

利議第二十七

「文表而柔裏，亂實也。」

案：「柔裏」，義不可通。「柔」，當爲「枲」，形近而誤。「文表枲裏」，言以文繡爲表衣，而以枲麻爲裏衣也。後散不足篇云「絲裏枲表」，與此辭意正相反，而義則同，可以互證。國病篇云「文表無裏，紈袴枲裝」，義亦畧同。

「今舉異才而使滅騶御之。」

案：「減騶」，義不可通，疑當作「臧騶」，謂臧獲與騶僕也。莊子盜跖篇又作「臧聚」，「聚」即「騶」之借字。詳前莊子。「臧」，俗作「滅」，與「減」形近而誤。後國病篇云：「富者空臧。」「臧」、「藏」古今字，今本亦譌爲「減」，與此可互證。

散不足第二十九

「豐奕耳菜。」

案：「奕」，非菜名。「豐奕」，疑當爲「蕈萸」。「豐」，俗或掍作「豊」，易豐卦釋文云：「依字作『豐』，若曲下作豆，非也。」「蕈萸」與「豐奕」形相似，因而致誤。說文艸部云：「蕈，桑耳也。」「萸，木耳也。」齊民要術說，作木耳菹，取棗、桑、榆樹邊生者，是「蕈萸」種類非一，故通晐之云「耳菜」矣。

「大夫達棱楹，士穎首。」

案：禮記禮器鄭注云：「宮室之飾，士首本，大夫達棱。」孔疏引禮緯含文嘉、禮書引尚書大傳竝略同。次公語即本伏傳，但彼以「達棱」、「首本」竝爲桷飾。穀梁莊二十四年傳說「桷」云：「大夫斲之，士斲本。」國語晉語說「椽」云：「大夫斲之，士首之。」「椽」、「桷」同物，說文木部「椽方曰桷」。則固非楹制。此云「大夫達棱楹」，「楹」字疑衍。「穎首」當即穀梁之「斲本」，然「穎」義未詳。

「堊憂壁飾。」盧校改「憂」作「夒」，云：「即『獿』字，訛作『憂』。『壁』，疑『壁』。」王氏讀書襍志、洪氏讀書叢録說竝同。

案：「憂」，疑當爲「黝」，聲之誤也。周禮守祧云：「其祧，則守祧黝堊之。」鄭司農注云：「黝，讀爲幽。幽，黑也。」穀梁莊二十三年傳云：「天子諸侯黝堊。」「黝」、「幽」與「憂」音近，故譌。盧以爲「夓」形之誤，未塙。「壁」字，疑亦不誤。韓非子十過篇云：「四壁堊墀。」

「長轂數幅。」

案：「幅」，當爲「輻」，謂數密之輻。「輻」、「幅」聲類同。

「葢無染絲之飾。」又云：「常民染輿，大軨蜀輪。」又云：「中者染韋紹系。」

案：「染」，竝當爲「漆」。「漆」，俗書或作「柒」，與「染」形近而誤。北齊治疾方石刻，「漆瘡」字作「柒」。亦見廣韻五質。「紹系」，疑亦當作「絲系」。論功篇云：「匈奴車器無銀黃絲漆之飾。」是其證。

「今富者鼲鼯狐白鳧翥。」

案：「鳧翥」，「翥」當爲「翁」，二字下皆從「羽」，相涉而誤。急就篇云：「春草雞翹鳧翁濯。」顏注云：「鳧者，水中之鳥；翁，頸上毛也。」又云：「言織刺此象以成錦繡繒帛之文也。」此「鳧翁」葢謂裘飾，與繒帛文同。

「古者庶人賤騎繩控。」

案：「賤」，疑當作「俴」。詩秦風小戎「俴駟孔羣」，釋文引韓詩云：「駟馬不著甲曰俴駟。」「俴騎」，葢謂不施韋勒而徒騎，故用繩控也，與「俴駟」義略同。

「臑鼈膾腥。」

案：「臑」，即「胹」之叚字。方言云：「胹，孰也。」「腥」，當爲「鯉」，形近而譌。此以「臑鼈」與「膾鯉」相儷，猶詩大雅韓奕云「炰鼈膾鯉」〔一〕也，若作「膾腥」，則爲魚肉之通語，與「臑鼈」文不相對矣。

「折醒什半。」盧云：「疑『析醒升斗』。」

案：盧校以「折醒」爲「析醒」是也。疑「什半」爲「升斗」則非。「什半」，謂十人而醒者有五也，後文云「百姓離心怨思者十有半」即其證。張氏考證校「十有半」云：「『半』當作『六』，見史記淮南王列傳。漢書伍被傳同。」今案：「伍被所云有「十室而五」、「十室而六」、「十室而七」、「十室而八」四等之衰，自是約計之率，此「什半」猶云「十室而五」耳。次公語意雖同史記，要什五、什六所較無多，不容泥也，張校殊繆。

「庶人即采木之杠，葉華之構。」

案：「葉華之構」，不知何物，疑「葉華」當作「素桑」。正字「素」作「𥿆」，「華」作「𠌶」，二字竝從「𠂹」。「桑」或作「桒」，與「葉」字亦相近。蓋「素桑」傳寫或誤作「華葉」，又到其文作「葉華」，遂不可推校耳。下文説車云「素桑楺」，亦其證也。

「今富者繡茵翟柔。」

案：「翟」，當作「瞿」，形近而誤。「瞿柔」，即「氍毹」也。釋名釋牀帳云：「『裘溲』，猶『婁數』，毛相離之言也。」北堂書鈔一百三十三引聲類云：「『氍毹』，織毛爲席也。」廣韻十虞引作「氍毹」。一切經音

〔一〕原詩作「炰鼈鮮魚」。小雅六月作「炰鼈膾鯉」。

義十四云：「『㲣毹』，字苑作『氍㲣』，釋名作『裘溲』。通俗文云：「織毛蓐曰『㲣毹』。」「氍」、「㲣」竝瞿之俗，「瞿」、「裘」一聲之轉，「柔」、「溲」、「毹」、「㲣」音竝相近，「㲣」則「溲」之俗也。

「羊淹雞寒。」

案：説文肉部云：「腌，漬肉也。」「淹」，即「腌」，同聲叚借字。釋名釋飲食云：「韓羊、韓兔、韓雞，本法出韓國所爲也。」「雞寒」，當即「韓雞」，「韓」、「寒」聲近，古多通用。

「蹇捕庸脯。」

案：疑當作「蹇搏胃脯」。釋名釋飲食云：「脯，搏也，乾燥相搏著也。」説文肉部云：「脯，乾肉也。」「膊，薄脯膊之屋上。」「捕」、「搏」與「膊」字竝通。史記貨殖傳有「胃脯」，集解晉灼云：「太官常以十月作沸湯燖羊胃，以末椒薑粉之訖，暴使燥，則謂之脯。」干禄字書「庸」俗作「庯」，與「胃」形近。蓋漢時以「胃脯」爲珍饌，故次公特舉之也。

「自鮑甘瓠。」

案：「自」，疑當爲「台」之譌。「台」與「鮐」通。急就篇云：「鯉鮒蟹鱓鮐鮑鰕。」顏注云：「鮐，海魚也。鮑，亦海魚加之以鹽而不乾者也。」毛詩大雅〔一〕行葦篇「黄耇台背」，鄭箋云：「台之言鮐也。」爾雅釋訓作「鮐背」。

〔一〕「大」字，原本誤作「小」，據詩經改。

「繁路環佩。」

案：「路」，疑當作「露」，同聲叚借字。言褋佩珠玉若冕旒之垂也。「冕旒」爲「繁露」，見逸周書王會篇及崔豹古今注。

「紈裏紃下，越端縱緣。」

案：「越」與「絨」聲同字通。急就篇云：「履舄鞜裒絨緞紃。」顏注云：「絨，織綵爲之，一名車馬飾，即今之織成緞履跟之帖也。」『絨緞』，以絨爲緞也。皇象碑本「絨」作「越」。此「越端」即以絨飾履之端。說文糸部云：「縱，紕屬〔一〕。」急就篇注云：「總，絨也，所以緣飾衣裳也。字或作『縱』，音義皆同。」則「縱」、「緣」亦絨屬，以緣履也。

鹽鐵箴石第三十一

「若夫劍客論博弈辯盛色而相蘇，秦立權以不相假。」

案：「劍客論」，即史記叙傳所謂劍論也。「盛色而相蘇」句斷。「秦」字衍。前國病篇云：「大夫色少寬，面文學而蘇也。」荀子議兵篇云：「蘇刃者死。」楊注云：「蘇，讀曰傃。傃，向也，謂相向格鬭也。」此「盛色而相蘇」，亦謂盛其辭色而相向辯難也。今本「蘇」下有「秦」字，則不可通，當刪。

鹽鐵取下第四十一

〔一〕依說文當作「縱，絨屬。」說文「縱」訓「緩也」。

「年饑則肆。」

案：此用今文論語義也。隸釋漢石經論語碑末記盍、毛、包、周諸家有無不同之文，有「蓋肆乎其肆也」六字，即顏淵篇「盍徹乎」「如之何〔一〕其徹也」之異文。小爾雅廣言云：「肆，緩也，言年饑當緩其征賦。」次公語即本於彼。「肆」、「徹」古音同部，得相通叚。石經論語説詳經迻。

和親第四十八

「大夫曰：『昔徐偃王行義而滅，舊本「王」字誤在「行」下，今從張之象本。好儒而削。』」

案：「好儒而削」非徐偃王事，此上當有捝文。前相刺篇云：「昔魯穆公之時，公儀爲相，子思、子厚爲之卿，然北削於齊，以泗爲境。」疑此「好儒」上即捝「魯穆公」三字。

險固第五十

「桀、紂有天下，兼於濟、亳。」

案：「濟」非殷、周所居，疑當爲「滈」，謂周鎬京也。荀子議兵篇云：「古者湯以薄、武王以滈。」楊注云：「『滈』與『鎬』同。」此謂桀兼於亳，紂兼於滈也。

「趙結飛狐、句注、孟門以存荆、代。」

案：「荆」非趙地，疑當作「陘」。史記趙世家：「趙希并將胡、代。趙與之陘。」集解徐廣云：「陘

〔一〕「何」，原本作「乎」，據論語改。

者，山絶之名。常山有井陘，中山有苦陘。」穆天子傳：「至于鈃山之下。」郭注云：「即井鈃山。」此以「荆」爲「陘」，猶穆天子傳以「鈃」爲「陘」。「荆」从「刑」聲。「刑」、「鈃」竝从「幵」聲；「陘」从「巠」聲，古音竝同部，得相通借也。

「齊撫阿甄，關滎歷，倚太山，負海河。」

案：「滎歷」，疑當作「濮歷」。戰國策秦策云：「王又割濮歷之北屬之燕，斷齊、秦之要，絶楚、魏之背。」「負海河」下有挩文。

「梁關者，邦國之固，而山川社稷之寶也。」

案：「梁關」，當作「關梁」。「山川」下當有「者」字。下文云：「使關梁足恃，六國不兼於秦；河山足保，秦不亡於楚、漢。」即承此文言之。

刑德第五十五

「矯弋飾而加其上。」

案：「矯」，當爲「矰」。張之象本肊改爲「繳」，與「矯」形聲殊遠，盧校從之，疏矣。

申韓第五十六

「夫衣小缺，襟裂可以補，而必待全匹而易之。」

案：「襟裂」義難通，疑當作「㡜裂」。説文巾部云：「帊，㡜裂也。」「㡜，殘帛也。」衣部云：「裂，繒餘也。」「㡜」、「裂」謂「殘帛」，與「全匹」文正相對。「㡜」、「襟」形近而誤。

新序蔣氏刊校宋本。　盧文弨羣書拾補校。

卷三襍事

「令尹子西南面，太宗子敖次之，葉公子高次之，司馬子反次之。」盧校「反」改「發」，云：「宋本大學正義作『大宗子牧』，章懷注後漢書李膺傳引作『太宰子方。』『發』，舊作『反』，今從正義所引。」

案：余知古渚宮舊事三載此事，「太宗子敖」作「大宰子敖」，「子反」亦作「子發」，與孔、李所引又小異。

「鴻鵠保河海之中，厭而欲移徙之小澤，則必有九繒之憂。」

案：「九繒」義不可通，當爲「丸矰」，「丸」、「九」形近而誤，「繒」與「矰」古字通。戰國策楚策云「治其繒繳」，亦叚「繒」爲「矰」。「丸」謂彈，說文弓部云：「彈，行丸也。」「矰」謂繳矢也。

「慈愛萬民。」

案：「民」，程榮本作「明」，疑本作「萌」，「萌」、「民」古字通。詳前商子。

「不知弋者，選其弓弩，脩其防翳，加繒繳其頸，投乎百仞之上，引纖繳，揚微波，折清風而殞。」

案：戰國策楚策作：「被礛磻，引微繳，折清風而抎矣。」此云「揚微波」，「波」即「磻」之叚字。史記楚世家云：「碆新繳。」集解徐廣云：「以石傅弋曰碆。」「碆」，音「波」。索隱「碆」作「磻」。「波」、「碆」、「磻」字竝通。

「中庶子聞之，跪而泣曰：『臣尚衣冠御郎十三年矣，前爲豪矢，而後爲藩蔽。』」

案：中庶子御郎者，即韓非子說疑篇所謂郎中在郎門之外也。「豪矢」即「嚆矢」。莊子在宥篇云：「焉知曾、史之不爲桀、跖嚆矢也。」郭注云：「嚆矢，矢之猛者。」釋文引向秀云：「嚆矢，矢之鳴者。」字林云：「嚆，大呼也。」成玄英疏云：「嚆，箭鏃有吼猛聲也。」案：向秀說得之。「嚆矢」即「鳴矢」。李林甫唐六典注引通俗文云：「鳴箭曰骹」。爾雅釋鳥「鵅，頭鴳」。郭注云：「鴳，音髐箭。」髐骹字亦同。「嚆」與「豪」。「骹」聲義竝相近。莊子釋文引崔譔本作「蒿」，或作「矯」，亦聲近叚借字。崔釋云：「蕭蒿可以爲箭。」陸德明釋「矯」爲「揉」，竝非嚆矢，蓋先驅奉引所用，此書與莊子皆取前導之義也。

卷五雜事

「危事而蹟行。」

案：「蹟」，當作「踖」。說文足部云：「踖，小步也。」

卷八義勇

「智伯嚻之時，有士曰長兒子魚，絕智伯而去之三年，將東之越，而道聞智伯嚻之見殺也。」

案：晉智伯名瑶，國語晉語。不名嚻。「嚻」，疑當作「囂」。說文㗊部，「囂」，「从㗊，頁聲」，與「寬」聲類同。史記六國年表秦厲共公二十九年，「晉大夫智寬率其邑人來奔」。蓋智瑶既亡，其子姓尚有據邑以叛者，智伯嚻當即智寬。據史表，則寬奔秦未嘗見殺，劉所述或傳聞之誤。

「芋今本譌「芊」，盧據漢書古今人表正，今從之。下同。尹文者，荆之歐鹿彘者也。」

案：「歐」，當爲「毆」之誤。渚宮舊事一作「驅」，字同。

「芋尹文拔劍齊諸軫而斷之。」盧校「軫」改「軾」，云：「『軫』訛，或作『角』，下同。」

案：盧校作「軾」者，據下文云「大夫之旗齊於軾也」。渚宮舊事載此事，「齊諸軫」及下「大夫之旗齊於軾」，「軫」、「軾」兩字竝作「角」是也。「角」、「較」音近字通。「齊角」，即謂齊車輢較也。昭十年左傳：「公卜使王黑以靈姑銔率，吉。請斷三尺焉而用之。」考工記輿人賈疏引服虔注云：「斷三尺使至於較，大夫旗至較。」又引禮緯云：「諸侯旗齊軫，大夫齊較。」左傳昭七年孔疏引禮緯稽命徵云：「禮，天子旗九刃曳地，諸侯七刃齊軫，大夫五刃齊較，士三刃齊首。」此下文云：「王者之旗拽於地，今本挩此七字，盧據渚宮舊事補。國君之旗齊於軫，大夫之旗齊於角。」與禮緯差次正同。今本「齊角」作「齊軾」，說雖可通，而與緯文不合矣。凡齊較，據兩輢距軫三尺處言之，非謂較之上耑也。禮緯說三等仞數，竝不爲典要，詳周禮正義。

「子期以文之言告，王悅。」

案：渚宮舊事作：「對曰：『臣固將謁之。彼鞭朴之使而敢斷臣之旗，勇也；臣問之而服臣以法，智也。勇且智，臣願君王用之。』昭王曰：『善。』」文較此爲詳。疑此書舊本如是，大抵今本此章挩文甚多，盧僅據補「王者之旗拽於地」句，殊爲疏略。

卷九善謀

「君曰：『代位不亡社稷，君之道也。』」

案：商子更法篇作「代立不忘社稷」，「位」、「立」，「忘」、「亡」，古字通。

「拘世之議，人心不疑矣。」

案：商子作：「拘世以議，寡人不之疑矣。」此「人」上蓋捝「寡」字。上文衞鞅兩言「君無疑」，故秦孝公答云「寡人心不疑」，若作「人心不疑」，則與上文不相應，足知其誤。

說苑

明楚府刊本。　日本關嘉纂注本。　盧文弨羣書拾補校。　俞樾讀書餘録校。

劉向奏

「後令以類相從，一一條别篇目，更以造新事十萬言以上。」盧校云：「『後』下疑有捝文。」

案：以文義校之，「後」，當爲「復」之譌，下無捝文。「新事」，當作「新書」。凡向所奏書，校定可繕寫者爲「新書」，荀子目録載向奏題「新書」詳前賈子新書。是其證也。程榮本、何允中本竝無此奏，今據盧校宋本及楚府本、萬曆丙申汾州刊本校録。

臣術

「有能比和同力。」

案：「和」，當從荀子臣道篇作「知」，形近而誤。

「攻伐足以成國之大利。」

案：「攻」，荀子作「功」。「功」，正字；「攻」，同聲叚借字。

「楚令尹死，景公遇成公乾曰：『令尹將焉歸？』」

案：渚宮舊事二載此事作「成公朝」，未知孰是。

建本

「子者，親之本也，無所推而不從命。推而不從命者，惟害親者也。」

案：「推」，疑當爲「往」，形近而誤。

「孔子曰：『爾聞瞽叟有子名曰舜。』」

案：御覽四百十三引「爾聞」作「汝不聞」是也，當據補「不」字。家語六本篇云：「汝不聞乎，昔瞽瞍有子曰舜。」毛本「瞍」作「叟」，今從宋本。韓詩外傳八亦云：「汝不聞昔者舜爲人子乎。」竝其證。

復恩

「此書之所謂『德無小』者也。」

案：此佚書文。呂氏春秋報更篇云：「此書所謂『德幾無小』者也。」墨子明鬼下篇云：「禽艾之道之曰：『德璣無小。』」「得」、「德」字通。文竝略同。今僞古文伊訓亦摭此文而改之云：「惟德罔小。」

「蟹堁者宜禾。」纂注云：「荀子儒效篇注引此『堁』作『螺』云：『曰解螺，蓋高地也。』」盧云：「『蟹』，御覽三百九十一作『雞』，注云：『雞肝黑土。』」

案：尊賢篇文同。周禮草人鄭注云：「勃壤，粉解者。」淮南子主術訓：「譬猶揚堁而彌塵。」高注云：「堁，塵塺也，楚人謂之堁。」此「蟹」即「解」之借字。「解堁」，言土散解如灰塵者。荀子注作「蟹螺」，乃聲之誤；御覽作「雞堁」，尤繆，不足據。

政理

「賤貨利之弊以變之。」纂注云：「弊，敗也。」

案：「弊」「幣」通，闕說非。

「公儀休曰：『止池淵吾不稅，蒙山吾不賦。』」

案：「池淵」，疑當作「虵淵」，「虵」即俗「蛇」字。春秋定十三年經云：「築蛇淵囿。」即此。

「公孫揮知四國之爲，而辨於其大夫之族姓，變而立至。」盧據左襄三十一年傳校删「而」、「至」二字云：「惠定宇云：『「變立」即古文「班位」。』然則『而』、『至』二字乃後人妄增也。傳『班位』下又有『貴賤能否』四字。」

案：惠說是也。此文全本左傳，「變而立至」當作「變立而至」，即左傳之「班位能否」也，「而至」二字當在「立」下，實非衍文。「而」、「能」字同。「至」即「否」字之譌。「否」，正字作「否」，與「至」形近而譌。禮記禮運正義云：「劉向說苑『能』字皆爲『而』也。」是此書唐本「能」多作「而」，今本爲校者改竄殆盡，惟此文上下舛互，校者不曉其義，以意改爲「變而立至」，而「能」字之借用「而」，轉未改竄耳。

「羅門之羅，収門之漁。」纂注云：「『収』字不見字書，疑『収』字。『収』同『將』。」

案：「収」字亦無義。此疑當作「魰」，即「漁」之叚字。周禮䱷人釋文云：「亦作『魰』，同。」說文竹部云：「䘝，或作䱇，从又从魚。」「魰」又「䱇」之别體也。「䱇門之漁」與「羅門之羅」文正相對，關疑爲「䝶」之譌，則與上句文例參差不合矣。

尊賢

「又有士曰解干，王將殺之，出亡走晉，晉人用之，是爲兩堂之戰。」

案：吕氏春秋至忠篇云：「楚莊王興師戰於兩棠，大勝晉。」賈子先醒篇亦云：「楚莊王南與晉人戰於兩棠。」「棠」、「堂」字通。依吕、賈説，當即春秋宣十二年邲之戰。杜注：「邲，鄭地。」與此不同。兩堂，蓋楚地名。鹽鐵論險固篇云：「楚有汝淵、滿堂之固。」「滿堂」，疑亦即「兩堂」也。

正諫

「左執蘇從手，右抽陰刀刎鍾鼓之懸。」盧云：「『陰』，宋本『金』，類聚『佩』。」

案：渚宫舊事一亦作「金刀」，則宋本是也。

「孟嘗君將西入秦，賓客諫之，百通則不聽也，曰：『以人事諫我，我盡知之；若以鬼道諫我，我則殺之。』謁者入曰：『有客以鬼道聞。』曰：『請。』客入。」

案：客以鬼道聞而請之入，則上不當云「我則殺之」。戰國策齊策：「孟嘗君曰：『人事吾已盡知之矣，吾所未聞者，獨鬼事耳。』」是孟嘗君固欲聞鬼事者。此「殺」當爲「試」之誤，謂嘗試察之也。「試」譌爲「弑」，又譌爲「殺」，「試」、「弑」、「殺」三字，古多互通。儀禮士冠禮注「篡殺所由生」，釋文云：「『殺』，本又作『弑』，亦作『試』。」遂不可通。

敬慎

「吾嘗見稠林之無木，平原爲谿谷，君子爲御僕；吾嘗見江河乾爲坑，正冬采榆葉，仲夏雨雪霜，千乘之君、萬乘之主死而不葬。」

案：匡謬正俗五引此文，「平原爲谿谷」作「平原之爲谷」，又「君子爲御僕」作「君子無侍僕」，此文誤。「坑」作「阬」，「葉」作「桑」。今本「阬」作「坑」者，俗字；「桑」作「葉」又與韻不協，竝當據顏書校正。

善説

「乘青翰之舟，極𦽅芘，張翠蓋，而檢犀尾。」盧云：「『𦽅芘』未詳。『𦽅』讀若『蠻』。『翠』下，御覽有『羽之』二字。」

案：「極𦽅芘」，「極」，疑當作「插」。干禄字書「插」通作「揷」，與「極」形近而誤；「𦽅」，當讀爲「幔」，周禮鼈人注「𦽅胡」，吕氏春秋孟冬紀高注作「漫胡」，是其例。説文巾部云：「幔，幕也。」「芘」、「蔽」聲近義同。左傳文十七年孔疏引爾雅舍人注云「芘，蔽也」。周禮巾車：「木車、蒲蔽。」鄭注云：「蔽車旁禦風塵者。」儀禮既夕注又釋「蔽」爲「藩」，蓋舟亦有藩蔽以遮禦風塵，與幔同，張而插之也。徐陵玉臺新詠載山木歌序約此文亦云「張翠羽之蓋」，與御覽引同。漢書元后傳云：「立羽蓋，張周帷，輯濯越歌。」

「榜枻越人擁楫而歌。」

案：玉臺新詠「擁」作「櫂」。釋名釋舟云：「在旁撥水曰櫂，又謂之楫。」詩衛風竹竿毛傳云：「楫，所以櫂舟也。」則作「櫂」亦通。詩唐風綢繆孔疏引作「擁」，則唐本與今本同。

「今夕何夕兮，搴中洲流。」盧云：「『中洲』，御覽作『舟中』，書鈔無『洲』字。」

案：玉臺新詠亦作「搴舟中流」是也。今本「舟」誤作「洲」，又到著「中」下，遂不可通。詩綢繆疏引「搴中洲流」作「得與搴舟水流」，亦譌衍，不可據，而「搴舟」二字則不誤。

「子晳接草而待。」

案：「接草」義不可通，疑「接」當爲「捽」，形近而誤。「捽草」，見漢書貢禹傳。說文手部云：「搣，批也。」「批，捽也。」晏子春秋諫下篇云：「晏子後至，滅葭而席。」「捽草」，猶云「滅葭」矣。「滅」即「搣」，同聲叚借字。

「夫賜其猶一累壤也。以一累壤增大山不益其高。」

案：「累」，「蘽」之叚字。詳前越絶書。

奉使

「於是以楊幹麻筋之弓六往。」

案：古作弓無以麻代筋之法，「麻」當爲「麋」，形近而誤。周禮土訓注：「幽、并地宜麻。」釋文云：「『麻』，劉、沈皆作『麋』。」與此相類。攷工記弓人云：「麋筋斥蠖灂。」

「吾望而魯城芒若類失亡國。」纂注云：「『芒』與『茫』通。『若』，助辭。『失』，恐『夫』字。」

案：「若」、「類」義同，於文爲複贅，疑「芒若」當爲「芒芒」之誤。

「吾視若魯君類吾國子。」盧本「國」下校云：「八字誤衍，繹史删。」

案：「國」，疑衍文，「吾子」即兒子也。管子海王篇云：「吾子食鹽二升少半。」又國蓄篇云：「吾子食二石。」尹注云：「吾子，謂小男小女也。」此上文魯君云親自使於齊，齊不聽，故齊侯有此語，言其闇弱類小兒也。盧以「子」屬下讀，又據繹史疑「吾視」以下八字皆衍文，竝失之。

權謀

「所下士者三人，與已相若者五人，所與同衣食者千人。」

案：「千人」數太多，渚宮舊事二作「十人」，近是。

「楚成王贊諸屬諸侯。」纂注引澀井孝德云：「『贊』，恐當作『贅』。贅，聚也。」

案：澀井說是也。此當作「楚成王贅諸侯」。「贅」與「屬」同，校者注「屬」於「贅」下，遂誤衍二字耳。此書多以「贅」爲「屬」，如奉使篇云「梁王贅其羣臣而議其過」是也。孟子「屬其耆老」，尚書大傳作「贅其耆老」，是「贅」與「屬」通。毛詩大雅桑柔傳云：「贅，屬也。」

至公

「臣竊選國俊，下里之士曰孫叔敖，秀羸多能。」盧云：「『羸』，御覽四百二十九又四百四十四俱作『才』。」

案：渚宮舊事二載此事作「禿羸多能」，注云：「荀卿子曰：『叔敖突禿長左。』」非相篇。余知古蓋以「禿羸」之文與荀子「突禿」正同，故引以相證，則「禿」不當作「秀」，明矣。「禿羸」，言叔敖之形，首無髮而羸瘦，與多能二字不相冢。御覽作「秀才」，乃後人妄改，不足據也。

指武

「有登蓋必身立焉。」

案：「登」，疑與「簦」通。説文竹部云：「簦，笠蓋也。」

「復柔委從，如影與響。」

案：「復柔」無義，「復」，疑當爲「優」，形近而誤。商子境内篇「能一首則復」，「復」，今本誤「優」，與此可互證。

説叢

「蒲且修繳，鳧雁悲鳴；逢蒙撫弓，虎豹晨嗥。河以委蛇故能遠，山以陵遲故能高，道以優游、德以純厚故能豪。」

案：此「嗥」、「高」、「豪」爲韻，惟第二句「鳴」字不協。李賡芸炳燭編謂是「號」字之譌，今攷「號」與「嗥」音義同，與「鳴」字形聲俱遠，殆非也。以意推之，「鳴」當爲「嘄」之壞字。説文口部云：「嘄，聲嘄嘄也。」徐鉉引孫愐音「古堯切」，正與韻協，傳寫捝木形，遂成「鳴」字耳。

雜言

「文公種米，曾子駕羊。」盧云：「『駕』，宋本『架』。」纂注云：「此二句見淮南子泰族訓，『駕』作『架』。高誘曰：『架，連架，所以備知也。』陸賈新語輔正。曰：『曾子駕羊。』」

案：宋本作「架」是也。意林引新語亦作「枷羊」，「枷」、「架」竝「迦」之叚字。説文辵部云：「迦，迦互令不得行也。」管子戒篇云：「東郭有狗，嗺嗺旦暮，欲齧我猳，而不使也。」尹注「猳」作「枷」云：「謂以木連狗。」後漢書馬融廣成頌云：「枷天狗。」蓋「枷」者，以木連繫畜獸，使不得觸逸之名，故高誘訓爲「連架」。「架羊」猶「枷狗」矣。

「智伯，廚人亡炙⿱竹選而知之。」

案：廣韻二十八獮云：「⿱竹選，竹緣。」於義無取。此「⿱竹選」當與「匴」同。士冠禮注云：「『匴』，竹器，古文『匴』爲『篹』。」禮記明堂注云：「『篹』，籩屬也，以竹爲之。」史記汲鄭列傳云：「其餽遺人，不過算器食。」集解引徐廣云：「算，竹器。」「算」、「篹」竝與「匴」通，「⿱竹選」則「匴」之俗也。凡从「算」聲、「巽」聲字，古互通。漢書元后傳晉灼注云：「『篹』，或作『簨』。」禮記喪大記釋文云：「『篹』，本作『撰』。」故「匴」或變作「⿱竹選」。御覽七百五十六引通俗文云：「竹器邊緣曰匴。」廣韻「⿱竹選」字注，「疑當作竹器邊緣。」

「惠子曰：『子居艘楫之閒，則吾不如子。』」

案：此「居」上不當有「子」字，蓋涉上文而衍。

「夫寢處不時，飲食不節，迭勞過度者，疾共殺之。」

案：「迭」，當爲「佚」。家語五儀篇作「逸」，字通。韓詩外傳作「勞過者」三字，誤。

「故君子知之爲知之，不知爲不知，言之要也；能之爲能，不能爲不能，行之至也。言要則知，行要則仁。」

案：「行之至也」，「至」字當從韓詩外傳三作「要」，與下「言要」、「行要」文正相應。若作「行之至也」，則下文「行要」當作「行至」。荀子子道篇、家語三恕篇正如此。此文兩不相應，足知其誤。

辨物

「有人長尺冠冕大人物具焉。」

案：「大」，疑「而」之誤，管子小問篇云「寡人見人長尺而人物具焉」可證。

「搦腦髓，束盲莫。」盧校「盲」改「肓」云：「『盲』訛，史記作『揲荒爪幕』，此『肓莫』即『荒幕』。『幕』，膜也。」

案：史記扁鵲傳作：「搦髓腦，揲荒爪〔一〕幕。」索隱云：「荒，膏荒也。」「幕音漠。漠，病也。」正義云：「以爪決其闌幕也。」盧校「盲」作「肓」是也。史記作「荒」，古字通用。「莫」、「幕」亦「膜」之借字。釋名釋形體云：「膜，幕也，幕絡一體也。」素問痺論篇云：「衛者，水穀之悍氣也，故循皮膚之中，分肉之閒，熏於肓膜，散於胷腹。」王冰注云：「肓膜，謂五藏之閒鬲中膜也。」可證此「肓莫」之義。司馬貞、張守節說竝未審。

「子容擣藥，子明吹耳，陽儀反神，子越扶形，子游矯摩。」

案：韓詩外傳十作：「子同擣藥，子明灸陽，子游按摩，子儀反神，子越扶形。」周禮疾醫注「神農子儀之術」，賈疏云：「案劉向云：『扁鵲治趙太子暴疾尸蹷之病，使子明炊湯，子儀脈神，子術案

〔一〕「爪」，原本作「斬」，據史記改。

摩。』又中經簿云：『子義本草經一卷。』『儀』與『義』一人也。」賈氏所述劉説，即本此書。其所據猶唐初善本，子儀之名與疾醫注相應。今本作「子明吹耳，陽儀反神」，葢傳寫譌「炊」爲「吹」、「湯」爲「陽」，又衍「耳」字，捝「子」字，遂以「陽儀」爲人名，大繆。韓詩外傳「子儀」字亦不誤。

反質

「夫質又何也。」

案：「質」當作「賁」。呂氏春秋壹行篇作「夫賁又何好乎」？

「其宰進諫曰：『車新則安，馬肥則往來疾，狐白之裘温且輕。』」盧云：「御覽六百九十四有『君宜服之』四字。」

案：意林引亦有「君宜改也」四字，與進諫之文尤相承貫，較御覽爲長。

「夫衞國雖貧，豈無文履一奇以易十稷之繡哉。」

案：「奇」與「踦」通。方言云：「倚、踦，奇也。」管子侈靡篇云：「一踦腓，一踦屨。」「稷」當爲「稯」，形近而誤。莊子則陽篇：「是稯稯何爲者邪？」釋文云：「『稯』字又作『揔』。一本作『稷』。」是其證。說文云：「布之八十縷爲稯。」史記孝景本紀「令徒隸衣七稯布」。西京雜記云：「五絲爲䌰，倍䌰爲升，倍升爲緎，倍緎爲紀，倍紀爲緵。」晏子春秋内篇雜下云：「夫十總之布，一豆之食，足於中，免矣。」「緵」、「稯」、「總」字通，葢布八十縷，帛八十絲，通有此稱也。

「其有之者，是謂伐其根素，流於華葉。」

案：「根素」，義不可通，「素」疑當爲「荄」，形近而誤。

「子貢曰：『請投吾師以學於子。』」盧校「師」改「詩」。

案：意林引作「子貢曰：『損吾詩，學子詩。』」「投」、「損」義竝難通，疑當爲「捐」之誤。

法言李軌注

秦恩復景刊宋治平監本。明世德堂刊五臣音注本。宋本音義校。王念孫讀書雜志餘編校。俞樾諸子平議校。

吾子第二

「梡革爲鞠。」音義云：「『梡』，音『緩』，又音『款』，斷木也。宋本。吳祕云：『「梡」，當爲「捖」。捖，刮摩也。』宋咸同。司馬光云：『「梡」，舊本作「捖」。「梡」，當作「楦」，所以塞履也。以毛楦革而爲鞠。』明本。

案：「捖」，當爲「垸」之借字。「垸革」，言以革爲圓丸也。攷工記冶氏「重三垸」注，鄭司農云：「垸，量名，讀爲丸。」列子黃帝篇「絫垸二而不墜」，莊子達生篇「垸」作「丸」。此「捖」亦謂丸也。史記衞青傳索隱引三倉云：「鞠毛丸可蹋以爲戲者。」御覽七百五十四引風俗通云：「丸毛謂之鞠。蹋鞠以革裹毛爲丸，故謂之垸。」諸說竝失之。

先知第九

「禮樂征伐自天子所出，春秋之時，齊、晉實予不膠者卓矣。」李注云：「禮樂征伐當自天子出，而春秋之時，天子微弱，齊桓、晉文專命征討，然而所爲皆尊王室，故春秋公羊傳文雖不予而實予之，存於公正也。」吴祕云：「『予』與『與』同。春秋之時，齊、晉得專征伐，蓋前王與之爾。」明本。

案：「予」與「與」聲近字通。此謂禮樂征伐本不自諸侯出，而春秋之時，天子微弱，則齊、晉與於禮樂征伐之事，此亦事之不可膠者。諸説竝失之。

「或曰：『爲政先殺後教。』曰：『於乎！天先秋而後春乎？將先春而後秋乎？吾見玄駒之步、雉之晨雊也，化其可以已矣哉！』」

案：「步」，當作「走」；「晨」，當作「震」，形聲之誤。夏小正云：「十二月玄駒賁。玄駒也者，螘也。賁者何也？走於地中也。正月雉震呴。呴也者，鳴也，震也者，鼓其翼也。」此即揚子所本。二者皆物化之先動者，故舉以明先春後秋之義也。

重黎第十

「或問黃帝終始。曰：『託也。』」注云：「世有黃帝之書，論終始之運，當孝文之時，三千五百歲，天地一周也。」

案：黃帝終始，漢書藝文志不著録。史記三代世表褚先生引黃帝終始傳云：「漢興百有餘年，有人不短不長，出自燕之鄉。」即此書也。漢書律厤志云：「丞相屬寶、長安單安國、安陵桮育治終始，言黃帝以來三千六百二十九歲。」此據元鳳三年言之，與李説略同。

「曰：『人無爲秦也，喪其靈久矣。』」

案：「靈」，謂威福之柄。淵騫篇云：「游俠。曰：『竊國靈也。』」與此義同。

太玄經范望注 明萬玉堂刊本。司馬光集注本。俞樾諸子平議校。

戾

「次七，女不女，其心予，覆夫諿。」俗「諝」字。集注本作「諝」。范注云：「諿，謀也。予，我也。」司馬光云：「『予』與『與』同。」王涯云：「『諝，智也。』」集注。

案：唫初一云：「唫不予，丈夫婦處。測云，唫不予，人所違也。」王涯云：「唫，閉而不與物接，丈夫而効婦人之處室也。」集注。此云「女不女，其心予」，與彼文相反而義正同。「諝」與「壻」通。蓋予者，與外人晉接之謂，此乃丈夫之事，今女而不守女，無乃有丈夫之心，宜其覆夫壻矣。諸家注竝未得其義。

夷首

「陽氣傷鬄，陰無救瘣，物則平易。」注云：「瘣，病也。」

案：爾雅釋木云：「瘣木，苻婁。」郭注云：「謂木病尫傴癭腫無枝條。」即此「瘣」字之義。「救」，讀爲「朻」，即釋木之「下句曰朻」也。山海經海内經云：「建木下有九朻。」郭注云：「朻，盤錯也。」「朻」與「救」聲近字通。無朻曲瘣腫，即平易之意。

樂

「次三，不宴不雅，嘄呱啞咋，號咷倚户。」注云：「三爲進人始當及，時未有官爵，故不宴遊，有雅樂也。『嘄呱』、『號咷』皆憂聲也。釋文云：『嘄，古弔切。又叫。』」

案：依釋文，則「嘄」與説文口部「嘄」字同。見前説苑。玉篇口部無「嘄」字，而有「⿰口県」字，云：「古弔切，聲也，亦作叫。」又有「嘄」字，云：「五弔切，叫也。」蓋「⿰口県」即「嘄」之變，變从「梟」爲从「県」，聲同。「嘄」則又「⿰口県」之譌也。「不宴不雅」，「宴」、「燕」字同，禮經樂有雅有燕，言既非燕樂，又非雅樂，惟嘄呼作聲而已，故測云：「不宴不雅，禮樂廢也。」范注失其恉。司馬光釋「宴」爲「安」，「雅」爲「正」，云：「廢禮則不得其安，廢樂則不得其正。」尤誤。

逃

「次六，多田不婁，費我膎功。測云，多田不婁，費力忘功也。」注云：「六爲宗廟征行，須時以奉。神靈孰食爲膎，征田多獲，歸之於宗廟，賞不失勞，故曰膎功也。王涯云：『若田於多田而不婁理之，徒費食與功而無益也。』」集注。

案：范蓋讀「婁」爲「膢臘」之「膢」，然於文義殊不順。今攷「多田」義當從王，而訓「婁」爲「婁理」則不塙。疑「婁」當爲「耬」之叚字。玉篇耒部云：「耬，犂也。」言多田而不犂耕，則徒費播種之力，故「測云」「費力忘功也」。

昆

「次七，蓋偏不覆，晏雨不救。」注云：「晏雨以諭盛也，雨盛不救，君德之不隆也。司馬云：『晏，晚也。』」集注。

案：晏，謂天姓也。說文日部云：「晏，天清也。」漢書天文志云：「日晡時，天星晏〔一〕。」如淳云：「三輔謂日出清濟爲晏。〔二〕是「星晏」即謂「姓晏」。淮南子繆稱訓云：「暉日知晏，陰諧知雨。」此「晏」、「雨」亦謂姓、雨也。「蓋」所以蔽雨，姓則亦以蔽日，今偏而不能覆，則姓與雨皆不能蔽，故云「晏雨不救」。諸說竝誤。

減

「次六，幽闌積，不減不施石。測云，幽闌不施，澤不平也。」注云「減而不施，故謂之石也。」

案：「石」與「碩」通。積次六云：「大滿碩施，得人無亢。測曰，大滿碩施，人所來也。」此「石」與彼「碩」正同，言不減不施則其積日見碩大也。司馬光釋爲「不減不施，其頑如石」，尤誤。

疑

「次三，疑彊昭，受茲閔閔，于其心祖。測曰，疑彊昭，中心冥也。」注云：「彊，彊梁也。昭，明也。三爲木而在木行，故疑彊梁而明盛也，必受此疑，故閔閔然而自憂也。王涯云：『疑而彊昭，暗而彊明，宜其受此閔憂於心祖。』祖，本也。」集注。

〔一〕天文志「晡」作「餔」，「星」作「暒」。
〔二〕如淳注在漢書郊祀志，所注正文爲「晏温」。

案：「疑彊昭」，王說得之。「閔閔」當讀爲「忞忞」。廣雅釋訓云：「忞忞，亂也。」法言問神篇云：「著古昔之𡧝𡧝，傳千里之忞忞者，莫如書。」李注云：「忞忞，心所不了。」此言疑而强以爲昭，則心受其忞忞，終於不了，故測云「中心冥也」。范注竝失之。王詁「閔」爲「憂」亦誤。

止

「次二，車軔俟，馬酋止。」注云：「二爲平人，不隱不仕，家性爲止，故車則軔俟，而馬就止也。」

案：「酋」當爲「緧」，同聲叚借字。說文系部云：「緧，馬紂也。」釋名釋車云：「鰌，遒也，在後遒迫，使不得卻縮也。」軔所以止車，緧所以止馬，故竝舉之。范訓「酋」爲「就」，未塙。

玄文

「福則有膞，禍則有形之謂直。」釋文云：「膞，切肉也。」司馬光說同。

案：「膞」與「形」義同。鶡冠子度萬篇云：「膞膞之士。」陸注云：「膞，形埒也。」又天權篇云：「合膞同根，命曰宇宙。」亦形埒之義。俞校以「膞」爲「端」之叚字，未塙。

玄掜

「鬼神秏荒，想之無方，無冬無夏，祭之無度，故聖人著之以祀典，掜擬之二六。」注云：「秏，空也。荒，虛也。空虛之地若鬼神，想象無有常方。」

案：注說非也。書呂刑云：「王享國百年，耄荒。」周禮大司寇注引書作「王秏荒」。僞孔傳云：「耄亂荒忽。」此「秏荒」亦與書義同，言鬼神荒忽難知，故云「想之無方」也。

玄告

「歲寧恙而年病，十九年七閏，王之償也。」注云：「寧，安也。恙，猶著也。一歲之數，有足者，有減者，足則年安，不足則爲病，故曰『年病』也。」「寧恙」，司馬光從張顥本作「寧悉」。集注。俞校云：「歲與年較多十一日弱，所謂氣盈也，年與歲較少十一日弱，所謂朔虛也，『歲寧悉』即氣盈之謂，『年病』即朔虛之謂。『寧』乃語詞。」

案俞以「氣盈」、「朔虛」說此章之義是也，而從張顥本以「恙」爲「悉」則未塙。「恙」，當讀爲「養」，「恙」與「養」同从羊聲，古字通用。大戴禮記夏小正云：「時有養日。」傳云：「養，長也。」此以「養」與「病」文相對，「朔虛」謂之「病」，則「氣盈」謂之「養」，固其宜矣。

潛夫論 汪繼培注本。 俞樾讀潛夫論校。

述赦第十六

「皆知赦之不久，則且共橫枉侵冤，誣奏罪法。今主上妄行刑辟，高至死徙，下乃淪冤。」

案：「今」，當爲「令」；「淪冤」，疑當爲「論免」，皆形之誤。此言誣奏良吏，令上失刑，重者至死徙，輕者亦論罪免官。上文云「正直之士之爲吏也」，故此云論免。今本作「淪冤」，則與「死徙」高下無別，蓋涉上文「橫枉侵冤」及下文「被冤之家」而誤。

「又謹慎之民，用天之道，分地之利，擇莫犯土，謹身節用。」汪注「擇莫犯土」：「句有誤字。程本『土』作

『法』。」

案：此當作「捽草杷土」。漢書貢禹傳云：「農夫父子，暴露中野，不避寒暑，捽屮顏注云：「屮，古草字也。」杷土，手足胼胝。」即王節信所本。今本上三字皆形近譌易，惟「土」字未譌，而程榮又肊改爲「法」，繆之甚也。

五德志第三十四

「雖多未必獲正，然罕可以浮游博觀，其求厥真。」

案：「罕」，疑當作「幸」，謂冀幸可以浮游博觀，與學者共求其真也。俞讀「然罕」二字絕句，非。

札迻卷九

論衡 明程榮刊本。傳校元刊本。俞樾讀論衡校。

累害篇

「是故魏女色黤，鄭袖鼻之。」

案：「鼻」當爲「劓」。事見戰國策楚策及韓非子内儲説下六微篇。

命禄篇

「而説若范睢之于秦明，封爲應侯。」

案：「明」當爲「昭」。此疑晉人避諱改，而今本沿之。

氣壽篇

「渥彊之人不卒其壽。」

案：「不」當爲「必」。後命義篇云：「稟得堅彊之性則氣渥厚而體堅彊，堅彊則壽命長。」此義與彼同。

命義篇

「卓礫時見。」

案：「礫」當爲「皪」。文選孔融薦禰衡表云：「英才卓皪。」

「或難曰：『陶者用塡爲簋廉。』」

案：「塡」當爲「埴」。上文云：「陶者用土爲簋廉。」「廉」，俞校作「廡」，讀爲「甒」，是也。土、埴義同。

率性篇

「今妄以刀劍之鉤月，摩拭朗白，仰以嚮日，亦得火焉。夫鉤月非陽遂也，所以耐能同。取火者，摩拭之所致也。」

案：「月」疑當爲「刃」。亂龍篇云：「今妄取刀劍偃月之鉤，摩以向日，亦能感天。」「月」亦當作「刃」。馬融周禮注說「削」爲「偃曲卻刃」。見築氏賈疏。黃氏日鈔所引已作「月」。

吉驗篇

「夫璧在地中，五子不知，相隨入拜，遠近不同，壓紐若神將教跽之矣。」

案：「跽」當爲「誋」。說文言部云：「誋，誡也。」

「虞子大，陳留東莞人也。」

案：後漢書云：「虞延字子大，陳畱東昏人也。」蔡中郎集陳畱索昏庫上里社銘云：「永平之世，虞延子大今本挩「大」字，據羅以智蔡集舉正校補。爲太尉、司徒。」續漢書郡國志東昏屬陳畱郡，東莞屬琅邪國。此云東莞，誤也。當據范書及蔡集訂正。

「光武帝建平元年十二月甲子生於濟陽宮後殿第二內中，皇考爲濟陽令，時夜無火，室內自明。皇考怪之，即召功曹吏充蘭，使出問卜工。蘭與馬下卒蘇永俱之卜王長孫所。長孫卜，謂充蘭曰：『此吉事也，毋多言。』是歲，有禾生景天備火中，三本一莖九穗，長於禾一二尺，蓋嘉禾也。」

案：骨相篇亦說此事，「功曹吏」作「公曹史」。攷續漢書百官志云：「郡有功曹史，主選署功勞。縣邑諸曹略如郡員。」則當作「功曹史」，二篇文互有舛誤。又「馬下卒」骨相篇作「軍下卒」，未知孰是。蔡邕光武濟陽宮碑云：「使卜者王長卜之。」後漢書光武紀論同，皆無「孫」字。「景天備火中」，字有捝誤，漢書作「是歲，縣界有嘉禾生景天」，疑即「界內」二字之誤。宋書符瑞志亦作「王長」。又云：「嘉禾生產屋景天中。」

偶會篇

「喙食草糧。」

案：「喙」當爲「啄」，形近而誤。

「象耕靈陵亦如焉。」

案：「靈」、零字通。史記五帝本紀集解引皇覽云：「舜冢在零陵營浦縣。」傳曰「舜葬蒼梧，象爲之耕。」

「黃公取隣巫之女，卜謂女相貴，故次公位至丞相。」

案：「黃公」當作「黃次公」。漢書循吏傳：「黃霸，字次公。」下文及骨相篇竝不捝。

骨相篇

「顓頊戴午。」

案：後講瑞篇及白虎通義聖人篇文竝同。盧文弨校白虎通改「午」爲「干」云：「乾鑿度云『泰表戴干』，宋書符瑞志『首戴干戈』即此。」案：盧說是也。鄭注乾鑿度云：「干，楯也。」明不當作「戴午」。此「午」亦「干」之誤。路史史皇紀注引春秋演孔圖云「顓頊戴干」，字不誤。初學記帝王部引春秋元命苞又云「帝嚳戴干」。竝可證此及白虎通之誤。

「衛青父鄭季與楊信公主家僮衛媼通。」

案：「楊」，漢書本傳作「陽」，字通。

本性篇

「惟世碩儒公孫尼子之徒頗得其正。」

案：「儒」字衍。漢書藝文志儒家云：「世子二十一篇。名碩。」「公孫尼子二十八篇。」上文亦云：「周人世碩以爲人性有善有惡，作養性〔一〕書一篇。」

書虛篇

「傳曰：『太山之高巍然，去之百里，不見埵螺，遠也。』」

〔一〕「性」字原本無，據論衡本性篇補。

案：「蜼螺」當作「埵堁」。淮南子説山訓云：「泰山之容，巍巍然高，去之千里，不見埵堁，遠之故也。」高注云：「埵堁猶塵今本作「席」，譌。翳也。」即仲任所本。後説日篇云：「太山之高，參天入雲，去之百里，不見埵塊。」堁、塊義亦同。孫奭孟子音義引丁公著云：「堁，開元文字音塊。」則堁、塊古通。

「象自蹈土，鳥自食苹，土蹶草盡，若耕田狀。」

案：「苹」，元本作「草」，是，當據正。「蹶」當爲「撅」。「撅」與「掘」同。逸周書周祝篇云：「貘有爪而不敢以撅。」後效力篇云：「鍤所以能撅地者，跖蹈之也。」

「周宣王殺其臣杜伯，趙簡子殺其臣莊子義，其後杜伯射宣王，莊子義害簡子。」

案：此趙簡子當作燕簡公。殺莊子儀事見墨子明鬼篇，本書訂鬼篇不誤。「義」，二篇同。抱朴子論仙篇亦云：「子義掊燕簡。」墨子作「儀」，古字通。死僞篇作「趙簡公」亦誤。

「必以子胥爲濤，子胥之身聚岸灌也。」

案：「灌」當作「漼」，形近而誤。黄氏日鈔所引已誤。

「三江時風，揚疾之波亦溺殺人。」

案：「揚疾」義不可通，「疾」當爲「侯」。黄氏日鈔所引已誤。感虚篇云：「傳書言，武王伐紂，渡孟津，陽侯之波，逆流而擊。」事見淮南子覽冥訓。

「夏后孔甲田于東萯山。」舊注云：「『萯』一作『莫』。」

案：事見吕氏春秋音初篇，彼云「夏后氏孔甲田于東陽萯山」，此「東」下當有「陽」字，「萯」、「莫」

竝「蕢」之誤。指瑞篇作「首山」亦誤。

「或曰：『後來，之子必貴。』」

案：元本「後」作「后」，與呂氏春秋及指瑞篇合，當據正。

變虛篇〔一〕

「宋無晏子之知臣，故子韋之一言遂爲其是。」

案：「遂爲其是」義不可通，黄氏日鈔引作「售其欺耳」，疑當作「遂售其欺耳」。今本「售」譌「爲」，「耳」譌「是」，又捝「欺」字。

異虛篇

「公孫術得白鹿，占何以凶。」

案：「術」當作「述」，後漢書述傳未載。

「使暢草生於周之時，天下太平，人來獻暢草。」

案：「使暢草生於」五字疑衍。「暢」即「鬯」之借字。詳前山海經。後儒增、書證篇〔二〕竝云「周時天下太平，倭人貢鬯草」。恢國篇亦云「倭人貢暢」。超奇篇又云「暢草獻於宛」。此「人」上疑捝「倭」

〔一〕此篇名原本缺，據論衡補。

〔二〕論衡無「書證篇」，此當有誤。

字。說文鬯部云：「鬱，芳艸也，遠方鬱人所貢。」與王說異。

感虛篇

「禱辭曰：『余一人有罪，無及萬夫。萬夫有罪，在余一人。天以一人之不敏，使上帝鬼神傷民之命。』於是翦其髮，麗其手，自以爲牲，用祈福於上帝。」

案：此本呂氏春秋順民篇。「天以一人之不敏」，「天」當作「無」，蓋「無」或作「无」，因誤爲「天」。「麗」今本呂覽作「鄜」，御覽引作「麗」，與此同。「麗」即「攦」之借字，詳前莊子。

福虛篇

「纏子稱墨家佑鬼神，佑、右通。薄葬篇云：「墨家之議右鬼。」案書篇云：「墨家右鬼。」是引秦穆公有明德，上帝賜之九十年。」

案：此事亦見墨子明鬼篇。秦穆公，今本墨子作鄭穆公，誤。此與前無形篇竝作「秦」，與山海經海外東經郭注、北齊書樊遜傳、杜氏玉燭寶典竝合，詳墨子閒詁。「九十年」，依墨子當作「十九年」，前無形篇正作「十九年」，此誤到。

禍虛篇

「而廣不爲侯後人，然終無尺土之功以得見封邑者，何也？豈我相不當侯？且固命也？」

案：以漢書李廣傳校之，此「不爲」下「侯」字及「得」下「見」字竝衍，當刪。「尺土」，「土」當作「寸」。

龍虛篇

「韓子曰：『龍之爲蟲也鳴，可狎而騎也。』」

案：文見韓非子說難篇。「鳴」韓作「柔」，此不知何字之誤。

雷虛篇

「其魄然若敝裂者，椎所擊之聲也。」

案：後文兩見「敝」，竝作「嫳」。譴〔一〕告篇亦有「嫳裂」之文。

「陰陽分事則相校軫。」

案：「分事」，黄氏日鈔引作「交事」，疑當作「分爭」，「爭」、「事」形近而誤。

儒增篇

「孔子自衛反魯，在陳絶糧，削迹於衛，忘味於齊，伐樹於宋，并費與頓牟，至不能十國。」

案：「頓牟」蓋即「中牟」。後變動篇亦云：「頓牟叛，趙襄子帥師攻之。」襄子攻中牟，見淮南子道應訓、韓詩外傳、新序襍事。

藝增篇

「若穿胷、儋耳、焦僥、跋踵之輩。」

案：「跋踵」當作「跂踵」。山海經海外北經：「跂踵國在拘纓東。」郭注引孝經鉤命決云：「焦僥、跂踵，重譯

〔一〕「譴」原本作「遣」，據論衡改。

款塞。」

「子路使子羔爲郈宰，孔子以爲不可，未學，無所知也。」

案：論語先進篇「郈」作「費」，史記孔子弟子列傳作「使子羔爲費郈宰」，疑齊古論語有作「郈」者，與今本異也。

「且周、殷士卒，皆賫盛糧，或作乾糧，無杵臼之事。」

案：「或作乾糧」四字，當是宋、元人校語，誤入正文。

非韓篇

「韓子曰：『布帛尋常，庸人不擇。』」

案：韓子五蠹「擇」作「釋」，字通。

刺孟篇

「孟子不且語問惠王：『何謂利吾國？』惠王言貨財之利，乃可答。」

案：「不」，疑當作「必」。「語」，余允文尊孟辯引作「詰」，義較長。

「求食者，皆多人所不得利之事。」

案：「不」，余引作「共」，是也。

説日篇

「極星在上之北，若蓋之葆矣；其下之南，有若蓋之莖者，正何取乎？」

案：御覽天部引桓譚新論云：「北斗極，天樞。樞，天軸也，猶蓋有保斗矣，蓋雖轉而保斗不移，天亦轉周匝，而斗極常在。」即仲任所本。「葆」即「保斗」。考工記輪人：「爲蓋有部。」鄭注云：「部，蓋斗也。」「保斗」猶言「部斗」，一聲之轉，即今之繖斗，與羽保異。「莖」，即考工之「桯」，桯、莖亦聲相近。

「澤際有陸，人望而不見。陸在，察之若望，日亦在，視之若入。」

案：「若望」，「望」當爲「亡」，聲近又涉上文而誤。

「禹貢、山海經言日有十。」

案：禹貢無十日之文，「貢」當作「益」。別通篇云：「禹、益以所聞見作山海經。」此下文亦云：「禹、益見之，不能知其爲日也。」又云：「當禹、益見之，若斗筐〔一〕之狀。」又云：「禹、益所見，意是日非日也。」又云：「且禹、益見十日之時，終不以夜，猶以晝也。」皆其證。

「當時石賈輕然，何以其從天墜也？秦時三山亡，亡有不消散，有在其集下時必有聲音。」

案：元本「何以」下無「其」字。「亡有」疑「亡者」之誤。

量知篇

「蒸所與衆山之材榦同也，代以爲蒸，熏以火，煙熱究浹，光色澤潤。」

〔一〕「筐」下原本誤衍「之」字，據論衡删。

案：「代」當作「伐」，「煙」當作「熛」，竝形近而誤。

「無刀斧之斷者謂之樸。」

案：「斷」當爲「斲」之誤。

謝短篇

「今詩無書，何知非秦燔五經，詩獨無餘禮也。」

案：「餘禮」無義，「禮」疑「札」之誤，「札」誤爲「礼」，轉寫作「禮」，遂不可通。莊子人間世篇：「名也者，相札也。」釋文引崔譔云：「札，或作禮。」與此誤同。

「一業使民居更一月，何據？年二十三儒，十五賦，七歲頭錢二十三，何緣？」

案：漢書昭帝紀顏注如淳云：「古者正卒無常人，皆當迭爲之，一月一更，是爲卒更也。律說，卒踐更者，居也，居更縣中五月乃更也。後從尉律，卒踐更一月，休十一月也。」此云「一業使民居更一月」，「業」疑當爲「歲」之誤。又高帝紀注如淳云：「律，年二十三傅之疇官。」顏師古云：「傅，著也。言著名籍，給公家徭役也。」此云「年二十三儒」，「儒」即「傅」之誤。「儒」，俗書或作「偄」，干祿字書「襦」通作「𧞤」，亦以「需」爲「𩃬」。與「傅」形相似。又漢舊儀云：「算，民年七歲以至十四歲出口錢，人二十三。二十錢以食天子，其三錢者，武帝加口錢以補車騎馬。又令民男女年十五以上至五十六出賦錢，百二十爲一算，以給車馬。」即此云「十五賦，七歲頭錢二十三也」。

「有尉史、令史，無承長史，何制？」

案：「承」當爲「丞」，漢舊儀云：「更令史曰令史，丞史曰丞史，尉史曰尉史。」然則漢時自有丞史，此疑有譌。無長史者，蓋小縣令爲長，其史則不曰長史，仍曰令史也。

「七十賜王杖，何起？」

案：「王」，何允中本作「玉」，非。元本、程榮本竝作「王」。周禮伊耆氏：「共王之齒杖。」鄭司農注云：「謂年七十當以王命受杖者，今時亦命之爲王杖。」續漢書禮儀志云：「仲秋之月，縣道皆案户比民，年始七十者，授之以玉杖。玉杖長九尺，端以鳩鳥爲飾。」「玉」亦「王」字之譌。

「日分六十，漏之盡自，鼓之致五，何故？」

案：「自」當爲「百」之誤，「漏之盡百」句絕。周禮挈壺氏鄭注云：「漏之箭，晝夜共百刻。」

「服革於腰，佩刀於右，舞劍於左，何人備？」

案：「舞」當作「帶」，隸書「帶」字或作「𢃄」，又變作𢃄，禮記襍記「率𢃄」，釋文云：「本又作帶。」漢孟郁脩堯廟碑、張壽碑「帶」竝作「𢃄」。與「舞」形近而誤。

「著鉤於履，冠在於首，何象？」

案：「鉤」當爲「絇」。儀禮士冠禮鄭注云：「絇之言拘也，以爲行戒，狀如刀衣鼻，在屨頭。」

效力篇

「文史不通一經一文，不調師一言。」

案：「經」上「一」字，疑涉下而衍。

别通篇

「其爲可榮，非徒縑布絲綿也。」

案：「綿」，上文作「帛」，此誤益「糸」形。

「燕王旦在明光宫，欲入所卧，户三百盡閉。使侍者二十人開户，户不開。」

案：漢書燕刺王旦傳云：「殿上户自閉，不可開。」又云：「因迎后姬諸夫人之明光殿。」當即此明光宫也。殿上户不當有三百，此云「户三百盡閉」，疑當作「户三盡自閉」，今本「自」譌「百」，又誤著「盡」上，遂不可通。

「肴膳甘醢，土釜之盛，入者鄉之。」

案：「鄉」當爲「饗」之壞字。

超奇篇

「造於助思，極窅冥之深。」

案：「助」當爲「眇」，形近而誤。上文云：「眇思自出於胷中也。」

「王公子問於桓君山以楊子雲，君山對曰：『漢興以來，未有此人。』」

案：此王公即王莽也，「子」字衍。此文出桓譚新論。御覽四百三十二引新論云：「楊子雲何人邪？答曰：『才知開通，能入聖道，漢興以來，未有此人也。』」即仲任所本。譚嘗仕王莽，故新論多稱莽爲王翁。見意林。此王公猶云王翁也。御覽引新論不著所問之人，此可以補其闕。

「口不能紲。」

案：「紲」當爲「泄」，形聲相近而誤。

「孫叔敖決期，令君之兆著。」

案：「期」下當挩「思」字，「君」當爲「尹」。淮南子人間訓云：「孫叔敖決期思之水，而灌雩婁之野，莊王知其可以爲令尹也。」

「商鞅相秦，致力於霸，作耕戰之書。虞卿爲趙，決計定説，行退作。春秋之思，起城中之議；耕戰之書，秦堂上之計也。」

案：「虞卿」二句有挩文，「春秋之思」四字疑當重。「起」，元本作「趙」，是，當據正。

「周長生者，文士之雄也。」又云：「作洞麻十篇，上自黄帝，下至漢朝，鋒芒毛髮之事，莫不紀載，與太史公表、紀相似類也。上通下達，故曰洞麻。」又案書篇云：「長生之洞麻。」

案：長生名樹。北堂書鈔七十三引謝承後漢書有周樹傳。范書無。洞麻，隋、唐志不著録，惟范成大吴郡志人物門角里先生引史記正義：「周樹洞歷云：『姓周名術字元遂，太伯之後。漢高帝時，與東園公、綺里季、夏黄公俱出，定太子，號四皓。』」今宋本史記附正義爲宋人所删削，無此文。則其書唐時尚存也。

「後有吴君商。」

案：「商」當爲「高」。君高，吴平字。案書篇云：「會稽吴君高。」又云：「君高之越紐録。」即今越絶書也。書虛篇述君高說會稽山名，亦見越絶外傳記越地傳。

狀留篇

「東方朔曰：『目不在面而在於足，救昧不給，能何見乎？』」

案：「昧」當爲「眯」，形近而誤。說文目部云：「眯，艸入目中也。」

變動篇

「災氣暑垂於天。」

案：「暑」當作「著」，形聲相近而誤。

明雩篇

「春秋左氏傳曰『啓蟄而雩』，又曰『龍見而雩』，啓蟄、龍見，皆二月也。」

案：左桓五年傳作「啓蟄而郊」，不云「雩」，仲任不知據何本。後祭意篇亦云：「二月之時，龍星始出，故傳曰：『龍見而雩。』龍星見時，歲已啓蟄，而雩。」此文有譌，疑當云：「故又曰『啓蟄而雩』。」今本挩五字耳。

「故禮曰：『雩祭，祭水旱也。』」

案：此祭法文。「雩祭」當作「雩宗」。祭意篇引禮不誤。

「禮，祭也社，報生萬物之功。」

案：「也」當爲「地」之壞字。

「導才低仰，欲求裨也。」

案：此文難通，疑當作「導米低仰，欲求粺也」。後漢書和熹鄧皇后紀李注云：「導官，主導擇米，以供祭祀。」謂導擇米粟，簸揚低仰之，所以去粗糲，求精粺也。說文米部云：「粺，毇也。」九章算術粟米篇云：「糲米三十，粺米二十七。」「米」「才」、「粺」「裨」形聲相近而誤。

順鼓篇

「水泉不隆，水爲民害，責於地公。」

案：此引尚書大傳語。「不隆」當爲「不降」。二字聲類同，故伏傳「降」字多作「隆」。王應麟王會篇補注引大傳「隆谷玄玉」，鄭注云：「『隆』讀如『龐降』之『降』。」是其證。

「夫大山失火，灌以壅水。」

案：「壅」當爲「甕」，形聲之誤。下同。

「事大而急者用鍾鼓，小而緩者用鈴⿱竹狄。」

案：「⿱竹狄」非鈴之類，字當作「篍」。說文竹部云：「篍，吹筩也。」急就篇云：「箛篍起居課後先。」「篍」與「⿱竹狄」形近而誤。

亂龍篇

「天子射熊，諸侯射麋，卿大夫射虎豹，士射鹿豕，示服猛也。」

案：此文據儀禮鄉射記「天子熊侯，諸侯麋侯，大夫布侯，畫以虎豹；士布侯，畫以鹿豕」，與周禮司裘大射侯異也。

商蟲篇

「蝸疽蛸螻蠘蝦有蟲。」

案：此當作「瘑疽瘡瘻癥瘕。」玉篇疒部云：「瘑、疽，瘡也。」說文疒部云：「瘻，頸腫也。」山海經郭注云：「瘻，癰屬，中多有蟲。」「瘕，女病也。」急就篇顏注云：「瘕，癥也。」

講瑞篇

「白雉，生短而白色耳，非有白雉之種也。」

案：「生短」當作「雉生」，謂白雉猶常雉，但生而毛色白耳，非別有種類也。

治期篇

「吏百石以上，若升食以下。」

案：此當作「吏百石以下，斗食以上」，今本「下」「上」互易，又譌「斗」爲「升」，遂不可通。漢書百官公卿表云：「縣百石以下，有斗食佐史之秩，是爲少吏。」顏注引漢官名秩簿云：「斗食月俸十一斛。」是也。

感類篇

「應曰：『以百雨篇曰：「伊尹死，大霧三日。」』大霧三日，亂氣矣，非天怒之變也。東海張霸造百雨篇，其言雖未可信，且假以問。」

案：「百雨」當作「百兩」。漢書儒林傳云：「世所傳百兩篇者，出東萊張霸，分析二十九篇以爲數十，又采左氏傳、書敘爲作首尾，凡百二篇。」亦見後佚文篇。「東海張霸」以下十八字，審校文義，似是仲任自注之語，蓋此書本有自注，今本皆與正文淆亂，不可析別矣。

齊世篇

「王莽之時，長人生長一丈，名曰霸出。」

案：漢書王莽傳云：「有奇士，長丈，大十圍，自謂巨毋霸，出於蓬萊東南，五城西北昭如海濱。」「出」下疑有挩文。

「檢狎守持，備具悉極。」

案：「狎」當爲「柙」。法言君子篇云：「螡虵檢柙。」李注云：「檢柙，猶隱括也。」說文木部云：「柙，檢柙也。」

恢國篇

「漢文帝黄龍、玉棓。」

案：驗符篇亦云：「文帝之時，玉棓見。」「棓」當作「桮」，即「杯」字也。山海經海内北經：「蛇巫之山，有人操柸。」郭注云：「柸或作棓，字同。」彼以「杯」爲「棓」，與此以「棓」爲「杯」同。文帝十六年得玉杯，事見漢書文帝紀及郊祀志。

驗符篇

「湘水去泉陵城七里，水上聚石曰燕室丘，臨水有俠山，其下巖淦，水深不測。二黄龍見。」

案：水經深水篇云：「過泉陵縣西北七里至燕室，邪入于湘。」酈注云：「水上有燕室丘，亦因爲聚名也。其下水深不測，號曰『龍淵』。」即此。「淦」，元本作「唫」，是也。穀梁僖三十三年傳云：「蹇叔子送其子而戒之曰：『女死，必於殽之巖唫之下。』」釋文云：「『唫』本或作『崟』。」「唫」即「崟」之借字。

須頌篇

「又詩頌國名周頌，與杜撫、固所上漢頌，相依類也。」

案：「固」上捝「班」字。後文云：「班孟堅頌孝明。」亦見後佚文篇。

「日刻徑重千里，人不謂之廣者，遠也。」

案：「重」字衍。談天篇云：「日刺徑千里。」說日篇云：「數家度日之光，數日之質，刺徑千里。」此「刻」疑亦「刺」之誤。

死僞篇

「湯晳以長，頤以髯，鋭上而豐下，据身而揚聲。」

案：此文見晏子春秋諫上篇。「据」，彼作「倨」，是也，當據校正。

紀妖篇

「一奏，有玄鶴二八從南方來，集於郭門之上危。」

案：異虛篇作「郎門之危」是也。下云「廓瓦」，又云「廊室」，「廓」亦當作「廊」，郎、郭、廊、廓竝形之誤。韓非子十過篇作「郎門之垝」。危、垝字通。喪大記云：「中屋履危。」

訂鬼篇

「一居人宮室區隅漚庫，善驚人小兒。」

案：「庫」，續漢書禮儀志劉注引漢舊儀作「庾」。

「中人微者即爲腓，病者不即時死。何則？腓者，毒氣所加也。」又言毒篇云：「人行無所觸犯，體無故痛，痛處若箠杖之跡。人腓，腓謂鬼毆之。」

案：「腓」，當爲「痱」之叚字。説文疒部云：「痱，風病也。」風俗通義怪神篇云：「今人卒得鬼刺痱悟，與「忤」同。殺雄雞以傅其心上。」巢元方諸病源候總論云：「鬼擊，一名爲鬼排。」亦與痱通。皆與王説「鬼毆」同。

「中生爲妖，則知杜伯、莊子義厲鬼之徒皆妖也。杜伯之厲爲妖，則其弓矢投措皆妖毒也。」

案：杜伯以弓矢射周宣王，莊子義荷朱杖擊燕簡公，厲鬼杖楫擊䛩觀辜事，竝見墨子明〔一〕鬼篇。此「杜伯之厲」，「厲」當作「屬」。後文亦云：「杜伯之屬，見其體，施其毒者也。」「投措」，當作「杖楫」，即指莊子義之杖與厲鬼之楫言之。亦見死僞、祀義二篇。

〔一〕「明」，原本作「門」，據墨子改。

「周宣王、燕簡公、宋夜姑時當死，故妖見毒因擊。」

案：「宋夜姑」，墨子明鬼篇作「訽觀辜」。後祀義篇亦作「射姑」，「射」、「夜」音近字通。春秋文六年，晉狐射姑出奔狄，穀梁經「射」作「夜」。今本墨子譌舛不足據。

「陰氣生爲骨肉，陽氣主爲精神。」

案：「生」，當爲「主」。黄氏日鈔所引不誤。

言毒篇

「犯中人身，謂護疾痛，當時不救，流徧一身。」

案：「謂」，當作「渭」，「護」，當作「濩」，竝聲近而誤。周禮秋官賈疏引左傳服注云：「蜮含沙射入人皮肉中，其瘡如疥，徧身中濩濩蜮蜮。」左傳莊十八年孔疏引作「濩濩或或」。初學記引春秋説題辭云：「渭之言渭渭也。」注云：「渭渭，流行貌。今本初學記引緯文，「渭」字不重，今依注增。「渭濩疾痛」，言渭渭濩濩，亦猶言濩濩或或，皆疾痛流行之狀，故云「流徧一身」也。

薄葬篇

「不畏罪法，則丘墓抽矣。」

案：「抽」，當爲「扫」，形近而誤。下同。

四諱篇

「古者用刑，形毁不全，乃不可耳。」

案：「用」，當作「肉」。下云「方今象刑」，正與「肉刑」文相對。

「人之有胞，猶木實之有扶也。」

案：「扶」，當爲「核」，形近而誤。下文「扶殼〔一〕」同。

譏日篇

「天下死罪，各月斷囚，亦數千人，其刑於市，不擇吉日。」

案：「各」，疑當爲「冬」，形近而誤。

辨祟篇

「夫使食口十人，居一宅之中，不動鑁鍤。」

案：「鍤」，當爲「銛」。俗書「臿」或作「臿」，見廣韻十一洽。隸書「垂」或作「垂」，見漢富春丞張君碑。二形相近，故「銛」、「鍤」傳寫易誤。

難歲篇

「或上十二神，登明、從魁之輩。」

案：「或」，疑「式」之誤。六壬式十二神，亥爲登明，酉爲從魁，見黄帝龍首經及金匱玉衡經。

實知篇

〔一〕「殼」，原本作「穀」，據論衡改。

「帝徹方，使射蜚蟲，筴射無非知者。」

案：「非」，當爲「弗」。

「溝有流壍，澤有枯骨，髮首陋亡，肌肉腐絶，使人詢之，能知其農商老少若所犯而坐死乎？」

案：「壍」，當作「澌」。四諱〔一〕篇云：「出見負豕於塗，腐澌於溝。」「使人」，當作「使聖人」，此捝一聖字。淮南子泰族訓：「雖有腐髊流漸，弗能污也。」許注云「漸，水也。」莊逵吉據御覽校改「漸」爲「澌」，與此誤同。

定賢篇

「大賢之涉世也，翔而有集，色斯而舉。」

案：「有」，當作「後」。

「以敏於筆，文墨兩集爲賢乎？」

案：「兩」，當爲「雨」，形近而誤。後自紀〔二〕篇云：「筆瀧漉而雨集，言潏淈而泉出。」文選王襃四子講德論云：「莫不風馳雨集。」

正説篇

「説隱公享國五十年，將盡紀元年以來邪？」

〔一〕「諱」，原本作「諦」，據論衡改。

〔二〕「紀」，原本作「記」，據論衡改。

案：「說」，當爲「設」，形聲相近而誤。

「古者烈山氏之王得河圖，夏后因之曰連山；烈山氏之王得河圖，殷人因之曰歸藏；伏羲氏之王得河圖，周人曰周易。」

案：此文多譌挩。夏、殷二易不宜同出烈山，下「烈山氏」當作「歸藏氏」。「周人曰周易」，當作「周人因之曰周易」。朱震漢上易傳引姚信云：「連山氏得河圖，烈、連一聲之轉。夏人因之曰連山；歸藏氏得河圖，商人因之曰歸藏；伏羲氏得河圖，周人因之曰周易。玉海三十五同。竝與此說同，當據以校正。

「若夫公羊、穀梁之傳，日月不具，輒爲意使。失平常之事，有怪異之說；徑直之文，有曲折之義。」

案：「失」，當爲「夫」。

「復令人庶之野而觀其聖，逢烈風疾雨，終不迷惑。」

案：此用書舜典「納于大麓」義，「人庶之野」當作「入大鹿之野」，「入」譌爲「人」，「鹿」譌爲「庶」，又挩大字。麓、鹿字通。魏公卿上尊號奏、受禪表竝作「大鹿」。前吉驗篇云：「堯使舜入大麓之野。」

書解篇

「蝆彈雀則失鶁，射鵲則失鴈。」

案：「蝆」，疑「羿」。下同。「鶁」，黄氏日鈔引作「鴳」，當據校正。

「伏生之休，抱經深藏。」

案：「休」，當爲「徒」。

案書篇

「公羊高、穀梁寘、胡毋氏皆傳春秋。」

案：漢書藝文志顏注云：穀梁子「名喜」。經典釋文序録引桓譚新論云穀梁赤，又引七録及楊士勛疏竝云穀梁子名淑字元始。孝經正義「淑」作「俶」。陸淳春秋纂例引風俗通亦云名赤。竝與此異。

「光武皇帝之時，陳元、范叔上書連屬，條事是非，左氏遂立。」

案：「范叔」，當作「范升」。下竝同。陳元與范升議立左氏博士事，竝見後漢書本傳。「升」與「叔」艸書相似，古書多互誤。後漢書周章傳：「字次叔。」李注云：「『叔』或作『升』。」

「齊有三鄒衍之書。」

案：「三鄒衍」，當〔一〕作「三鄒子」，史記孟子荀卿傳説，「齊有三騶子」，「騶」、「鄒」字通。衍其一也。

「案仲舒之書，不違儒家，不及孔子。其言『煩亂孔子之書』者，非也。」

案：「及」，當爲「反」，形近而誤。

「盡也。皮續太史公書。」

案：「盡也」，當作「班叔」。

〔一〕「當」上原本有「作」字，誤衍，今刪。

「韓非著書，李斯采以言事；楊子雲作太玄，侯鋪子隨而宣之。非、私同門，雲、鋪共朝。」

案：「私」，當作「斯」，音近而誤。

對作篇

「陽成子張作樂。」

案：「張」當作「長」。超奇篇云：「陽成子長作樂經。」即此。

自紀篇

「末復與豪家丁伯等結怨。」

案：元本「末」作「本」，「伯」作「某」。「本」，疑「卒」之誤。

「儕倫好掩雀、捕蟬，戲錢、林熙，充獨不肯。」

案：「林熙」，「林」，疑當作「休」，「熙」與「嫛」通。說文女部云：「嫛，說樂也。」「戲錢」，蓋即意錢。後漢書梁冀傳李注引何承天纂文云：「詭億，一曰射意，一曰射數，即攤錢也。」

「馬圄諧說而懿俗。」

案：「懿」，黄氏日鈔引作「喜」，疑當爲「憙」之誤。馬圄事見淮南子人閒訓，亦見前逢遇篇。

「通人觀覽，不能釘銓。」

案：「釘銓」，當爲「訂詮」。薄葬篇云：「是非信聞見於外，不詮訂於內。」

「或虧曰。」

案：「虧」，當爲「戲」，「戲」，隸書或作「戱」；見韓勑造禮器碑。「虧」，俗通作「虧」，見干禄字書。左皆從「虚」，故古書多互譌。

「孔子才不容，斥逐，伐樹，接淅。」

案：「接淅」，元本作「浣淅」，字當爲「滰淅」。說文水部云：「滰，浚乾漬米也。孟子曰：『孔子去齊，滰淅而行。』」元本「浣」即「滰」之誤，明刻作「接」，乃淺學依今本孟子萬章篇文改。

「年厤但記，孰使留之。」

案：「記」，當爲「訖」，形近而誤。

附元本論衡校文

近世通行明刻，以程榮本爲較佳，今據以校元本。明刻累害篇缺一葉，元本同，惟正德十六年補刊元本有之，已全載蔣光煦東湖叢記，今不録。

逢遇

如准推元本無此字，蓋誤衍也。上文云：「准主觀鑒。」主調說，以取尊貴。

累害

濁吏懷恚元本下有「怨」字。恨。

求全功名（力）於將。

幸偶

爲火所爍（燎）。

命義

餓者（死）滿道。

必有祿盛元本無此字。未當衰之人。

故天（人）有百官。

偶也謂事君也。元本作「有偶」。

無形

器形元本作「形器」。已成。

年不可減增。元本作「增減」。

死則氣滅（滅）形消而壞。

率性

闒（閫）案：疑「開」之誤。導牗進。

仁泊則戾而少愈（慈）。

氣有少多。元本作「多少」。

吉驗

一嫗當道而哭（泣）。

偶會

欲壹(一)休息。

奇怪

夫牡馬見雌牛，雀見雄元本「雄雀見」。牡雞。

書虛

三月乃訃(赴)。瘡(創)不衰愈。

黴胤(胷)服，婦人於背。

列侯之三(二)年。

變虛

君延命元本「命延」。二十一年。

獨(彗)不多晏子。

此非(皆)實事也。

容色見(陽)於面。

感虛

何以效(驗)之。

夫孝悌(弟)下同。之至。

曾母病乎，曾子亦病。元本「乎」在「曾子亦病」下。

福虛

楚惠王食寒元本無此字。葅而得蛭。

禍虛

且喪明之病(痛)。

擒魏公子卬(卭)。

雷虛

不能原誤失(反)而責故。

朝服而正坐子(乎)曰。

道虛

故文元本無此字。摯之語，傳至於今。

年未至百，與衆俱死。元本有「矣夫」二字。

尚(上)未可謂壽。

語增

膂腹小大。元本作「大小」。

則當其(共)浴於酒中。

滂沲（沱）於地。

懸肉以（似）林。

悉詣守尉集（雜）燒之，有敢偶語詩、書，元本下有「者」字，棄市。

町町若（者）荆軻之閭。

儒增

主名不審，無實（害）也。

寶（實）奇之物。

口腹不饑（飢）。

問孔

迢（追）難孔子。

略子游之元本無此字。大材也。

權尊鈞同（周），形（勑）何本亦作「勑」。武伯而略懿子。

所（可）謂浮雲者非也。

（非）是棄禮義求（亡）飲食也。

不循（徇）爵禄。

德力且（具）足者也。

不塞溝渠而繕船(舡)檝者。

刺孟

如(彼)曰：「孰可以伐之？」

孟子有元本無此字。云。

聖元本下有「人」字。不與五百年時聖王相得。

猶爲守元本作「中」，誤。者。

說日

陽則(弱)陰彊也。

答佞

偷盜與(力)疑「與」之誤。田商同知。

君子則(耐)以禮防情，以義制(割)欲。

行不合於九元本無此字。德，言不驗(檢)於事效，元本下有「考其言」三字。人非賢則佞矣。

考之一驗(檢)。

無高之(又)知。

猶名之不可實(失)也。

何以知其僞而伺(司)其奸乎。

佞人學求(表)合於上心也。

人之故(敢)能不文。

佞人意(繫)欲稱上。

上儉，己不飭(飾)。

證朝庭(廷)之行。

佞人以人欺(斯)將，不毀人於將。

欲故廢(發)不言。

好臣所常(當)臣也。

深謀(須)明術。

舉(安)世爲佞者。

其人如大盜(佞)易知。

程材

而儒生墮(陸)落。

通達衆凡(事)。

異(易)事詭手。

志不有(肯)爲。

十萬(篇)以上。

量知

而文吏好爲姦(奸)者。

湌(食)人之禄。

默坐朝庭(廷)。

效力

删(散)五經。

與董仲舒等涌元本作「較其」。胷中之思。

助(因)有力之將。

竄於閭巷之深(滯)。

奡(夏)育，古之多力者。

人不元本下有「能」字。推頓。

別通

柙匱元本作「匱柙」。所贏。

孰謂之慧矣(夫)。

胸(匈)下同。虛無懷。

其爲百世之聖，師法(漢)祖修。

難以備之(人)。

皆能以知求索飲食也(之)。

心自(目)通明。

以心如(爲)丸卵，爲體内藏，眸(牟)子如豆。

典(興)國道藏。

超奇

無胸(匈)下同。中之造。

唐林之宜(直)言。

菜(采)果甘甜(酣)。

桑麻纔(財)有。

狀留

青邊緣，巨(叵)尺二寸。

穿物無一分之深矣(也)。

外劬(拘)於禮義之操。

獨以非元本作「非以」。俗吏之得地。

纔(繞)微輒停。

壹(一)投而止。

須人動舉(之)。

趨(趍)遠，人不如鳥。

百熟(熱)煉厲。

酒暴熟(熱)者酸。

寒温

以形逐影(景)。

水與寒氣(爲)類。

變操(慘)案：順鼓篇亦云「變操易行」，則元本非是。易行。

寒(其)谷可種。

號曰黍穀(谷)。

譴告

夫(天)至明矣。

疑乎必信(害)也。

以譴告之(人)乎。

懼愚者之（欲）言。

變動

夫正（政）欲得之。

荆軻秦（刺）王。

明雩

諸公（侯）薨。

夫如縣子言，未元本無此字。用也。

如雲雨者（之）也。

蘇秦、張儀悲説坑（宛）中。

精誠在内（中）。

順鼓

蘡多殺（殺）宗。

以若繩之絲，縈（營）社爲救。

小子鳴鼓元本下有「而」字。攻之可也。

説鼓者以爲攻（政）之。

告事用牲，元本下有「也」字。禮也。

一人擊得（鼓）。

遭虎

百姓饑（飢）下同。餓。

應上天矣（吏）。

商蟲

盧奴令田光與公孫弘元本作「桑弘羊」是也。等謀反，其且（旦）覺時。

蟲若蛾矣（夫）。

將謂元本作「輕與」。案：以上下文校之，「輕」疑「蛵」之形誤。三蟲何似類乎。

講瑞

設後（復）輒有知而絕殊。

與衆鳥數十（千）。

衆鳥數十（千）與言（之）俱集。

醴泉、甘露，出而甘美元本作「美甘」。也，皆泉、露元本下有「之所」二字。生出。

亦生在（出）地。

使審（聲）同。

由賢聖元本作「聖賢」。言之。

獸有元本下有「無」字。角而無仁聖者。

指瑞

憂世憫（閔）民。

孔子不王之聖（瑞）也。

故孔子見麟而自泣（知）者。

聖王遭（道）見聖物。

是應〔一〕

欲人畏元本作「斯欲刑」。之不犯。

號其衆曰倉光（兕）。下竝同。

自然

有欲故（故欲）動。

汲井（水）決陂。

物之莖葉根垓（荄）。

賓主嚬（頻）蹙。

〔一〕「是應」，原本無，據論衡補。

感類

始（如）謂七年乃自責。

王乃得周公死（所）自以爲功。

今天動感（威）。

人君猶得名王（大）禮乎。

孔子罪（非）子路者也。

見類驗於寂漠（寞）。

雷雨擊（激）而殺之。

夫（天）人無之。

齊世

始熟香潔（絜）。

不若是其（之）盛也。

宣帝以（已）五致之矣。

宣漢

聖王骨（國）疑「圖」之誤。法。

金（並）出復見。

夷埳坷爲均平。元本「平均」。

恢國

夫經熟(孰)講者，要妙乃見。

權掩(奄)不備。

不刃(忍)王莽之死。案：死、尸通，不刃死謂不戮尸也。元本作「不忍」，非。

今上海思(恩)。

驗符

纖靡如(類)黍粟。

莖葉紫也(色)。

皆洽薄(溥)，威委流漉。

何令(命)可與無下等乎。

瑞出必猶(由)嘉士。

須頌

擊壤於塗(途)。

佚文

才高卓遹(譎)。

相遺（遺）以書。

龍觩（觓）炫燿。

未興（與）五經。

故文繁湊（奏）也。

狥（徇）利爲私。

陸賈説（動）以漢德。

聖世之驗（徵）也。

論死

天下無獨燃（然）之火。

古者不脩（修）墓。

氣括（活）口喉之中。

張歙（歈）其口。

死僞

太子趨（使）登僕車而告之。

于（干）上帝之尊命。

乃告於（于）太王、王季、文王。

則其請之説（鋭），精誠（精）致鬼。

謂其精神元本下空一字。有。

爾用先人之（无）案：元本誤。治命。

夫孌妾之父元本下有「猶」字。知魏顆之德。

猶河、泗之流湍（洒）濆坼（者）也。

甚（其）盛。

偶（耦）晉侯之疾。

臭憧舊校一本作「爐」。元本亦有此校語。「爐」作「燻」是也。於天。

紀妖

蓋妖祥見於（兆）兆（神）審矣。

民聽偏（惑）也。

石墜車（東）郡。

訂鬼

憂懼也（則）鬼出。

其人能（不）自知覺與夢。

俗間家人具（其）凶。

駟帶、公孫段且卒（死）之妖也。

言毒

則人脤胎（胎）腫而爲創。

太陽妖（祅）氣，自如其色也。

祝誓（禁）黃氏日鈔引同。輒效。

故美味腐腹（腸）。

薄葬

姦人僩（間）之。

四諱

深自刻責。元本作「自刻責深」。

若鳥卵之有轂（彀）。

若溉（潛）墨漆。

調時

連相倣（放）效。

敵（適）力角氣。

譏日

委心信之(是)。

尊則浴(污)亦治面。

飲食不擇食(日)。

且衣(供)服不如車馬。

卜筮

豈云天地合(告)報人哉。

無求空扣(叩)人之門。

辯祟

惟(雖)好惡與人不同，故(也)人不能曉其音。

未必不禱賽元本作「禱不塞」也。

上朔不會(舍)衆。

泊命壽元本作「壽命已」。　極。

難歲

彼東北徙(殺)，坤卦近(也)於午。

太歲不指午而空曰歲(數)破午。

詰術

數巷街（術）。

亦有巷街（術）。

以生名元本作「名生」。爲信。

無元本下有「姓」字。與相調（譖）。

門有宜嚮（向）。下竝同。

解除

不爲壹（一）驅還也。

雞雀元本作「雞鳥」。啄之。

戰鬬壹（一）再。

蝨（蟣）蝨食人。

禍繁（繫）不止。

祀義

實者主人之意（義）。

鬼神未必欲（歆）享之也。

人君重之，故下有「復」字。别祭。

緣先（生）事死。

報功堅(重)力。

宋國之祀，必時中禮(體)，夫(天)神何不(喜)見體以賞之乎。

則不能歆下有「之」字。矣。

此亦謂脩具謹潔(絜)與不謹潔(絜)也。

祭意

世所見鬼，非死人元本作「所衣」。之神，或(非)所衣之神，非所見之鬼也。何本挩此四句。

曰修(脩)。下竝同。

實能金火(大)木反(及)。案：當作「實能金木及水」，此昭二十九年左傳文。

世不失職(德)。

春求元本下有「雨秋求」三字是也，今本誤挩。實。

其難曉而(亦)不識。

及(反)以秋祭。

季子解元本下有「其」字。帶其(於)冢樹。

猶季之(子)帶劒於冢樹也。

修興(與)弗絕。

實知

譎常人言(之)耳。

從閭巷論朝(明)堂。

知實

以虞舜不豫(復)見。

堂上不趨(趍)，晏子趨(趍)。

而況親炙(爲)之乎。

定賢

骨體嫻(蘭)麗。

以朝庭(廷)選舉。

則夫著見而(之)人所知者舉多。

志潔(絜)不交非徒。

即喜樂(心)矣。

即(民)謂之賢。

羣臣手(力)戰。

堯、舜用(施)術。

行之似廉潔(絜)。

然則桓君山元本下有「不相」二字。素丞元本無此字。案：「素相」亦見超奇篇。相之跡在於新論者也。

正說

方今周禮邪（也）。

但周（可）以八寸爲尺。

或二十一篇，下重「篇」字。目或多或少。

謂（言）官失之言（者），蓋其實也。

書解

人無文則爲樸（僕）人。

説章句者終不求解扣（何）明。

案書

且（儒）案儒道傳。

世儒之實（實）書也。

不夏郊元本作「夏郊不」。之祀。

北（比）方三家尚矣。

太伯之易童（章）句。

對作

非曰元本作「曰非」。作也。

自紀

本魏郡元城一下空一字姓。

倉卒國(道)絶。

以賈販爲事(業)。

皆以過失祖摘。元本作「相摭」。

亦悲夫(忘)人之細非。

勉(免)以深鴻之文。

不能爲覆(復)。

伍(五)伯不肯觀。

蓋猶(獨)是之語。

言尚省而趍(趨)明。

變争元本作「争辯」。之言。

王市肩磨(靡)。

吾書亦纔(財)出百。

而徒著書自紀(己)。

衆多欲以何趍（趨）乎。

不偶（遇）之厄。

偏（徧）可輕乎。

宗（家）祖無淑懿之基。

庸角（用）不能程。案：「用」，當作「甬」。「庸，甬」見方言。

札迻卷十

白虎通德論

盧文弨校刊本。元大德刊本。陳立疏證本。

爵篇

「伯者，白也。」盧校云：「伯，舊作『百』，訛。此下闕。王制正義『春秋元命苞云：「伯之爲言白也，明白於德也。」』可取下五字補此處。」

案：封公侯篇云：「伯，長也。」邢昺孝經疏引此文亦云：「伯者，長也，爲一國之長也。」舊本「百」字，疑即「長」字之譌，不當別據元命苞補。盧校未塙。

「男者，任也。」盧云：「下當云『任功立業也』，亦出元命苞。」

案：孝經疏引作：「男者，任也，常任王事也。」吳棫韻補一引下句作「任功業也」，則與緯同。

「士者，事也，任事之稱也。」

案：孝經疏引此，上有「故禮辨名記曰」六字，當據補。辨名記，大戴禮記逸篇之一，詩魏風沮洳正義亦引之。

「禮曰：『四十强而仕』。」盧云：「仕，何本作『士』，亦可通。」

案：元本亦作「士」，盧失校。凡元本異同，盧校補遺内未及者，附記之。

「吉冕服受同。」

案：「同」，元本作「銅」，與上文同，是也。同、銅説詳盧校補遺。

號篇

「故詩云：『愷弟君子，民之父母。』」

案：「愷」，詩大雅泂酌作「豈」，元本及明葛璿本竝作「凱」，與禮記孔子閒居、表記、説苑政理篇同。

社稷篇

「故月令『仲春之月，擇元日，命民社』。盧本此下增「仲秋之月，擇元日，命民社」十字。援神契曰：『仲春獲禾，盧本此下增「祈穀仲秋」四字，又改「獲」爲「穫」字。報祭社稷。』」陳壽祺五經異義疏證改援神契「仲春」爲「仲秋」云：「白虎通引月令以證春求，引援神契以證秋報。『獲』與『穫』古通。盧校非是。」

案：陳説是也。玉海九十九郊祀引三禮義宗云：「無土不立，無穀不生，故立社稷而祭之。春則求之，秋則拜之。「拜」當作「報」。下引援神契同。故月令云：『仲春之月，擇元日，命民社。』孝經援神契云：『仲秋穰禾，「穰」當爲「穫」。拜祭社稷。』」崔靈恩即本此文，蓋月令秋雖命社而無報文，故别引孝經緯以證義。盧氏未憭，兩增其文，斯爲複贅矣。

「在門東，明自下之無事處也。」盧云：「自，疑衍，或『在』字之誤。」

案：「自」，當爲「示」。「下」，疑「斥」之譌。

「爲社立祀，始謂之稷，語不自變有内外。」盧云：「疑當作：『爲社立稷，即謂之稷。語不變，示有内外。』」

案：「爲社立祀」，當作「爲稷立祀」。餘當從盧校。

「或曰社稷，不以爲稷社，舊本譌，互不可讀，今從盧校。故不變其名，事自可知也。」

案：「自」，亦當作「示」。

禮樂篇

「王者有六樂者，貴公美德也。」

案：「公」，何允中本作「功」，是，當據正。

「琴瑟練絲徽弦。」盧云：「小字本作『朱弦』。」

案：元本與小字本同。書益稷正義云：「擊柷之椎名爲止，戛敔之木名爲籈。漢禮器制度及白虎通、馬融、鄭玄、李巡，其説皆爲然也。」今本無止、籈之説，疑此處捝文。

封公侯篇

「諸侯二十國厚有功，象賢以爲民也。」

案：「二十國」當作「世國」，唐人避諱「世」字作「廿」，與二十合文相似，故誤分爲二字。下文又云「諸侯世位」亦可證。

「又曰：『孫首也庸，不任輔政。』」

案：此譌捝不可通。元本作「孫苟中庸」，當據正。

京師篇

「使善易以聞，爲惡易以聞。」

案：「使」下亦當有「爲」字。

五行篇

「癸者，揆度也。」

案：元本作「癸者，揆，揆度，可揆度也。」文義亦宂贅。疑當作「癸者，揆也，可揆度也。」元本捝「也」字，衍「揆度」二字耳。

「黄者，中和之色。鍾者，動也。言陽氣於黄泉之下動養萬物也。」盧云：「舊本『陽氣』下有『動』字，今從史記正義删。」

案：王涇大唐郊祀録二引「陽氣」下有「潛藏動」三字，則今本蓋捝「潛藏」二字，「動」字非衍文。下「動」字屬「養萬物也」爲句。盧讀「言陽氣於黄泉之下動」句，非。

「一説云：甲今本捝此二字。木畏金，金以乙二字今本誤之。妻庚，受庚之化，木者大義無。法其本，柔可曲，大義捝此三字。直甲今本捝。故浮也。大義無。肝法其化，直乙今本捝。故沈。金畏火，以辛妻丙，受丙之化，金法其本，直庚故沈。肺法其化，直辛故浮。「金畏火」以下二十九字，今本竝捝。五行皆同義。」大義無此五字。

案：此條今本捝譌不可讀，盧氏亦無校，今據五行大義三引校正如右。

三軍篇

「穀梁傳曰：『天子有六軍，諸侯上國三軍，次國二軍，次國一軍。』」

案：此即王制説也，與穀梁襄十一年傳云「古者天子六師，諸侯一軍」義不合。下止云「諸侯所以一軍者何」，則不當有「上國三軍，次國二軍」之説，葢淺學妄增，當刪。

辟雍篇

「庠者，庠禮義也。」盧云：「次『庠』字疑當作『詳』。」

案：一切經音義九引正作：「庠之言詳也，以詳禮義之所也。」當據補正。

災變篇

「援神契曰：『行有點缺，氣逆干天。』」

案：「點」，元本作「玷」。「玷」即「點」之俗體。

「霜之爲言亡也。」

案：初學記二引：「露者，霜之始，寒則變爲霜。」疑此條佚文。

蓍龜篇

「以火動龜，不以水動蓍，何以爲嘔則是也。」盧云：「未詳。」梁履繩云：「『嘔』字從口，疑揲蓍時以口呴氣其上。」

案：「嘔」當作「漚」，謂漚濯之於水也。博物志云：「每月望浴蓍，必五浴之。」「浴」即「漚」也。梁說非班指。

文質篇 盧依莊述祖校改爲「瑞贄篇」，肊定無徵，今從元本。

「圓中牙外曰琮。」盧云：「舊本『牙』字下有『身玄』二字，係衍文。」

案：盧校非也。此當作：「圓中牙身方外曰琮。」琮方有梭角，故云「牙身」。「玄」即「方」之誤，「方外」與「圓中」文相對。

「士賤伏節死義。」盧云：「『伏』，舊作『仗』，非。」

案：元本正作「伏」。

三正篇

「是以禹、舜雖繼大平，猶當改以應天。」

案：元本作「舜、禹」，當依乙。

三教篇

「三教一體而分，不可單行，故王者行之有先後。」

案：元本「故」作「顧」。

「殷教以敬」。盧云：「小字本『殷』下有『人』字，當補入。」

案：元本亦有「人」字，與小字本同。

情性篇

「五性者何謂？仁義禮智信也。」盧云：「『五性』，舊作『五常』，訛。」

案：宋本論語邢疏引作「性」，殆即盧所據。但彼引此以釋三綱五常，則似本亦作「常」字。

「心所以爲禮何？」

案：以上下文例校之，「爲」字衍。五行大義引亦無。

「智者進止無所疑惑。」盧云：「『進』下舊有『而』字，據御覽刪。」

案：五行大義引作「進而不止」，文義較完。今本挩「不」字耳，「而」字不當刪。下文云「水亦進而不惑」，正冢此文可證。

「府者，爲五藏宮府也。」盧云：「『五』字舊脱，今補。」

案：説文繫傳引正有「五」字。

「膀胱者，腎之府也。腎者主瀉，膀胱常能有熱，故先決難也。」盧云：「御覽載元命苞曰：『膀胱者，肺之府也。肺者主斷決，膀胱亦常張有勢，故膀胱決難也。』與此不同。」

案：説文繫傳引亦作「肺之府」。下云「肺主斷決，膽膀胱亦常張有勢」，與御覽同。此云「常能有熱」，即「常張有勢」之誤。

「三焦者，包絡府也，水穀之道路，氣之所終始也，故上焦若竅，中焦若編，下焦若瀆。」盧云：「案內經云：『上焦如霧，中焦如漚，下焦如瀆。』此云『若竅』、『若編』，疑誤。」

案：一切經音義二十引云：「六府有三膲，腎之府也。腎主瀉，三膲亦以湊液吐故也。上膲若霧，中膲若滿，下膲若瀆。」此以三膲爲腎府，足證膀胱之爲肺府。「竅」作「霧」，亦與內經正合。「滿」則「漚」之誤耳。今本皆妄人所改。

「魂猶伝伝也，行不休也。」盧云：「舊作：『魂猶伝伝也，行不休於外也。』今據御覽八百八十六改。」

案：此尚有挩譌。廣韻二十三魂引此作：「魂者，沄也，猶沄沄，行不休也。」左傳昭七年孔疏引孝經説云：「魂，芸也。芸芸，動也。」「芸」、「沄」字通。韻補一引同。當據補正。春秋繁露山川頌云：「混混沄沄。」呂氏春秋圜道篇云：「雲西行云云然。」高注云：「運也」。「云」、「沄」字亦通。

「魄者，猶迫然著人也。」

案：廣韻二十三魂引作：「魄者，迫也，猶迫迫然著於人也。」文義較完。

日月篇

「日月徑皆千里也。」

案：五行大義四引：「日徑千里，圍三千里，下於天七千里。」當是此處佚文。

喪服篇

「布衰裳，麻絰，箭笄，繩纓，苴杖，爲略及本。」

案：「及」當爲「反」。禮記禮器云：「禮也者，反本脩古，不忘其初者也。」

崩薨篇

「賻者，助也。賵者，覆也。」盧云：「四字舊脱。案説題辭及服虔、何休之説皆以『覆』釋『賵』。」

案：一切經音義十二引：「賵之言赴也，所以相赴佐也。」此真白虎通挩文，不當別據說題辭諸書補。盧校未塙。

風俗通義 元大德刊本。盧文弨羣書拾補校。

皇霸第一

「到王遷，信秦反閒之言，殺其良將李牧，而任趙括，遂爲所滅。」盧校引錢大昕云：「括與牧不同時，此應氏誤。」

案：代李牧者，史記趙世家作「趙怱」，李牧傳及戰國策趙策又作「趙葱」，疑應氏本「葱」，或作「總」，「總」俗書作「摠」，與「括」形近，因誤而爲「括」。此傳寫之失，非仲遠之誤也。

正失第二

「奉車子侯驂乘，上下臣不預封事，何因操印没石乃止？暴病而死，悼惕無已。」「惕」，元本作「愓」，譌。盧從程榮本正。盧云：「『上』疑衍。」

案：盧校非也。「驂乘上下臣」，當作「驂乘弄臣」。此言奉車子侯年少，以恩澤侍左右，如弄臣也。「弄臣」見漢書申屠嘉傳及佞幸傳贊。「弄」，俗書或作「卡」，見後魏孝文帝弔比干文，營州刺史高貞碑。蓋舊本偶作俗體，展轉傳寫又誤分爲二字，遂不可通。「止」當作「正」，言子侯自以暴病死，非武帝所殺也。北堂書鈔設官部引大戴禮記「縱弄褋采」，今本保傳篇作「縱上下褋采」，與此可互證。

「燕太子丹，天爲雨粟，烏白頭，馬生角，廚人生害足。」盧校作「廚中杵生肉」，云：「據御覽七百六十二改正。御覽下有『是數然也』四字，疑衍。」

案：盧校大誤。此當作「廚中木象生肉足」。御覽惟「中」、「肉」二字足正今本之誤。干禄字書：「『肉』俗作『宍』，與『害』形近。」「是」即「足」之誤。「數然也」三字衍。論衡感虚篇載秦王誓云：「使日再中，天雨粟，烏白頭，馬生角，廚中木象生肉足，乃得歸。」是應篇亦云：「廚門象生肉足。」史記刺客傳索隱云：「風俗通、論衡皆云『廐門木烏生肉足。』」「烏」蓋「爲」之誤，「爲」俗「象」字。「廚」作「廐」，亦譌。與仲遠所説正同。「木象」，即刻木爲象人。論衡謝短篇〔一〕云「使立桃象人於門户。」莊子田子方篇成玄英疏云：「象人，木偶土梗人也。」象人以木爲足，今故誓使生肉足也。御覽作「杵生肉」，則不可通。盧從之，傎矣。

「孝文帝常居明光宫。」又云：「治天下致升平，斷獄三百人。」

案：論衡藝增篇云：「光武皇帝之時，郎中汝南賁光上書言：『孝文皇帝時居明光宫，天下斷獄三人。』頌美文帝，陳其效實。光武皇帝曰：『孝文時不居明光宫，斷獄不三人。』」與此所説略同。此云「斷獄三百人」，未爲甚少，疑當從論衡作「三人」爲是。

「喜其加會，因名曰賀，字元服。」

案：「加」，當爲「嘉」之誤。

〔一〕「短」，原本作「疑」，據論衡改。

愆禮第三

「妻者既齊於己，澄灑酒以養姑舅。」盧云：「『酒』下似脱一『漿』字。」

案：此當作「澄漠酒醴，以養舅姑。」列女傳宋鮑女宗傳云：「澈漠酒醴，羞饋食以事舅姑。」「澈」，當作「澄」，詳前。即仲遠所本，盧校失攷。

過譽第四

「昔有畏舟之危而自投水者，蓋憂難與處，樂其亟決。」

案：「與處」，應氏「謹按」述此語作「於處」，於義校長。此皇甫規自言身負大罪，憂難安處，冀朝廷亟決，心以爲樂，故應氏斷之云：「殺決可也。」即承規自請之辭而言。盧氏謂規罪不至此，斥仲遠言之太易，未喻其指。又案：淮南子氾論訓云：「楚人有乘船而遇大風者，波至而恐，自投於水。」皇甫規蓋本於彼。

「何得亂道，進退自由。」

案：目云「因稱狂，亂首走出府門」，則「道」當作「首」。

十反第五

「包胥重璽而存郢。」

案：「璽」，當爲「璽」之誤。淮南子脩務訓云：「申包胥曾繭重胝，七日七夜至於秦庭。」干禄字書：「『繭』，俗作『璽』。」

「司徒梁國盛允字〔一〕子翩爲議郎。」

案：後漢書桓帝紀李注云：「允字子代。」與此不同。水經獲水注云：「盧城城東有漢司徒盛允墓碑，允字伯世，梁國虞人也。」酈引碑文，最爲可據。後漢書注「世」作「代」者，唐人避太宗諱改耳。此作「翩」者，實當爲「嗣」字，「嗣」與「世」音正相近也。漢隸「嗣」或作「嗣」，見隸釋漢石經尚書殘碑。與「翩」形近，故傳寫易誤。前愆禮篇「河南尹太山羊翩祖」，後漢書羊陟傳作「字嗣祖」，「翩」亦「嗣」之誤，是其證矣。

「高唐令樂安周糾孟玉。」盧云：「『糾』，范書作『璆』。」

案：「糾」疑「玌」之誤，古从翏聲丩聲字多通用。集韻五十一幼有「玌」字，云「玉器」。

「石碏惡之，而後與焉。」

案：「後」當爲「厚」。左隱三年傳云「其子厚與州吁游」是也。

「秦西巴蜀命放麑，舊作「獸」，盧據下文正。而孟氏旋進其位。」盧云：「『蜀』因連『巴』字而誤寫。程本改『屬』，今定作『違』。」

案：「蜀」當爲「觸」。周禮司刑鄭注引尚書大傳云：「觸易君命。」盧校非。

「禮：『斬衰，公士大夫衆生爲其君。』」

〔一〕「字」字原本缺，據風俗通補。

案：「生」當作「臣」。儀禮喪服斬衰經云：「公士大夫之衆臣爲其君布帶繩屨。」仲遠即引彼文。

窮通第七

「而斌納之狴犴，堅其鐶挺。」

案：「挺」疑當作「梃」。說文木部云：「梃，距門也。」「堅其鐶梃」，謂置獄中，防閑嚴密也。

祀典第八

「禮緣生以事死，故社稷人祀之也。則祭稷穀，不得稷米，稷反自食也。」盧云：「此文有譌，當云：若稷是穀神，祭之用稷，反自食也？『也』與『邪』通。」

案：盧校非也。「則」與「即」字通。「不得稷米稷」，當作「不得以稷米祭稷」。此篇說社稷五祀，皆本許氏五經異義說。禮記郊特牲孔疏引異義：「許君謹案：禮緣生及死，故社稷人事之。既祭稷穀，不得但以稷米祭，稷反自食。」可據以校此文。

「以和陰陽，調寒配水，節風雨也。」

案：「調寒配水」疑當作「調寒暑配水旱」。「配」字亦疑有誤。

「周禮：以依盧校補。槱燎祀依盧校補。司中、司命文昌也。司中，文昌上六星也。」盧校改云：「司中，文昌第五星也。司命，文昌第四星也。」臧鏞、顧明補校云：「此依康成說改。續漢祭祀志注所引亦止云文昌上六星。」

案：此文當作：「周禮：『以槱燎祀司中、司命。』司命，今本涉上挩此二字。文昌也。司中，文昌下今本訛上。六星也。」周禮大宗伯先鄭注云：「司中，三能三階也。司命，文昌宮星也。」此云「司命，文昌」，猶彼云「文昌宮星」也。云「司中，文昌下六星」，即指「三能」也。三能即三台六星，在文昌宮之下。開元占經引春秋元命苞云：「魁下六星，兩兩而比，曰三能。」三能在斗魁下，則亦在文昌之下矣。此篇説五祀社稷，皆不從康成説，盧氏不察，輒依後鄭義以改此文，不知仲遠自從先鄭義也。

怪神第九

「大夫修宮。」

案：「宮」當爲「官」，形近而譌。賈子新書春秋篇云：「大夫夢惡則修官。」亦見新序襍事二。

「言家當有老青狗物。」盧云：「『物』字疑衍。」

案：古書多謂鬼魅爲物。漢書郊祀志云：「有物曰蛇。」顔注云：「物謂鬼神也。」春秋繁露王道篇云：「乾谿有物女。」此云「狗物」，猶言「狗魅」也，非衍。

「日晡時到亭，敕前導人。」

案：「人」當作「入」，謂令入亭止宿也。盧校不解，欲移下文「便鼉」二字著此下，大誤。

「吏卒檄白：『樓不可上。』」盧云：「『檄』疑『復』。」

案：「檄」疑當作「徼」，「徼白」即謂遮徼告白。廣稚釋詁云：「徼，遮也。」

「以絮巾結兩足幘冠之。」

案：方言云：「大巾，陳、潁之閒謂之帤。」説文云：「帤，巾帤也。」玉篇云：「帤，大巾也。」史記絳侯世家云：「太后以冒絮提文帝。」集解晉灼云：「巴蜀異物志謂頭上巾爲冒絮。」此「挐巾」即巾帤。續漢書輿服志云：「幘，文者長耳，武者短耳。」此云「兩足」，疑即兩耳矣。

「七月二日，拜鉅鹿太守。」盧云：「橋玄本傳不云爲鉅鹿太守，與史不合。」

案：蔡中郎集太尉喬公碑亦載其嘗爲鉅鹿太守，范書疏略失載耳。盧殊失攷。

山澤第十

「孝經曰：『聖不獨立，智不獨治。神不過天地，同靈造虛，由立五靈，設三台。』」

案：孝經無此文。攷劉向列仙傳贊云：「援神契言不過天地，造靈洞虛，猶立五嶽，設三台。」與此文同，則是孝經緯文，漢人引經緯不甚分別也。「同靈造虛」，「同」疑即「洞」之誤。

獨斷 盧文弨校刊本。

卷上

「璽者，印也。印者，信也。」盧校云：「舊有『天子璽以玉螭虎紐』八字。案：不當閒廁在此，且其文詳，當別爲一條，今補於後。」

案：「天子璽」八字，左傳襄二十九年正義及釋慧苑華嚴經音義三引竝在「信也」下，則唐本已如此，似不宜移後。「以玉」，左疏作「白玉」。漢舊儀同。

「衛宏曰：『秦以前，名皆以金玉爲印，龍虎紐唯其所好。然則秦以來，天子獨以印稱璽，又獨以玉，羣臣莫敢用也。』」

案：「名」，左傳疏引作「民」，與漢舊儀同，是也，當據校正。又案：華嚴經音義引此書云：「天子之璽以螭虎紐，古者尊卑共之。月令云『固封璽』。秦以前，諸侯卿大夫皆曰璽，自茲以降，天子獨稱，不敢用也。秦王子嬰上高祖傳國璽文曰：『受命於天，既壽且康。』此印章古名璽，即今謂檢文也。」自「秦王子嬰」以下，今本無，或慧苑別據他書增益，非蔡語。所引與今本上下文多舛異，附録於此，以備校覈。

「府史以下，未有爵命，號爲庶人，及庶人，皆無廟，四時祭於寢也。」

案：「號爲庶人」，「人」當作「士」。此用禮記祭法鄭注義。

「王者必作四夷之樂，以定天下之歡心。祭神明，和而歌之，以管樂爲之聲。」

案：「和」當作「吹」。此本周禮鞮鞻氏鄭注義。

申鑒 錢培名校刊本。

時事第二

「日月之災降異，非其舊也。」

案：此與本章郡祀之義不相應，當在下條之首，而誤著於此。下云：「天人之應，所由來漸矣。」與此二語，文正相承貫。

「執不俱是，比而論之，必有可參者焉。」

案：「執」當作「埶」，即古「勢」字。此言經師聚訟，勢無兩是，當參定之耳。

中論 錢培名校刊本。俞樾讀中論校。

德象第二

「子圉以大明昭亂。」

案：「圉」當作「圍」。左傳昭元年載楚公子圍享趙孟，賦大明之首章，叔向知其不終，即其事也。

貴言第六

「昔倉梧丙娶妻美而以與其兄。」錢校云：「按：淮南子氾論訓作『倉梧繞』，家語六本篇。作『嬈』。」

案：「丙」與「繞」、「嬈」形聲竝遠，疑當作「内」。一切經音義三云：「集韻[一]内，猥也，從市從人。作閙，俗。」蓋「嬈」、「内」古今字。集韻三十六效「閙」、「嬈」同紐。説文無「内」、「閙」二字。「閙」見新附，疑古止作「嬈」。孫星衍謂「内」即「丙」字，鈕樹玉謂「閙」爲「譟」之俗，竝未塙。徐書本作「嬈」，傳寫或作「内」又譌作「丙」耳。

〔一〕「集韻」原本誤爲「韻集」，今改。

務本第十五

「力折門鍵。」

案：「折」當作「扚」，或作「招」。淮南子道應訓「孔子勁扚國門之關」，許注云：「扚，引也。今本「扚」譌从木，此據史記天官書索隱正。門鍵即門關也。」又主術訓云：「孔子力招城關。」高注云：「招，舉也。」列子說符篇云：「孔子之勁能拓國門之關。」張注云：「拓，舉也。」釋文云「拓一作招」是也。文選吳都賦李注引亦作「招」。「扚」、「招」與「折」，形竝相近。

民數第二十

「使其鄰比，相保相愛，刑罰慶賞，相延相及。」

案：此用周禮大司徒及族師兩職文，「愛」當作「受」。前讉交篇云：「五比爲閭，使之相憂。」「憂」亦當作「受」。俞讀已校正。「受」、「愛」、「憂」竝形近而誤。

抱朴子

孫星衍、繼昌校刊本。　繼昌校勘記校。　俞樾讀抱朴子校。

內篇論仙

「水蠆爲蛤。」

案：「蛤」當爲「蛉」。淮南子齊俗訓云：「水蠆爲蟌。」宋本訛「蟌、莣」，王念孫據廣韻、御覽正。高注云：「蟌，青蛉也。」

「枝離爲柳。」舊校云：「一作『滑錢』。」

案：莊子至樂篇云：「支離叔與滑介叔觀於冥伯之丘。俄而柳生其左肘。支離叔曰：『子惡之乎？』滑介叔曰：『亡，予何惡！』」是生柳者乃滑介叔，非支離叔也。此「枝離」當作「滑叔」。或本作「錢」，即「叔」之誤。

微旨

「夫寸鮹汎迹濫水之中。」孫校云：「『鮹』當作『蛸』。『蛸』者，井中小蟲也。見爾雅郭注。」

案：抱朴子神仙金汋經云：「見巨鯨而知寸鯋之細也。」彼經亦晉、宋閒人依傅此書叚託爲之，故文多相涉也。此「寸鮹」亦即「寸鯋」之誤。後漢書馬融傳「鰋鯉鱨鯋」，李注云：「鯋或作鯊。郭義恭廣志云：『吹沙魚，大如指，沙中行。』」爾雅釋魚云：「鯊，鮀。」郭注亦以爲吹沙小魚是也。孫校改爲「蛸」，未塙。意林引作「蛸」，御覽九百三十六引作「鮪」，尤繆。

釋滯

「女仞倚枯，貳負抱桎。」舊校云：「『仞』一作『丑』。」

案：作「丑」是也。山海經海外西經云：「女丑之尸生，而十日炙殺之。」亦見大荒西經。即葛氏所本。「丑」譌爲「刃」，又譌爲「仞」耳。

辨問

「子韋、甘均，占候之聖也。」

案：史記天官書云：「昔之傳天數者，於宋子韋，在齊甘公。」集解引徐廣云：「甘公名德。」漢書藝文志有甘德長柳占夢二十卷〔一〕。史記張耳傳索隱引劉歆七略則云：「甘公字逢。」皆不云名「均」，未詳葛氏所據。

登涉

「林慮山下有一亭，其中有鬼。後郄伯夷者遇之。」舊校云：「『郄』一作『郅』。」繼校云：「御覽六百七十一作『郅』。」

案：續搜神記亦作「郅」，别本是也。風俗通義怪神篇載此事，文小異，云：「北部督郵西平郅伯夷，長沙太守郅君章孫也。」今本「郅」誤「到」，依盧氏羣書拾補校正。君章，郅惲字，後漢書有傳，則不當作「郄」明矣。

外篇君道

「烹如簧以謐司原之箴，折菀渃以迪梁伯之美。」

案：吕氏春秋直諫篇説，荆文王聽葆申諫，殺茹黄之狗，折宛路之矰。説苑正諫篇作「如黄之狗，菌簬之矰」。此「簧」當作「黄」，「渃」當作「路」，「菀」、「宛」字通。「梁伯」未詳。

欽士

〔一〕「二十卷」，原本作「十一卷」，據漢書藝文志改。

「秦邵拜昌於張生。」孫云：「事未詳。舊寫本作『秦昭』。」

案：舊寫本是也。「張生」即范睢，史記本傳載睢更姓名曰張祿，因王稽以見秦昭王，故此稱爲「張生」也。

備闕

「故姜牙賣煦無所售，而見師於文、武。」孫云：「『煦』疑當作『漿』。舊寫本『煦』字空白。盧本作『魚』，妄改耳。」

案：盧本固誤，然孫校亦非也。「賣煦」蓋謂賣傭。戰國策秦策姚賈曰「太公望棘津之不讎庸」即其事也，但以「傭」爲「煦」，未詳其義。道藏本漢武帝外傳説「李少君或時煦賃」，亦用「煦」爲傭賃字，疑晉、宋時俗語也。

任命

「范生來辱於溺簀。」舊校云：「苦怪切，籠也。」繼校改「簀」爲「簣」云：「刻本誤作『簀』，當改正。」

案：此當以作「簀」爲正。史記范睢傳「魏齊笞睢，睢詳死，即卷以簀，置廁中，賓客飲者醉，更溺睢」，即葛氏所本。舊校乃依誤本作音，不足據。繼校轉改「簀」爲「簣」以就之，傎矣。廣譬篇亦云：「應侯韜奇於溺簀。」

省煩

「無所憚難，而恨恨於惜懷推車，遲於去巢居也。」繼云：「『懷』，盧本作『壞』。」

案：盧本是也。「推」當作「椎」。韓非子八説篇云：「古者有珧銚而椎車者。」鹽鐵論散不足篇云：「古者椎車無柔。」「惜壞椎車」、「遲去巢居」，皆謂不欲變古之事也。「遲」下「於」字疑衍。

金樓子 鮑廷博刊本。

吴失

「有魚滄、濯裘之儉，以竊趙宣、平仲之名。」繼云：「『滄』，盧本作『餐』。」

案：「滄」當作「飡」。此用趙盾食魚飡事。見公羊宣元年傳。俗或以「湌」爲「飧」，「餐」、「湌」同。

立言篇九上

「夫陶犬無守夜之警，瓦雞無司晨之益，塗車不能代勞，木馬不中馳逐。」

案：下篇「鋸齒不能咀嚼」章亦有此四句。彼文較完，此複贅，當删。終制篇亦有「瓦雞乏司晨」之用語。

立言篇九下

「管仲有言：『無翼而飛者聲也，無根而固者情也。』」

案：此章與下章「古來文士異世爭驅」云云，當并爲一條，皆文心雕龍指瑕篇文。劉彦和時代較元帝略前，故此節録之。

「摯虞論邕玄表賦曰：『通精以整思，玄博而贍，玄表擬而不及。』余以爲仲治此説爲然也。」

案：此蓋論摯虞文章流別之語，「邕」上當有「蔡」字。文選謝朓拜中書記室辭隋王牋李注引蔡邕玄表賦云「庶小善之有益」是也。宋本蔡中郎集無此賦。「通」上當有「幽」字，謂張平子幽通賦也。「仲治」當作「仲洽」，見晉書本傳。

「登高使人欲望，臨深使人欲闚，處使然也。射則使人端，鈞則使人恭，事使然也。」

案：此淮南子説山訓文，後襍記篇上亦有此數語，而文小異。此篇多襍摭古書語，而淮南子尤夥，今不備舉。

著書篇十

「夢書一秩十卷，金樓使丁覘撰。」

案：顔氏家訓慕賢篇云：「梁孝元前在荊州，有丁覘者，淇亭民尒，頗善屬文，殊工草隸，孝元書記，一皆使典之。稍仕至尚書儀曹郎，末爲晉安王侍讀。」即此人也。

雜記篇十三上

「翼即是於孝武座呼羊肉爲蹲鴟者，乃其人也。」

案：顔氏家訓勉學篇云：「江南有一權貴，讀誤本蜀都賦注，解蹲鴟芋乃爲羊字，人饋羊肉，荅書云：『損惠蹲鴟。』」江南權貴似即指王翼。元帝云「於孝武座呼羊肉爲蹲鴟」，顔云「人饋羊肉答書」，或所聞之異也。

自序篇十四

「吾小時，夏日夕中，下絳紗蚊綯，中有銀甌一枝，貯山陰甜酒，卧讀，有時至曉，率以爲常。又經病瘡，肘膝爛盡。」

案：顔氏家訓勉學篇云：「梁元帝嘗爲吾説：『昔在會稽，年始十二，便以好學。時又患疥，手不得拳，膝不得屈，閑齋張葛幃，避蠅獨坐。銀甌貯山陰甜酒，時復進之，以自寬痛。』」即此事也。

新論袁孝政注

明程榮刊本。　盧文弨羣書拾補校。

從化第十二

「何者？冬之德陰而有寒炎，蕭丘夏之德陽而有霜霰。」

案：此以「寒炎」對「霜霰」，不當有「蕭丘」二字。下文别以「蕭丘寒炎」對「華陽温泉」，與此不同。疑此二字乃袁注誤入正文者。慎隟篇云「魏后曹操泄張繡之讐」，「曹操」二字亦小注入正文，與此誤同。盧校慎隟篇以「曹操」爲衍文，不知其爲注也。

審名第十六

「愚谷智叟而像頑稱。」袁注云：「昔有賢人，隱於愚谷，自號曰愚谷叟，時人聞之，以爲真愚人也。」

案：此見説苑政理篇，袁注未憭。此書所用故實，注多不能得其根柢。或疑此書即袁孝政僞作，殆不然也。

知人第十八

「故孔方諲之相馬也。」

案：「孔」當爲「九」。九方諲即莊子徐無鬼篇之九方歅。吕氏春秋觀表篇作九方堙。

妄瑕第二十六

「張景陽，郢中之大淫也，而威諸侯。」

案：利害篇云「淫如景陽」，無「張」字，此誤衍也。景陽，「景」姓「陽」名。淮南子氾論訓云：「景陽淫酒，被髮而御於婦人，威服諸侯。」高注云：「景陽，楚將。」此即劉氏所本。景陽亦見戰國策楚策、史記楚世家。

慎隟第三十三

「寸煙泄突，致灰千室。」

案：「煙」當作「熛」，二字形近而誤。說詳後孫子。

辯施第三十七

「挈瓶丐水，執萑求火，而人不恡。」注云：「草似龍鬚，可爲席，人用焫火也。」

案：「萑」當爲「蕉」，與「樵」字通。呂氏春秋不屈篇云：「豎子操蕉火〔一〕而鉅。」是也。袁注誤。列子周穆王篇云：「藏之隍中，覆之以蕉。」亦「樵」之叚字。

貴速第四十三

「今焚燃熛室，則飛馳灌之。」

〔一〕「火」字原本無，據呂氏春秋不屈篇補。

案：當作「焚熛燃室」，今本誤倒，遂不可通。

觀量第四十四

「晉文種米，曾子植羊。」

案：「植」當作「架」。二語本淮南子泰族訓，説詳前説苑。

九流第五十五

「厚葬文服。」

案：「文」當作「久」。晏子春秋外篇云：「久喪道哀。」

「陰陽者，子韋、鄒衍、桑丘、南父之類也。」

案：「桑丘」當作「乘丘」，「南父」當從明刻子彙本作「南公」。漢書藝文志陰陽家有乘丘子五篇，南公三十一篇。

「名者，宋鈃、尹文、惠施、公孫捷之類也。」

案：此篇所説，悉本漢藝文志。檢志，無「公孫捷」，疑當作「公孫、捷子」。「公孫」謂公孫龍，「捷子」自爲一人。漢志公孫龍十四篇，在名家；捷子二篇，在道家。

「縱横者，闞子、龐煖、蘇秦、張儀之類也。」

案：「闞」當爲「闕」。漢志從横家闕子一篇。後漢書獻帝紀李注引風俗通云：「闕氏，闕黨童子之後。縱横家有闕子著書。」「闕」、「闞」形近而誤。子彙本闞子下有注云：「字子我。」程本無。蓋明人所妄加，誤以爲左傳哀十四年之闞止，大繆。

「農者，神農、野老、宰氏、范勝之類。」

案：「范」當爲「氾」。漢志農家氾勝之十八篇。

六韜

孫星衍校刊本。　日本刊施子美講義本。　日本慶長刊本。

文韜文師一

案：後漢書何進傳李注云：「太公六韜篇：第一霸典，文論；第二文師，武論；第三龍韜，主將；第四虎韜，偏裨；第五豹韜，校韜；第六犬韜，司馬。」今本文師在文韜爲第一篇，與李所舉不合。龍韜以下，大題雖同，而亦無「主將」、「偏裨」等目，未詳其説。

龍韜陰符二十四

案：後漢書方術傳敍李注引玄女六韜要決文與此略同。「却敵報遠之符，長七寸。」「報」，李引作「執」，義亦通。

虎韜軍用三十一

「武翼大櫓矛戟扶胥七十二具。」

案：「具」當作「乘」。上文云：「武衛大扶胥三十六乘。」「衛」、「翼」義同。施本「衛」作「衝」，非。逸周書大明武篇云：「輕車翼衛。」

「提翼小櫓扶胥一百四十六具。」

案：施本無「六」字，慶長本同。又載別本具作「九」，於數亦不合。以上下文校之，此當作「一百四十四乘」。「具」亦「乘」之誤。上文「武衛大扶胥三十六乘」，「武翼大櫓矛戟扶胥七十二乘」，倍「武衛大扶胥」之數也。此「提翼小櫓扶胥」又倍之，故一百四十四乘。諸本竝誤。

「方首鐵棓維朌重十二斤。」

案：「維朌」義難通，當作「矩胸」。後文有方胸鋋孫本誤「鋌」，今從施本、慶長本。矛、方胸鐵杷、方胸鐵叉、方胸兩枝鐵叉。「矩胸」即「方胸」，義同。後文又云：「天浮鐵螳螂，矩內圓外。」此以矩爲方之證。

「天羅虎落鎖連一部，廣一丈五尺，高八尺，五百二十具。」孫本挩「五」字，今從施本。慶長本與下「虎落劍刀扶胥」數同。

案：漢書晁錯傳云：「爲中周虎落。」顏注引鄭氏云：「虎落者，外蕃也，若今時竹虎也。」師古云：「虎落者，以竹篾相連遮落之也。」即此。

「環利小微縲，長二丈。以上萬二千枚。」

案：「縲」當爲「纆」，形近而譌。易坎上六「係用徽纆」，李鼎祚集解引馬融云：「徽纆，索也。」釋文引劉表云：「三股曰徽，兩股曰纆。」說文糸部云：「纆，索也。」

「天雨，蓋重車上板結臬鉏鋙，廣四尺，長四丈。以上車一具。」

案：「臬」，孫本作「泉」，誤，今從施本、慶長本正。「結臬」，謂結繫麻索也。墨子備穴篇云：「參約臬繩。」

「銅築，固爲垂。」

案：此當作「銅爲垂」。「垂」、「錘」字通。急就篇云：「鐵錘檛杖棁柲杸。」皇象碑本「錘」作「垂」。「銅爲垂」，言銅爲杵頭也。文選蕪城賦李注引三蒼云：「築，杵頭鐵沓也。」「銅」或省作「同」，又譌作「固」。

「椓杙大鎚，重五斤」。

案：孫本「椓」作「椽」，誤，今從施本、慶長本。詩周南兔罝毛傳云：「丁丁，椓杙聲。」説文木部云：「椓，擊也。」弋部云：「弋，橜也。」「杙」即「弋」之叚字。墨子備城門篇云：「一寸一涿弋。」

軍略三十五

「設營壘，則有天羅武落、行馬蒺藜。」

案：「武落」即前軍用篇之「虎落」，唐人避諱改。

絶道三十九

「依山林險阻水泉林木而爲之固。」

案：「山林」與「林木」文複，「山林」當作「山陵」。通典五十七引正作「陵」，當據校正。

豹韜林戰四十三

「極廣吾道，以便戰所。」

案：「極」當爲「亟」。分險篇亦云：「亟廣吾道，以便戰所。」

敵强四十五

「微號相知。」

案：「微」與「徽」通。說文巾部云：「徽，幟也。以絳帛著於背。从巾，微省聲。」墨子號令篇亦作「徽職」。

犬韜戰車五十八

「圮下漸澤，黑土黏埴者，車之勞地也。」

案：通典一百五十九約引此文作「溼塹黏土」，此「漸」即「塹」之借字。「黑」，施本作「墨」，誤。

「殷草橫畝，犯厤深澤者，車之拂地也。」

案：考工記「輪〔一〕人爲蓋」云：「良蓋勿冒勿紘，殷畝而馳，不隊，謂之國工。」鄭注云：「善蓋者以橫馳於壟上，無衣若無紘，而弓不落也。」此「殷草橫畝」即「殷畝」之義。「深」，孫本作「浚」，今從施本、慶長本作「深」，與通典引同。

〔一〕「輪」，原本作「車」，據考工記改。

孫子曹操注 孫星衍景宋刊本。　孫星衍校刊吉天保十家注本。

漢藝文志兵權謀家吳孫子兵法八十一篇，圖九卷。史記：「孫武以兵法見於吳王闔閭。闔閭曰：『子之十三篇，吾盡觀之矣。』」與今本同。畢以珣孫子敍録謂「十三篇在八十一篇内」是也。呂氏春秋上德篇高注云「孫武，吳王闔閭之將也。兵法五千言」是也。今宋本曹注孫子凡五千九百一十三字，高蓋擧成數言之。

作戰第二

「孫子曰：『凡用兵之法，馳車千駟，革車千乘，帶甲十萬。』」曹注云：「馳車，輕車也，駕駟馬。革車，重車也。」此宋元豐監本，乃唐以後删定之本，注文簡略不完。吉天保集注引曹注云：「馳車，輕車也，駕駟馬。革車，重車也，言萬騎之重也。一車駕四馬，卒十騎。一重，句。人主炊，句。家子二人主保固守衣裝，廄二人主養馬，凡五人，步兵十人。重以大車駕牛，養二人主炊，句。家子一人主守衣裝，凡三人也。帶甲十萬，士卒數也。」又杜牧云：「司馬法曰：『一車甲士三人，步卒七十二人。炊家子十人，固守衣裝五人，廄養五人，樵汲五人。輕車七十五人，重車二十五人，故二乘兼一百人爲一隊。』」又張預云：「曹公新書云：『攻車一乘，前距一隊，左右角二隊，共七十五人。守車一乘，炊子十人，守裝五人，廄養五人，樵汲五人，共二十五人。攻守二乘〔一〕，凡一百人。』」案：吉引曹注較完。「家子二人」，「二」當作「一」。曹氏蓋謂凡輕車一乘，騎卒十人，步兵十人，養二人，家子一人，廄二人，共二十五人。重車一乘，養二人，家子一人，共三人。兩共二十八人。則「帶甲十萬」者，專計騎卒之數，不計步卒及養、家子、廄之數也。而杜牧、張預則謂輕車一乘，甲士步卒共七十五人；重車一乘，固守衣裝、廄、養、樵汲共二十五人，兩共百人。二説遠不相應。又曹注本以養爲主炊之人，家子爲主守衣裝之人，廄爲主養馬之人。公羊宣七年何注云：「炊亨曰養。」漢書張耳傳韋昭注同。曹以養主炊，與何説正合。而杜牧、張預乃以炊家子爲一，廄養爲一，直是襲曹説而失其讀，顯與古義不合。然則杜引司馬法，今司馬法亦無此文。張引曹氏新書，皆不可信，明矣。攷李衛公問對按曹公新書云：「攻車七十五人，前拒一隊，左右角二隊，守車一隊，炊子十人，守裝五人，廄養五人，樵汲五人，共二十五人。攻守二乘，凡百人。興兵十萬，用車千乘，輕車二千。」此文亦有誤。以孫子注校之，當作「用車二千，輕車千乘」。今本二句互易，遂不可通。此文與張預説正同。蓋隋、唐閒人僞託曹氏新書，有此妄説，而杜又誤屬之司馬法，宋以後人率沿其繆，不可不辯也。

行軍第九

「令素行以教，其民服；令不素行以教其民，則民不服。令素行者，與衆相得也。」孫校十家注本，「令素

〔一〕「乘」，原本誤作「人」，今改。

行者」作「令素信著者」，校云：「按注意，則故書當爲『信著者』，從通典、御覽改正。」

案：周禮大司馬賈疏引孫子云：「素信者，與衆相得。」與通典可互證。以文義校之，疑三「素行」竝「素信」之誤。通典引上二句仍作「令素行」，與今本同。

火攻篇十二

「煙火必素具。」

案：「煙」當作「熛」。說文火部云：「熛，火飛也，讀若標。」羣書治要引尸子貴言篇云：「熛火始起，易息也。」「熛」與「煙」形近而誤。

用間篇十二

「相守數年，以爭一日之勝，而愛爵禄百金，不知敵之情者，不仁之至也，非人之將也。」

案：周禮士師賈疏引作「而受爵禄金寶於人者，非民之將也」，與此文意竝異。此泛言愛金，不宜限以百數，當從賈作「金寶」爲是。

吴子　孫星衍景宋刊本。

治兵第三

「冬則温廏，夏則涼廡，刻剔毛鬣，謹落四下。」

案：莊子馬蹄篇云：「伯樂曰：『我善治馬。』燒之，剔之，刻之，雒之。」説文金部云：「鉻，剔也。」

廣雅釋詁云：「雒，剔也。」鉻、雒、落字竝通。「謹落四下」，謂剔其四蹏之爪甲也。

論將第四

「車堅管轄。」

案：急就篇云「輻轂輨轄輮輰轃」，皇象本作「錧鎋」。説文車部云：「輨，轂端沓也。」「轄，鍵也。」此「管」即「輨」之借字。急就篇顔注云：「輨，轂端之鐵也。轄，豎貫軸頭，制轂之鐵也。」

司馬法

孫星衍景宋刊本。張澍校刊本。

嚴位第四

「銜枚誓糗。」

案：「誓糗」不可通，疑「糗」當爲「具」。「誓具」，謂戒其具備也。「具」誤爲「臭」，校者不達，又益「米」作「糗」。

尉繚子

日本刊施氏講義本。日本慶長刊本。

兵談

「大不窕，小不恢。」

案：「恢」無義，當爲「桄」之誤。説文木部云：「桄，充也。」墨子尚同下篇云：「是故大用之，治天下不窕，小用之，治一國一家不横者，若道之謂也。」「横」、「桄」字通。一切經音義説：「桄，古文作横。」禮記孔子閒居鄭注云：「横，充也。」「不桄」，即謂不充塞。説文火部，「光」，古文作「炗」，與「灰」相近，故「桄」誤作「恢」也。

「兵如總木，弩如羊角。」

案：淮南子兵略訓云：「兵如植木，弩如羊角。」即本此文。「總木」無義，當從淮南書作「植木」。

制談

「拗矢，折矛，抱戟。」

案：「抱」即今之「抛」字。史記三代世表云：「抱之山中」。裴駰集解音「普茅反」。玉篇手部始有「抛」字，云：「擲也。」古止作「抱」字。

守權

「凡守者，進不郭圉，退不亭障。」施氏講義云：「圉，牧圉也。」

案：「圉」與「禦」通，謂迎拒之於郭外也。墨子號令篇云：「敵人但至，千丈之城，必郭迎之，主人利；不盡千丈者，勿迎也。」施説誤。

治本

「金木之性不寒，而衣緑飾。」

案：「緑」，慶長本作「繡」。疑當作「緣」，形近而譌。

三略日本刊施氏講義本。

隋書經籍志云：「黄石公三略三卷。梁又有黄石公記三卷。」案：後漢書臧宫傳光武詔引黄石公記曰：「柔能制剛，弱能制彊。」馬總意林六今刻本缺此卷，此據校宋足本。引黄石公記云：「與衆好生者靡不成，與衆同惡者靡不傾。今本「好生」作「同好」，兩「者」字竝無。文竝見今本上略。又云：「四民用虚，國家無儲；四民用足，國家安樂。」文見下略。「家」，今本竝作「乃」。是此書即七録之黄石公記也，隋志分爲二，似失攷。

札迻卷十一

素問王冰注

明放宋嘉祐刊本。顧觀光校勘記校。胡澍校義校。日本丹波元簡素問識校。度會常珍校譌校。俞樾讀書餘録校。

四氣調神大論篇第二

「春三月，此謂發陳。」王注云：「春陽上升，氣潛發散，生育庶物，陳其姿容，故曰發陳也。」又五常政大論篇云：「發生之紀，是謂啟敕。」注云：「物乘木氣以發生而啟陳其容質也。敕，古陳字。」

案：鍼解篇云：「菀陳則除之者，出惡血也。」注云：「陳，久也。」此「陳」義與彼同。「發陳」、「啟陳」竝謂啓發久故，更生新者也。王注失其義。月令鄭注引明堂月令云：「仲秋，九門磔攘，以發陳氣。」

陰陽應象大論篇第五

「故曰天地者萬物之上下也，陰陽者血氣之男女也，左右者陰陽之道路也，水火者陰陽之徵兆也，陰陽者萬物之能始也。」注云：「謂能爲變化之生成之元始。」元熊宗立本，明道藏本「化」下竝無「之」字，此衍。林億新校正云：「詳『天地者』至『萬物之能始』與天元紀大論同，注頗異。彼无『陰陽者血氣之男女』一句，又以『金木者生成之終始』代『陰陽者萬物之能始』。」宋本。

案：「陰陽者血氣之男女也」，疑當作「血氣者陰陽之男女也」。蓋此章中三句通論陰陽分血氣、左右、水火，而總結之云「陰陽者萬物之能始也」。「能」者，「胎」之借字。爾雅釋詁云：「胎，始也。」釋文云：「胎，本或作台。」史記天官書「三能」即「三台」，是「胎」、「台」、「能」古字竝通用。天元紀大論專論五運，故無此句，而別增「金木者生成之終始也」句。二篇文雖相出入，而大恉則異。俞氏據天元紀大論改此篇，非也。

陰陽別論篇第七

「三陽三陰發病爲偏枯痿易，四支不舉。」注云：「易謂變易，常用而痿弱無力也。」又大奇論篇：「跛易偏枯。」注云：「若血氣變易爲偏枯也。」

案：「易」竝當讀爲「施」。湯液醪醴論篇云：「是氣拒於內而形施於外。」「施」亦作「弛」。生氣通天論篇云：「大筋緛短，小筋弛長。緛短爲拘，弛長爲痿。」又云：「筋脈沮弛。」注云：「弛，緩也。」痿論篇云：「宗筋弛縱。」刺要論篇云：「肝動則春病熱而筋弛。」皮部論篇云：「熱多則筋弛骨消。」蓋痿跛之病，皆由筋骨解弛，故云「痿易」「跛易」。易即弛也。王如字釋之，非經恉也。毛詩何人斯篇「我心易也」，釋文：「『易』，韓詩作『施』。」爾雅釋詁：「弛，易也。」釋文：「『弛』本作『施』。」是「易」、「施」、「弛」古通之證。

五藏生成論篇第十

「徇蒙招尤。」注云：「徇，疾也。蒙，不明也。招，謂掉也，搖掉不定也。尤，甚也。目疾不明，首掉尤甚。」滑壽云：「『徇蒙招尤』，當作『眴蒙俞校「徇」字說同。招搖』。」素問鈔。丹波元簡云：「本事方作『招搖』。」

案：滑説是也。後氣交變大論篇云：「筋骨繇復。」注云：「繇，搖也。」又至真要大論云：「筋骨繇併。」「尤」與「繇」、「搖」字竝通。

玉版論要篇第十五

「其色見淺者，湯液主治十日已。其見深者，必齊主治二十一日已。其見大深者，醪酒主治百日已。」

案：前湯液醪醴論篇云：「必齊毒藥攻其中，鑱石鍼艾治其外也。」「必齊」之義，王氏無注，蓋以「必」爲決定之辭，「齊」即和劑也。「齊」、「劑」古今字，俞讀「齊」爲「資」，未塙。此常義，自無勞詁釋，然止可通於湯液醪醴論。若此篇云「必齊主治」，於文爲不順矣。竊謂此篇「必齊」對「湯液」、「醪酒」爲文，湯液醪醴論「必齊毒藥」對「鑱石鍼艾」爲文，「必」字皆當爲「火」，篆文二字形近，因而致誤。史記倉公傳云：「飲以火齊湯。」「火齊湯」即謂和煮湯藥。此云「湯液主治」者，治以五穀之湯液，見湯液醪醴論篇。「火齊主治」者，治以和煮之毒藥也。移精變氣論篇云：「中古之治病，病至而治之湯液十日，以去八風五痺之病。十日不已，治以草蘇草荄之枝。」此「火齊」即草蘇之類。韓非子喻老篇：「扁鵲曰：『疾在腠理，湯熨之所及也；在肌膚，鍼石之所及也；在腸胃，火齊之所及也。』」亦可證。

診要經終論篇第十六

「十一月，十二月，冰復地氣合。」

案：「復」與「腹」通。禮記月令：「季冬，冰方盛，水澤腹堅。」鄭注云：「腹，厚也。此月日在北陸，冰堅厚之時也。今月令無『堅』。」釋文云：「『腹』又作『複』。」詩七月毛傳云：「冰盛水腹，則命取冰於山林。」此云「冰復」，亦謂冰合而厚。明萬麻本作「水伏」，誤。

「中心者環死。」注云：「氣行如環之一周則死也，正謂周十二辰也。」新校正云：「按刺禁論云：『一日死四時。』刺逆從論同。」

案：「環」與「還」通。儀禮士喪禮：「布巾環幅。」注云：「古文『環』作『還』。」蓋中心死最速，還死者，頃刻即死也。史記天官書云：「殃還至。」索隱云：「還，旋疾也。」漢書董仲舒傳云：「還至而立有效。」此篇說中脾腎肺藏死期與刺禁論並不同，則此「中心」亦不必周一日也。彼言「一日死」，亦言死在一日內耳，非必周帀一日也。

脈要精微論篇第十七

「赤欲如白裹朱。」丹波元簡云：「宋本脈經『白』作『帛』，沈本脈經作『綿』。」

案：「白」與「帛」通，謂白色之帛也，亦謂之縞。五藏生成論篇云：「生於心，如以縞裹朱；生於肺，如以縞裹紅；生於肝，如以縞裹紺；生於脾，如以縞裹栝樓實；生於腎，如以縞裹紫。」注云：「縞，白色。」此下文云：「黃欲如羅裹雄黃。」凡言裹者，皆謂繒帛之屬。脈經別本作「綿」者非。

舉痛論篇第三十九

校新正云：「按全元起本在第三卷，名五藏舉痛，所以名『舉痛』之義未詳。按本篇乃皇帝問五藏卒痛之疾，疑『舉』乃『卒』字之誤也。」

案：林説非也。「舉」者，辨議之言。此篇辨議諸痛，故以「舉痛」爲名。墨子經上云：「舉，擬實也。」説云：「舉，告以文名，舉彼實也。」呂氏春秋審應篇云：「魏昭王問於田詘曰：『聞先生之議曰，爲聖易，有諸乎？』田詘對曰：『臣之所舉也。』」荀子儒效篇亦云：「謬學雜舉。」皆此篇名之義。林肊改爲「卒痛」，殆未達「舉」字之古義矣。

痹論篇第四十三

「凡痺之類，逢寒則蟲，逢熱則縱。」注云：「蟲，謂皮中如蟲行。」新校正云：「按甲乙經，『蟲』作『急』。」

案：「蟲」當爲「痋」之借字。説文疒部云：「痋，動病也，从疒，蟲省聲。」故古書「痋」或作「蟲」。段玉裁説文注謂：「『痋』即『疼』字。釋名云：『疼，旱氣疼疼然煩也。』『疼疼』，即詩雲漢之『蟲蟲』是也。」蓋痺逢寒則急切而疼疼然不安，則謂之痋。巢氏諸病源候論云：「凡痺之類，逢熱則痒，逢寒則痛。」「痛」與「疼」義亦相近。王注訓爲「蟲行」，皇甫謐作「急」，顧校從之，竝非也。

氣交變大論篇第六十九

「木不及春，有鳴條律暢之化。」又云：「土不及四維，有埃雲潤澤之化，則春有鳴條鼓拆之政。」

案：後五常政大論篇云：「發生之紀，其德鳴靡啟拆。」六元正紀大論篇云：「其化鳴紊啟拆。」與此「鳴條鼓拆」，三文竝小異，而義恉似同。竊疑「鳴條」當作「鳴璺」，「鼓」亦當作「啟」。上文云：「水不及則物疏璺。」六元正紀大論又云：「厥陰所至，爲風府，爲璺啟。」注云：「璺，微裂也。啟，開拆也。」然則「鳴璺」者，亦謂風過璺隙而鳴也。其作「條」、作「紊」、作「靡」者，皆譌字也。「璺」

者，「𦉜」之别體。方言云：「器破而未離謂之璺。」郭注云：「璺，音問。」與「紊」音同，故譌爲「紊」。校寫者不解「鳴紊」之義，或又改爲「鳴條」。「條」，俗省作「条」，與「紊」形近。「𦉜」，俗又别作「亹」。鈕樹玉説文新附攷云：「亹，𦉜之俗字。」「𦉜」一變爲「舋」，見唐等慈寺碑，再變爲「亹」，爾雅釋文音「亡匪反」，與「靡」音近，則又譌作「靡」。古書傳寫，展轉舛貿，往往有此，參互校覈，其沿譌之跡，固可推也。

著至教論篇第七十五

「雷公曰：『臣治踈，愈説意而已。』」注云：「雷公言，臣之所治，稀得痊愈，請言深意而已。疑心已止也，謂得説則疑心乃止。」

案：王讀「臣治踈愈」句斷，非經意也。此當以「臣治踈」三字爲句，「愈説意而已」五字爲句。「愈」即「愉」字之變體。説文心部云：「愉，薄也。」叚借爲「媮」，俗又作「偷」。詩唐風山有樞篇：「他人是愉。」鄭箋云：「愉，讀爲偷。」周禮大司徒：「以俗教安則民不愉。」公羊桓七年何注：「則民不愉。」釋文云：「『愉』本作『偷』。」是其證也。此「愈」亦當讀爲「偷」。禮記表記鄭注云：「偷，苟且也。」史記蘇秦傳云：「臣聞飢人所以飢而不食烏喙者，爲其愈充腹而與餓死同患也。」戰國策燕策「愈」作「偷」，淮南子人閒訓云：「焚林而獵，愈多得獸，後必無獸。」韓非子難一篇「愈」亦作「偷」。國策、淮南「愈」字之義，與此正同。葢雷公自言，臣之治疾，爲術踈淺，但苟且取説己意而已。王氏失其句讀，而曲爲之説，不可通矣。

徵四失論篇第七十八

「帝曰：『子年少智未及邪？將言以雜合邪？』」注云：「言謂年少智未及而不得十全耶？爲復且以言而雜合衆人之用耶？」

案：注説迂曲不可通。以文義推之，「雜」當爲「離」，二字形近，古多互譌。周禮形方氏：「無有華離之地。」注：「杜子春云：『離，當爲雜，書亦或爲雜。』」下文「妄作雜術」，校譌引古鈔本、元槧本「雜」作「離」是其證。「言以離合」，謂言論有合有不合也。

周髀算經趙爽甄鸞李淳風注

孔繼涵校刊宋元豐監本。李籍音義校。顧觀光校勘記校。

卷上

「請問古者包犧立周天厤度。」趙注云：「聞包犧立周天厤度，建章蔀之法。」

案：注「聞」當作「問」。

「此列士之遇智、賢否肖之所分。」趙注云：「列，猶別也。言觀其術，鑒其學，則遇智者別矣。」

案：「遇」，胡震亨本竝作「愚」是也，當據正。

「夏至南萬六千里。」甄注云：「今夏至影有一尺六寸，故其萬六千里。」

案：注「故」下當有「知」字。

「周髀長八尺，夏至之日晷一尺六寸。」趙注云：「此數望之從周城之南千里也，而周官測景尺有五寸，蓋出周城南千里也。記云：『神州之土，方五千里，雖差一寸，不出幾地之分，先四和之實，故建王國。』」

案：「此數望之從周城」，即後榮方告陳子語，趙注引之，明此「尺六寸」之晷，據周城測之也，下不當更有「之南千里也」五字。此誤涉下文「蓋出周城南千里也」而衍。「不出幾地之分」，「幾」當從胡本作「畿」。「先四和之實」，「先」當作「失」。胡本作：「先王知之實，故建王國。」誤。

「髀者，股也；正晷者，句也。」趙注云：「股定然後可以度日之高遠。」

案：注「股」上當有「句」字。

「故曰日晷徑千二百五十里。」李注云：「其言更出書，非直有此。」

案：注「直」當作「真」，形近而誤。

李注云：「何承天又云：『詔以土圭測影，考校二至[一]，差三日有餘。從來積歲及交州所上，驗其增減，亦相符合。』此則影差之驗也。」

案：此何承天上新曆表文，宋書曆志亦載之。「驗其增減亦相符合」，宋志作「檢其增減亦相符驗」。李注云：「按梁武帝都金陵，云洛陽南北大較千里。」

案：「云」當爲「去」之誤。

〔一〕「至」，原本作「字」，據宋書律曆志改。

「差數及日光所還觀之。」趙注云：「以差數之所及，日光所還，以此觀之，則四極之窮也。」

案：依注，正文「差數」下當有「所」字。日躔環黃、赤道，四極非日月所還。以文義校之，疑正文及注「還」當作「遝」。「遝」與「逮」通。詳前吳越春秋。前趙注云：「至極者，謂璇璣之際爲陽絶陰彰以日。夜之時，而日光有所不逮。」即其證也。

趙注云：「河圖括地象云：『而有君長之州九，阻中國之文德，及而不治。』」

案：注引河圖讖有挩誤。李氏音義引「括地象」下有「亦」字，「云」下有「里數」二字，音義全錄。此注於義無取，疑亦衍文。竝當據校補。葢河圖讖本詳記四極里數，趙不全引，而以「里數」二字約舉之，今本并删此二字，遂不可通耳。

卷下

「晝夜易處，加四時相及。」趙注云：「南方日中，北方夜半。」

案：以注義推之，則「時」謂日中、夜半，不得云「四時」。正文「四」字是衍文，當删。「加時」猶下文「日加卯酉之時」是也。「及」當爲「反」之誤。

「故日兆月。」趙注云：「月舍影，故月光生於日之所照，魄生於日之所蔽。」

案：此節注竝櫽栝張衡靈憲文。見續漢書天文志劉注及李淳風乙巳占、瞿曇悉達開元占經。「月舍影」，靈憲元文作「水月含影」，此挩「水」字，「含」又譌「舍」，胡本「含」字不誤。遂不可通。

「星辰乃得行列。」趙注云：「靈憲曰：『眾星被曜，因水火轉光，故能成其行列。』」

案：靈憲元文「因水」下無「火」字，此誤衍。

「欲知北極樞璿周四極。」趙注云：「極中不動，璿璣也。」

案：注當作：「極中不動，動者璿璣也。」今本挩「動者」二字，則與下經「璿璣四游」之語不合矣。

「中衡左右，冬有不死之草，夏長之類。」

案：「夏長之類」四字，當爲趙注誤錯入正文。下文：「凡北極之左右，物有朝生暮獲。」注云：「謂葶藶、薺麥、冬生之類。」與此注正相對也。

「日月失度，而寒暑相姦。」趙注引考靈曜曰：「璿璣中而星中是周，周則風雨時。」

案：注「周」竝當作「調」。下云「若急舒不調是失度」可證。

孫子算經 孔繼涵校刊宋本。

太平御覽工藝部七引一行算法曰：「萬萬穰爲載，數之極矣。或問之曰：『何以數之爲載？』案：孫子算經云：『古者積錢，上至於天，天不能容，下至於地，地不能載。天不能蓋，地不能載，故名曰載。』」以上竝引算經語。檢今本孫子算經無此語，疑傳録失之。

數術記遺甄鸞注 孔繼涵校刊宋本。

「世人言三不能比兩，乃云捐悶與四維。」甄注云：「藝經云：『捐悶者，周公作也。先本位，以十二時相從。其文曰：「周有文章，虎不如龍。豕者何爲，來入兔宮？王孫出卜，乃造黄鍾。犬就馬廄，非類相從。羊奔蛇穴，牛入雞籠。」』徐援稱「捐悶」乃是奇兩之術」。

案：「捐悶」、「四維」蓋皆博戲之别術，今竝不傳。「捐悶」，太平御覽工藝部十二引藝經「捐」作「悁」，「先本位」作「先布本位」，「周有文章」，「周」作「同」，疑以作「周」爲是。「王孫出卜」，「出」作「晝」，「犬就馬廄」作「犬往就馬」，與甄注所引小異。「徐援」卽「徐爰」，見宋書恩倖傳。

注云：「四維，東萊子所造也。案：東萊子卽徐岳。布十二時，四維之一。其文曰：『天行星紀，石隨龍淵。風吹羊圈，天門地連。兔居蛇穴，馬到猴邊。雞飛豬鄉，鼠入虎壥。』擧亦有四維之戲，與此異焉。」

案：甄所引術文，亦不盡可解。末句「擧」下當有挩字。藝文類聚七十四引晉李秀四維賦序：「四維戲者，衛尉摯侯所造也。畫紙爲局，截木爲碁，取象元一分而爲二，準陰陽之位，擬剛柔之象，而變動無爲生乎其中。」與甄所述東萊子術迥異。御覽工藝部引同。晉書摯虞傳載，虞，惠帝時爲衛尉卿。甄注及李賦所言，當卽虞也。

注云：「徐援受記，億億曰兆，兆兆曰京。此卽上數也。」

案：「徐援受記」疑當作「徐爰記云」，詳前。

夏侯陽算經孔繼涵校刊宋本。

言斛法不同

「至宋元嘉二年，徐受重鑄，用二尺三寸九分。」

案：「受」亦當作「爰」，詳前。

易林

黄丕烈刊校宋本。張海鵬校刊本。翟雲升校略本。丁晏釋文校。

屯之同人

「三孫荷弩，無益於輔。」張本「荷」作「維」，校云：「『孫』，別本作『系』。」此據毛晉本。凡張校云「別本」並同。翟本作「三絲維弩」。

案：校宋本是也。「三孫荷弩」，言童孫三人荷弩，雖衆而不能挽强命中，故云「無益於輔」。遯之家人云：「狗畏猛虎，依人爲輔。三夫執戟，伏不敢趨，身安無咎。」此三孫荷弩而無益於輔，彼三夫執戟則可依爲輔，辭意相反，而文例正同。別本及翟本並誤。

蒙之否

「操⿰禾召鄉畝，折貨稷黍。」張校云：「『⿰禾召』，別本作『⿰黍巨』。」翟本作「秬」。

案：「⿰禾召」、「⿰黍巨」、「秬」疑並「耜」之誤。恆之蒙云：「郊耕釋秬。」張校別本作「擇耜」，是其證。管子輕重己篇「耟耒」卽「耜耒」。後周濟州刺史任公屏盜碑云：「釋耒耟之用。」蓋「耜」俗書作「耟」，與「秬」形近，故傳寫易譌。

蒙之復

「獐鹿雉兔，羣聚東囿。盧黄白脊，俱往趨逐。九齚十得，君子有喜。」翟本作「盧黄脊白」，校云：「當作

『盧黑鵲白』，見孔叢子執節。」

案：翟校得之而未盡也。此「盧黃白脊」當作「黃盧白昔」。「昔」即「鵲」之省文，與脊形近而譌。翟本「白脊」到作「脊白」，尤非。焦氏葢以盧爲黃色之犬，與孔叢子說小異，故臨之乾云：「黃獹生馬，白戌爲母。」「黃獹」即「黃盧」也，「獹」、「盧」之俗。戰國策秦策「韓盧」，廣雅釋獸亦作「韓獹」。可證此章之義。

蒙之無妄

「織金未成，緯畫無名。」張云：「『金』，太平御覽引作『帛』。」翟本「金」作「帛」，「畫」作「盡」。

案：「金」、「帛」疑竝「錦」之壞字。「緯畫」者，楚辭離騷云：「忽緯繣其難遷。」王注云：「緯繣，乖戾也。」廣雅釋訓云：「敼憻，乖剌也。」「緯畫」與「緯繣」、「敼憻」竝同。

蒙之離

「聾跛摧殆。」張云：「『殆』，別本作『筋』。」翟本作「筋」，校云：「摧筋，猶弟子職所謂『折櫛〔一〕』。」注：『櫛，燭盡也。』」丁云：「摧筋，謂摩筋摧揉之。」

案：別本是也。「摧」當作「嗺」。「嗺筋」，義詳前淮南子。翟、丁說竝繆。

蒙之蹇

「司録憑怒，謀議無道。商民失政，殷人乏祀。」翟校引牟庭云：「『司録』當作『司禄』。」翟云：「『商民』

〔一〕弟子職有「櫛之遠近」、「左平正櫛」、「乃取厥櫛」及「櫛」字注文，無「折櫛」連文者，此處引文有誤。

當作『商君』。」

案：牟校是也。司禄，天神，見周禮天府職。藝文類聚符命部引隨巢子説禹受命云：「司禄益富而國家實。」「商民」疑「商氏」之誤。

師之蹇

「武庫軍府，甲兵所聚。非里邑居，不可舍止。」翟云：「一作『非邑非里』。」

案：當作「非邑居里」。此以「府」與「聚」爲韻，「里」與「止」爲韻，此書例多以二句一韻。或本惟「居里」之「居」誤作「非」，餘皆不誤。文例正同。若作「非里邑居」，則下二句失韻矣。周禮載師鄭注云：「廛里者，若今云邑居里。」是「邑居里」爲漢人常語，詳周禮正義。可證此文之誤。

小畜之益

「禹作神鼎，伯益銜指。」牟云：「『益』當作『垂』。呂覽離謂〔一〕：『周鼎著倕而齕其指。』」翟云：「淮南子本經亦云：『周鼎著倕，使銜其指。』據此則『禹』當作『周』。」丁云：「倕爲堯時之工，禹鼎已著其象，不必如翟説改『禹』爲『周』也。蓋禹鼎本有此制，而周鼎肖之。」

案：牟校以「益」爲「垂」是也。周鼎即禹鼎，「禹」字非「周」之誤。楚辭七諫王注云：「周鼎，夏禹所作鼎也。」左氏傳曰：「昔夏禹之有德，遠方圖物，貢金九牧，鑄鼎象物。桀有昏德，鼎遷于商。

〔一〕「離謂」，原作「離爲」，據呂氏春秋改。

商紂暴虐，鼎遷于周，是爲周鼎是也。」淮南高注云：「周鑄鼎，著倕象於鼎，使銜其指。」翟氏即沿高説而誤。丁説亦未允。

謙之節

「王母祝橊。」張本「橊」作「䄈」，校云：「别本作『福』。」翟本作「禱」。

案：説文示部云：「䄈，祝䄈也。」素問移精變氣論篇作「祝由」，同。張本文與許義合，是也。别本、翟本竝非。

無妄之賁

「織縷未就，勝折無復。女工多能，亂我政事。」張本作「針折不復」。翟本同。

案：「勝折無復」、「針折不復」義竝難通，疑當作「勝折無複」。説文木部云：「榺，機持經者也。」「複，機持繒者。」淮南子氾論訓云：「後世爲之機杼勝複以便其用。」藝文類聚六十五引王逸機婦賦云：「勝複迴轉。」「勝複」即「榺複」之借字。此言勝即折而又無複，故織縷不得就也。履之大有云：「鍼縷勝服，錦繡不成。」「勝服」亦當是「勝複」之誤。翟本「勝服」作「徒勞」，亦非。

無妄之遯

「宫成立政，衣就缺袂。恭謙自衛，終無禍尤。」牟云：「『立政』，晉之咸作『立見』，皆譌，當作『缺隅』。韓詩外傳：『衣成則必缺袂，宫成則必缺隅。』」

案：晉之咸「袂」作「裾」。翟本作「袂」，此據校宋本。張本同。張校亦云：「此似與説苑『宫成缺隅，衣成缺裾』二語同意，而傳寫舛訛耳。」與此翟校同。竝是也。但「立政」、「立見」竝與「缺隅」形聲絶遠。攷史記龜策傳云：「故世爲屋，不成三瓦而陳之。」疑「立見」當作「缺瓦」。「瓦」，隸作「凡」，詳前水經注。與「見」形近；「政」則又傳寫之誤。

無妄之未濟

「長股遠行，貍且善藏。」

案：「貍且」疑「貍首」之誤。

大畜之觀

「三睢張本、翟本作「蛆」是也。逐蠅，陷墮釜中。灌沸弇張本作「洊」，翟本作「淹」。殪，與母相訣。」

案：「灌」與「涫」聲近義同。説文水部云：「涫，沸也。」周禮夏官叙官鄭注云：「今燕俗名湯熱爲觀。」「灌」、「觀」竝「涫」之借字。楚辭七諫云：「氣涫鬻其若波。」

大過之蠱

「膠車駕東，與雨相逢。故革懈惰，黄氏後序引顧千里説，從遯之益、鼎之既濟作「五棨解墮」是也。翟本亦同。頹輪獨坐，憂不爲禍。

案：鹽鐵論大論篇云：「膠車倏逢雨，請與諸生解。」與此語意同。

坎之未濟

「據棘履危，跌刺爲憂。」張云：「『危』，別本作『杝』。」翟本作「杝」。

案：別本作「杞」，疑「枳」之誤。屯之賁云：「路多枳棘，步刺我足。」

咸之大有

「登宋望齊，不見太師。」

案：「太師」，疑當作「太山」。

晉之隨

「左服易，右王良。心歡嘉，利從己。」張云：「『嘉』一本『喜』。」翟云：「『歡』當作『喜』。」

案：此卦辭當爲四句，句三字。「左服易」當作「左孫陽」。遯之豫云：「王良善御，伯樂知馬。」此「孫陽」即「伯樂」。楚辭七諫王注云：「孫陽，伯樂姓名也。」「嘉」當從別本作「喜」。「陽」與「良」韻，「喜」與「己」韻也。翟讀作四字三句，而改「歡」爲「喜」，以協韻，然則首句當云「左服易右」，其可通乎！「陽」或叚「昜」爲之，故傳寫誤作「易」。

睽之賁

「刖刖髡劓，人所賤棄。批捍之言，我心不快。」翟云：「此言孫臏也。『批捍』當作『批擣』。龐涓以法刑斷孫臏足而刖之。『批抗擣虛』，臏與田忌語也，見史記孫子傳。」

案：「批捍」不誤。墨子脩身篇云：「批扞之聲，無出之口。」「捍」與「扞」字同。廣雅釋詁云：「批，擊也。」説文手部云：「扞，忮也。」批扞之言，猶言惡聲，故云「我心不快」。翟注真郢書燕説也。

解之小過

「丹書之信，言不負語。易我驎驥，君子有德。」

案：「語」與「德」韻不協，疑「語」當爲「諾」之譌，藥鐸與職德二部之合韻也。「易」與「賜」字通。古金文多叚「易」爲「賜」，詳余所著古籀拾遺。

姤之噬嗑

「夷子失民，潔白不食。」

案：「夷子」當即伯夷。「失民」、「不食」，謂其讓國而餓也。井之大壯以子産爲喬子是其比例。

井之遯

「踟蹰南北，誤入喪國。杜季利兵，傷我心腹。」翟云：「此言周宣王也。『誤入喪國』，謂喪南國之師，見周語。墨子明鬼：『周宣王殺杜伯而不辜，宣王田於囿，杜伯追王，射之，中心而死。』」丁云：「太平御覽蜘蛛引易林『蜘蛛南北，巡行罔罟』。『傷我心腹』作『傷我心旅』。説文：『呂，脊骨也。』篆『呂』作『膂』。『旅』即『膂』之省文。」

案：此章御覽引入蟲豸部，則「踟蹰」爲「蜘蛛」之譌，明矣。今本文義全非。「杜季利兵」者，廣雅釋嘼雞屬有「杜艾季蜀」，蓋古良雞之名，詳王引之釋嘼疏證。此「杜季」即指「杜艾季蜀」，「利兵」謂雞之利喙有如兵刃。大意言蜘蛛巡行，欲行罔罟，而爲雞所啄，傷心膂而死耳。翟氏不悟，乃以周宣王杜伯事曲爲傅合，踳繆殊甚。丁既據御覽校此，而復兼采翟説，疏矣。

漸之隨

「聞虎入邑，必欲逃匿。無據易德，不見霍叔，終無憂慝。」張本「必」作「心」，「易」作「易」，校云：「『無據易德』，別本作『走據陽德』。」翟本竝同。牟云：「『霍叔』謂霍虎也，說苑奉使解揚，霍人也，字子虎，故後世言霍虎。」

案：此文雖有譌互，然大恉止謂聞虎而實無虎，文義甚明，與解揚事無涉，牟說殊鑿。丁又引史記晉世家以證之，誤益甚矣。「無據易德」，義難通，疑當作「失據愓息」，蠱之升云：「惶懼愓息。」皆形聲之誤。「失」、「无」形譌。「不見霍叔」，亦謂不見虎，「霍」疑當爲「寅」。北齊武平元年造像記「寅」作「霣」，與「霍」形相近。虎於十二辰屬寅，故稱寅，猶臨之乾以「白戌」爲白犬也。云「寅叔」者，此書於人名物名通以伯仲叔季儷之，如姤之屯稱虎爲「班叔」，即其塙證也。

豐之無妄

「死於環域。」張本作「圜域」，校云：「別本作『國城』。」

案：此卦辭四見，宋本離之遯作「圜域」，恆之升作「壞城」，明夷之頤作「環城」，諸文舛駮不合。參互校覈，實當作「圜城」也。周禮秋官司圜注云：「圜土，獄城也。」今獄城圜是其義也。

節之井

「宣髮龍叔，爲王主國。」張校云：「別本作『宣勞就力』。」翟本同。芥隱筆記引作「宣髮龍身」，與宋校略同。

案：易說卦「其於〔一〕人也爲寡髮」。釋文云：「『寡』，本又作『宣』。黑白襍爲宣。」李鼎祚周易集解亦作「宣髮」，引虞翻云：「爲白故宣髮。」考工記車人鄭注云：「頭髮皓落曰宣。」易巽「爲宣髮」。此文即本於彼。

既濟之師

「螟蟲不作，君无可得。」張云：「『可得』，別本作『苛惑』。」翟本作「苛惑」。

案：「惑」當作「忒」。大壯之蠱云：「蟲賊不作，道無苛慝。」「慝」與「忒」通。別本與彼文義略同，校宋本誤。

周易參同契 朱子考異本。

「經營養鄞鄂，凝神以成軀。」又云：「性生處内，立置鄞鄂。」

案：「鄞鄂」即「垠鄂」也。淮南子原道訓云：「出於無垠鄂之門。」文選張衡西京賦云：「前後無有垠鍔。」李注引許慎淮南子注云：「垠鍔，端崖也。」說文土部云：「垠，地垠也。」一切經音義引作：「地垠，咢也。」字並通。

「湯遭戹際，水旱鬲并。」

〔一〕「於」，原本作「爲」，據周易說卦改。

案：「鬲」與「隔」通。後漢書順帝紀云：「陰陽隔并。」郎顗傳云：「歲無隔并。」陳忠傳云：「隔并屢臻。」李注云：「隔并，謂水旱不節也。」又劉瑜傳云：「天地之性，陰陽正紀，鬲絶其道，則水旱爲并。」即此鬲并之義。素問氣交變大論篇云：「氣并鬲中，痛於心腹。」

「吉人相承負，安穩可長生。」

案：此隱寓「造」字也。漢隸「造」字或變「告」爲「吉」，見韓勑禮器、孔龢諸碑。故有吉人之語。顏氏家訓書證篇云：「參同契以人負告爲造，郭忠恕佩觿亦有此語。於形雖合，而『告人承負』義不可通，疑後人妄改。」此章自「委時去害，依託丘山」以下，隱寓「魏伯陽造」四字，竝離析字形爲之，與六書不盡合也。

穆天子傳郭璞注洪頤煊校刊本。翟云升校刊本。

卷一

「天子大服冕禕。」郭注云：「禕衣，蓋王后之上服，今帝服之所未詳。」

案：此「冕禕」於周禮司服當「祀四望山川」之「毳冕」。內司服先鄭注云：「禕衣，畫衣也。」王冕服皆衣畫而裳繡，故亦通謂之禕。后六服有褖衣，士喪禮及襍記名男子玄端服之連衣裳者亦曰褖衣，是男女服不嫌同名之例。

「故天有峕，民□氏響。」□，注云「音國」。翟校云：「以上下四字韻語例之，『民□氏響』爲句。『氏』，是也。『是』古通用『氏』。『響』則『饗』之譌也。□音國，不可曉。□蓋缺文，非字也。『音國』二字，即『饗□』之重出者，傳寫滋譌，且誤以爲注耳。」洪校引孫同元云：「注『音國』二字，疑即正文『響國』之譌。『響』與『饗』古通用。『國』譌作『□』，『音』即『饗』字之半耳。」

案：如孫説，則與韻不協，殆非也。翟校近是。但此文皆四字句，則「饗」下不當更有缺文，「□」蓋誤衍。注「音國」，疑當作「享同」，蓋郭本「響」正作「饗」，下亦無「□」，故注即以「享」讀「饗」。今本正文既譌衍，并以改注，遂不可通。

卷二

「封丌璧臣，長綽于春山之虱」。

案：「璧」疑當作「嬖」，形近而譌。

「墨乘四。」注云：「周禮『大夫乘墨車』。」

案：此赤烏氏蓋是荒服諸侯，不當賜以大夫墨車。此「墨乘」疑即周禮巾車「木路，以封蕃國」。鄭注云：「木路，不輓以革，漆之而已。」蓋木路髹漆色黑，故通謂之墨乘也。

卷四

「爰有苔菫。」注云：「祗謹二音。」翟云：「祗一作衹，苔無衹、衹之音，蓋皆誤也。」

案：「苔」疑當作「苔」，注當作音坻。集韻六脂陳尼切紐有「菭」字，「苔」與「菭」字同。

「右服䶬騮。」注云：「疑華騮字。」

案：「䕝」當作「䮑」，即籀文「騆」字。「䮑」譌爲「蕑」，又譌爲「䕝」，說詳列子。

「右驂赤蘢。」注云：「古驥字。」

案：此蓋以「冀」爲「驥」，篆文作「𦓿」，此隸古定而傳寫譌舛，以「北」爲「卝」，以「田」爲「雨」，以「𢍏」爲「肥」，遂成「蘢」字。

「卣卣爲右。」

案：「卣卣」當作「桼冈」，漆書或微有省變，展轉摹寫，遂譌舛不可辨。亦詳列子。

「已至于㲉璃河之水北阿。」

案：「璃」疑「瑢」之譌。說文玉部「璿」古文作「瑢」。

卷五

「陵翟致賂良馬百駟，歸畢之珤，以詰其成。」注云：「『畢』，國名。言翟前取此珤也。『成』猶平也。『詰』猶責也。」

案：後文云：「畢人告戎曰：『陵翟來侵，天子使孟悆如畢討戎。』」疑此文當在彼後，蓋陵翟懼討而服，故來致賂也。「歸畢之珤」，「珤」，古「寶」字，此當借爲「俘」。春秋莊六年經「齊人來歸衛俘」，左傳及公羊、穀梁經竝作「寶」。何休云：「寶者，玉物之凡名。」杜預亦疑左氏經誤。左傳孔疏云：「案說文『保』從人，采省聲，古文『𠈃』不省。然則古字通用『寶』。或作『保』字，與『俘』相似，故誤作『俘』耳。」然春秋繁露王道篇有「恩衞保」之文，「保」亦與「寶」、「俘」字通。則西漢公羊師說固釋「寶」爲「俘」矣。此云「歸畢之珤」，亦當爲「俘」之借字。蓋陵翟先伐畢，俘其人民器物，今既懼討王命，仍歸之畢而與之成，故云「以詰其成」。「詰」亦疑即「結」之叚字。以前後情事推之，顯較無疑。蓋春秋經古文作「俘」，今文作「寶」，自是字相通借，未必「寶」是「俘」非。此書多詭異，不合經典，惟此文足證古文春秋經，而簡編錯互，校者不能發明其義，故具論之。

「乃用宴樂。」注云：「言曲宴也。」

案：「宴樂」即周禮之「燕樂」也，亦謂之房中之樂。詳周禮磬師鄭注。後文鄒公飲天子酒，亦云「乃紹宴樂」，亦同。郭注非是。

「辛巳，天子司戎于□來，虞人次御。」

案：「司」，古與「治」通，「司戎」即治兵也。春秋莊八年經「正月甲午治兵」，公羊經作「祠兵」。「司」、「祠」竝聲近通借字，故下文即記弋射得獸之事。

「與井公博，三日而決。」注云：「疑井公賢人而隱祊，故穆王就之遊戲也。」

案：「井公」即前之「井利」，蓋井國之君，從王行者。注説誤。

「天子命爲柙而畜之東虢，是曰虎牢。」洪云：「『虢』本作『虞』，漢書地理志注，後漢郡國志注，俱引作『虢』，改正。」

案：「東虞」似即上文之「東虞曰兔臺」。兩漢志注所引疑肊改。水經河水注引亦作「虞」，則六朝時本不爲「虢」字也。

卷六

「戊辰，天子東田于澤中。」洪云：「『田』本作『狃』，从太平御覽八百三十二引改。」

案：「狃」即「狩」字，篆文相近而誤。御覽作「田」，乃不解其義而誤改，不必據校。上文「辛未，獵菹之獸」，「獵」，今本作「紐」，洪據事類賦引改作「獵」。以此文證之，疑彼「紐」亦「狩」之誤。

「天子乃殯盛姬于穀丘之廟。」「穀」，舊本作「轂」，洪據文選宋孝武宣貴妃誄注引改。注云：「先王之廟有在此者。漢氏亦所在有廟焉。」

案：時王行在河、濟之閒，則非畿內，不當有先王廟。周、漢禮不同，不足相證。此「穀丘之廟」，當即同姓諸侯之廟。下文云：「韋、穀黄城三邦之事輦喪。」翟云：「『事』、『士』古通。」則「穀丘之廟」或即穀國之廟與？春秋桓七年「穀伯綏來朝」。彼嬴姓國又不在河、濟之閒，與此不同。

「乃陳腥俎十二，乾豆九十，鼎敦壺尊四十。」

案：周禮膳夫云：「王日一舉，鼎十有二，物皆有俎。」鄭注云：「鼎十有二，牢鼎九，陪鼎三。物謂牢鼎之實，亦九俎。」若然王祭太牢鼎十二，而俎則九陪鼎，膷臐膮實於豆，不用俎也。此「俎十二」，而鼎乃與敦壺尊同四十，與禮例不合，恐有譌互。

「宮官人倍之，宮賢庶妾倍之。」

案：「賢」當爲「豎」。周禮內官有「內豎」，注云：「豎，未冠者之官名。」「宮豎庶妾」皆賤於「宮官人」，故次其後。

「乃鼓之棘。」洪云：「『鼓』疑是『樹』字之譌。」

案：洪校是也。説文木部「樹」籀文作「尌」，與「鼓」形相近，故誤。

漢武帝内傳 錢熙祚校刊道藏本。 錢熙祚校勘記校。

「至四月戊辰，帝夜閒居承華殿，東方朔、董仲舒侍。」錢校云：「續談助『舒』作『君』。」

案：晁引是也。董仲君，即後附録李少君傳之議郎董仲。此書雖僞妄，亦依附史事爲之。漢書仲舒傳不云其嘗爲議郎，則此非江都審矣。抱朴子論仙篇引董仲舒李少君家録亦董仲君之誤。廣弘明集引桓譚新論，述方士董仲君事，即此。

「殺則響對。」

案：「響對」無義，疑「響」當爲「讐」。左傳僖五年杜注云：「讐，猶對也。」華嚴經四聖諦品有「仇對」之語，「讐」、「仇」字通。此傳張柬之洞冥記跋謂晉葛洪所造，詳後西京襍記。故文義多與内典相涉。

「至於太上之藥，乃有九字〔一〕道藏本挩，錢校據續談助補。金瑛夾草，廣山黄本，帝園王族，錢校引御覽九百八十四有此句，藏本無。昌城玉蘂，夜山火玉。」

〔一〕「九字」似當爲「八字」。

案：此段皆爲韻語，「黄本」、「本」當爲「木」，與下文「族」、「玉」爲韻。

附録

「泰山道士號稷丘君。」

案：玉海五十八引中興書目云：「漢武帝内傳後有淮南王、公孫卿、稷丘君八事，乃唐終南玄都道士王游巖所附。」今攷續談助載王游巖跋云：「右從淮南王至稷丘君，凡八事，附之。案神仙傳，淮南仙專此下有挩文。的指又不出八公定何姓氏，據劉根真人傳云云。今因此傳末并八公所氏以明之焉。天寶五載，王游巖緒附之矣。」諦繹跋語，蓋淮南王八事，舊本已附後，非游巖所增。「游巖緒附」者，自指劉根真人傳八公姓名而言，與淮南王八事不相涉也。游巖爲天寶間道士，而李賢後漢書方術傳注引魯女生、封君達、王真事，初學記、藝文類聚引李少君事，竝已稱内傳。儻八事果游巖所附，安得李賢、徐堅、歐陽詢諸人先得見而引之乎？宋人讀游巖跋不審，故有兹誤，而錢氏校勘記序亦沿其説，故附辯之。

列仙傳　王照圓校正本。　毛晉刊道藏本。

黄帝

「至於卒，還葬橋山。山崩，柩空無尸，唯劍舄在焉。」王校云：「史記五帝紀正義引無『無尸』二字，此衍。」

案：抱朴子極言篇引云：「山陵忽崩，墓空無尸，但劍舄在焉。」葛洪所引，已有「無尸」二字，則今本非衍。

陸通

「通陸者，云楚狂接輿也。」

案：明寫本陶宗儀説郛引作「楚狂士接輿也」，無「云」字。此陶氏元本，與明陶珽所刻僞本絶異。

范蠡

「變名姓適齊爲鴟夷子更。後百餘年見於陶爲陶朱君。」

案：「更」當作「皮」，屬上讀。范蠡在齊變姓名爲鴟夷子皮，見史記越世家。

案期先生

「畱書以赤玉舄一量爲報。」王云：「『量』、『兩』音同，古蓋通用。藏經本『量』作『雙』，非。」

案：抱朴子極言篇引亦作「量」。明吳琯刊本同。

桂父

「常服桂及葵。」王云：「藝文類聚木部引『及葵』作『皮葉』二字，此形近之誤。」

案：讚云：「靈葵内潤，丹桂外綏。」則今本不誤。

子主

「自言甯先生顧王本作「雇」，今從道藏本。我作客，三百年不得作直。」

案：「作客」當作「客作」，謂傭作。西京襍記云：「匡衡邑人大姓文不識，家富多書，衡乃與客作而不求償。」「作直」即「傭直」也。後朱璜傳云：「璜曰：『病愈，當爲君作客三十年。』」「作客」亦「客作」之誤。

黄阮丘

「黄阮丘者，睢山上道士也」。

案：朱璜傳云：「就睢山上道士阮丘。」則阮丘爲姓名，黄乃縣名。漢書地理志東萊郡有黄縣，又腄縣有之罘山。睢山無攷。黄、腄壤接，疑「睢」即「腄」字之誤。

玄俗

「餌巴豆，賣藥都市，七丸一錢，治百病。河閒王病瘕，買藥服之，下蛇十餘頭。」王云：「文選魏都賦注引『巴豆』下有『雲英』二字。『都』作『於』。」

案：金樓子説蕃篇以此病瘕爲河閒獻王事。又云：「玄俗自言，餌巴豆雲母，賣藥於都市。」則御覽「雲英」疑「雲母」之誤。「於」、「都」二字當兩有。梁元帝正本此傳也。

列仙傳敘。

此敘今道藏本佚，吴本、毛本並無。王據太平御覽道部引補，亦有删節。惟寫本説郛載其全文。蓋宋、元本尚未佚也。嚴可均八代全文亦僅録御覽節本於先唐文，蓋嚴未見説郛元本也。今校録於左。

敘曰：「列仙傳者，御覽作「漢」。光禄大夫劉向之御覽無。所撰也。初，武帝好方士，淮南王御覽有「安亦」二字，説郛挩。招賓客，有枕中鴻寶、密祕御覽無此二字。「密」，漢書向本傳作「苑」，此疑「宛」之誤。之書，言神仙使鬼物，及鄒衍重道延命之術，世人莫見。「言神仙」以下十九字，御覽無。先是，安謀反御覽「叛」。伏誅，向父德爲武帝治淮南獄，獨御覽無。得其書。向幼而好御覽「讀」。之，以爲奇。及宣帝即位，修武帝故事，與王褒、張子喬御覽捝此三字。案：本傳「喬」作「僑」，顔注：「字或作『喬』。」等，竝御覽捝。以通敏御覽「博」。有俊才進侍左右。向及御覽「又」。見淮南鑄金之術，上言黄金可成。上使向御覽「與」。典上御覽「尚」，字同。方，鑄金費多不驗，下吏當死。兄安御覽「陽」，本傳同。成本傳作「城」，宋祁校云：「一作『成』。」侯安民，乞入國户半，贖向罪，上亦奇其材，得減死論。復徵御覽無此二字。詔爲黄門侍郎，講五經於石渠。至成帝時，向既司典籍，見上頗修神仙之御覽無。事，及疑當作「乃」。知鑄金之術，實有不虚，仙疑當作「住」。「住」、「駐」字同。顔久視，真乎不謬，但世人求之不勤者也，「及知」以下二十七字，御覽竝無，葢皆李昉等所删節。遂緝御覽「修」。上古以來，及三代、秦、漢，博采御覽「採」。諸家言神仙事御覽引止此，以下九字竝捝。者，約載其人，集斯傳焉。」

列仙傳讚桂父

「挺直遐畿。」

案：「直」，疑當爲「真」。

「子主讚甯主祠秀。」

案：「主」當作「生」，即傳之甯先生也。「祠秀」未詳，或當爲「嗣季」之誤。

讚曰

「余嘗得秦大夫阮倉撰仙圖，自六代迄今，有七百餘人。」

案：世説新語文學篇劉峻注引列仙傳贊云：「歷觀百家之中，以相檢驗，得仙者百四十六人，其七十四人已在佛經，故撰得七十，可以多聞博識者遐觀焉。」釋法琳破邪論亦引傳云：「吾搜檢藏書，緬尋太史，創撰列仙圖，自黄帝以下六代迄到于今，得仙道者七百餘人，向檢虚實，定得一百四十六人。」又云：「其七十四人已見佛經矣。」玉燭寶典云：「漢武帝時劉向删列仙傳得百四十六人，其七十四人已見佛經，餘七十二爲列仙傳。」顔氏家訓書證篇亦云：「列仙傳，劉向所撰，而贊云七十四人出佛經，文竝與今本大異。」據顔之推及法琳説，則此「讚曰」以下，舊本亦題向撰。王敘據隋書經籍志定爲晉郭元祖撰，未塙。

「若周公黄録記太白下爲王公，然歲星變爲甯壽公等，所見非一家。」

案：説文女部引甘氏星經云：「太白號上公，妻曰女媊，居南斗，食厲，天下祭之。」漢書地理志右扶風陳倉有上公、明星祠。此疑本彼文。「周公黄録」書未聞，或當作甘公星録，「星」譌爲「皇」，三寫成「黄」，遂不可究詰。「王公」當作「上公」，「然」當作「媊」，上又挩「女」字耳。又攷破邪論云：「成帝鴻嘉三年，歲在癸卯，劉向撰列仙傳。」則古本列仙傳敘末蓋具紀年月，或亦放擬劉向進書奏録，而今佚之。

西京雜記

盧文弨校刊本。

葛洪序

「洪家復有漢武帝禁中起居注一卷，漢武故事一卷，世人希有之者，今并五卷爲一秩，庶免淪没焉。」

案：此書塙爲稚川所假託。漢武帝禁中起居注、漢武故事蓋亦同，故序并及之。抱朴子論仙篇引漢禁中起居注説李少君事，與今本漢武帝内傳末附李少君傳略同。道藏本作「外傳」，此從晁載之續談助校。張柬之洞冥記跋云：「昔葛洪造漢武内傳，西京雜記今本洞冥記無。此跋亦見續談助。疑内傳即起居注，後改題今名。」漢武故事似亦即今所傳本，蓋諸書皆出稚川手，故文亦互相出入也。張柬之以漢武故事爲王儉造，未知是否。

卷上

「九月九日，佩茱萸，食蓬餌。」又云：「正月上辰，出池邊盥濯，食蓬餌，以祓妖邪。」

案：「蓬」即「麷」也。周禮籩人鄭司農注云：「熬麥曰麷。」鄭康成云：「今河閒以北，煮穜麥賣之，名曰逢。」齊民要術引崔寔四民月令云：「臘月祀炙逢。」「麷」、「蓬」、「逢」字竝通。

卷下

「公孫弘以元光五年爲國士所推尚爲賢良，國人鄒長倩以其家貧，少自資致，乃解衣裳以衣之，釋所著冠履以與之。」

案：林寶元和姓纂八御云：「御，姓。周禮有御人，即夏官圉人。左傳有御叔。漢有御長倩者，丞相公孫弘故人。」當即此鄬長倩也。鄧名世古今姓氏辨證援此書作「鄬」，以駁林說，則宋本亦作「鄬」。又廣韻十八尤「郵」字，注云：「又姓。西京襍記有郵長倩。」「鄬」、「御」、「郵」形竝相近，古籍歧互，未知孰爲正字也。

「此知陰不得無陽，陽不容都無陰也」。盧校云：「『此』，俗本作『故』。」

案：宋本古文苑五亦作「故」，則俗本不誤。

「言如博之掔梟，於掌中爲驍傑也。」盧云：「『掔』字疑誤。白帖作『言博之竪於輩中爲驍傑也』，恐亦未是。」

案：「掔」當作「竪」。列子釋文引古博經云：「二人互擲采行碁，碁行到處即竪之，名爲驍碁。」此云「竪梟」，即竪驍碁也。「掌」當作「輩」。白帖所引是，當據校正。

南方草木狀明放宋百川學海本。

卷上甘藷

「皮紫而肉白，蒸鬻食之，味如薯蕷。」

案：「鬻」當爲「鬻」。後中卷説棹木云：「以其葉鬻汁漬果，呼爲棹汁。」下卷説檳榔云：「鬻其膚熟如貫之，『如』與『而』通。堅如乾棗。」「鬻」竝當作「鬻」，誤與此同。

諸蔗

「司馬相如樂歌曰：『太尊蔗漿折朝酲。』」

案：「折」當作「析」。漢書禮樂志司馬相如等所造郊祀歌第十九章云：「泰尊柘漿析朝酲。」即嵇氏所本。

蒲葵

「蒲葵如栟櫚而柔，薄可爲葵笠。」

案：「葵笠」當爲「簦笠」，涉上而誤。説文竹部云：「簦，笠蓋也。」「笠，簦無柄也。」急就篇云：「竹器簦笠簟籧篨。」皇象碑本作「葊苙」。「葊」與「葵」字形相近。國語吴語云：「簦笠相望於艾陵。」

卷中蜜香

「交趾有蜜香樹，榦似拒柳。」

案：「拒」當作「柜」。爾雅釋木郭注云：「柜柳，似柳，皮可煑作飲。」

「由梧竹，吏民家種之，長三四丈，圍一尺八九分，作屋柱，出交阯。」

案：明刻本佚此條，據太平御覽九百六十三補録。

竹譜 明放宋百川學海本。

「則今南康始安、臨賀爲北嶺，臨漳、寧浦爲南嶺。五都界内，各有一嶺。」

案：「都」，續談助作「郡」，是，當據正。晁氏所録，異文甚夥，亦多譌挩，今不詳校。

「篁龍，竹名。黃帝使伶倫伐之於崑崙之墟，吹以應律。聲譜云：『篁龍，大竹。』此言非小大之稱。笛賦云：『篁龍，非也，自一竹之名耳。』所生若是大竹，豈中律管與笛？」

案：初學記二十八引作「篁龍」，文選南都賦、長笛賦李注引竝作「篁籠」，御覽九百六十三引作「種龍」，未知孰是。續談助「墟」作「陰」，又「聲」下無「譜」字，恐不足據。但「聲譜云」以下譌互難通，以意求之，似當作「聲譜云：『籠鍾，大竹，此言非也。笛賦云：「篁龍，自一竹之名耳，非大小之稱。」所生』」，於文義乃可通，惜無善本校覈也。

「棘竹生交州諸郡，叢初有數十莖。」

案：唐、宋叢書本「初」作「生」。御覽九百六十三引作「叢生，初有數十莖」，則「初生」二字當兩有，此本與叢書本各挩一字也。

「筋竹，長二丈許，圍數寸，御覽九百六十三引作「尺」，誤。至堅利，南土以爲矛。其筍未成竹時，堪爲弩弦。見徐忠南中奏。劉淵林云：『夷人以史葉竹爲矛。』」

案：御覽引「至堅利」下有「出日南、九真」五字。「南土」，「土」作「方」。「徐忠南中奏」作「徐衷南中記」。「史葉竹」，「葉」御覽作「篻」，注音「瓢」。文選吳都賦注引亦同。此作「葉」，非也。

「亦曰篣竹。」注云：「劉淵林云：『篣竹有毒。』」

案：吳都賦注「篣」作「簩」，云：「音勞。」則譜與注竝當作「簩」，今本作「篣」，形近而誤。

「吴郡賦所謂『由衙者篁』。」

案：「郡」當作「都」。吴都賦作「柚梧有篁」，注作「由梧」。此「有」作「者」，誤。

「是以楚俗□□伯細箭五十，跪加莊王之背。」

案：説苑正諫篇説保申諫楚文王云：「保申束細箭五十，跪而加之于背。」則此當作「楚保申束細箭五十」，「俗」即「保」之誤。下缺「申束」二字，又衍「伯」字耳。「莊王」亦當從説苑作「文王」。

「箇亦箘徒概節而短，江、漢之閒謂之⿱竹⿰角攵刻本誤「⿱竹⿰角攴」，不成字。今依初學記、御覽正。竹。」

案：初學記二十八引作「謂之⿱竹⿰角攵竿」。御覽作「箭竿」，誤。以韻校之，今本非也。徐引作「竿」爲長。集韻二十三旱云：「『笴』或作『簳』，亦省作『竿』，吉旱切。」字林：「箭，笴也。」是「竿」、「笴」音義同。

札迻卷十二

楚辭王逸注

毛晉刊洪興祖補注本。日本莊允益刊本。戴震屈原賦注校。俞樾讀楚辭校。

離騷經第一

「薋菉葹以盈室兮，判獨離而不服。」王注云：「判，别也。女嬃言衆人皆佩薋菉枲耳，爲讒佞之行，滿於朝廷，而獲富貴，汝獨服蘭蕙，守忠貞，判然離别，不與衆同，故斥弃也。」又九歌抽思云：「好姱佳麗兮，牉獨處此異域。」注云：「背離鄉黨居他邑也。」洪校云：「『牉』一作『叛』，一作『柈』。」凡補注本云某一作某，皆洪氏所校舊本，與王注輥淆無别。明刻單注本，亦或誤采之，竝非也。莊本不誤。補注云：「牉音泮，舊音伴。」又悲回風云：「氾潏潏其前後兮，伴張弛之信期。」注云：「伴，俱也。弛，毁也。言己思君念國，而衆人俱共毁己。言内無誠信，不可與期也。」洪補注云：「伴，讀若背畔之畔。言己嘗以弛張之道期於君，而君背之也。」

案：「判」、「牉」、「伴」、「叛」字竝通，蓋分别離散之意，即遠遊注所謂「叛，散也」。云「判獨離」、「牉獨處」者，言叛散而獨離處也。云「伴張弛之〔二〕信期」者，言張弛任時，叛散無定也。諸篇字舛異而義實同。悲回風注說亦未得其指。悲回風戴注〔三〕云：「伴之言寬也。」亦非。洪說近是，而謂以張弛之道期於君，則非其指。又遠遊云「叛陸離其上下兮」，則與「判」、「伴」義異。詳後。

「吾令蹇脩以爲理。」注云：「理，分理也，述禮意也。」戴氏注云：「理，治也，主治事者之稱。」

案：「理」即「行理」之「理」。國語周語云：「行理以節逆之。」左傳昭十三年云：「行理之命，無月不至。」杜注云：「行理，使人通聘問者。」此理亦猶言「使」也，與「媒」義略同。廣雅釋言云：「理，媒也。」「理」，詳言之則曰「行理」，猶媒亦曰行媒。下文云：「又何必用夫行媒。」故下文云：「理弱而媒拙兮。」九章抽思云：「理弱而媒不通兮。」注云：「知友劣弱，又鄙朴也。」又思美人云：「令薜荔以爲理，因芙蓉以爲媒。」皆「理」、「媒」竝舉。王注下文亦以「媒」、「理」爲釋，而分理之義則未當。

「曰勉陞降以上下兮，求榘矱之所同。」注云：「言當自勉强，上求明君，下索賢臣，與己合法度者，因與同志，共爲治也。」又七諫謬諫云：「不量鑿而正枘兮，恐榘矱之不同。」洪校云：「『同』，一作『周』。」

案：此「同」竝當作「周」，與下「調」協韻。「同」、「周」形近。上文云：「何方圜之能周兮。」注云：「言何所有圜鑿受方枘而能合者。」洪校亦云：「『周』，一作『同』。」以彼及七諫別本證之，知此「同」

〔二〕「之」，原本誤作「以」，今改。

〔三〕「注」上原本衍「補」字，今删。

亦當作「周」也。淮南子氾論訓云：「有本主於中，而以知榘矱之所周者也。」淮南王嘗爲離騷傳，氾論所云，必本此〔一〕文，然則西漢本固作「周」矣。上文「雖不周於今之人兮」，注云：「周，合也。」此注似亦以合法度釋「周」字，與上注同，疑王本自作「周」，今本涉注「同志」之文而誤耳。自今本誤作「同」，而與「調」韻不協，攷古音者遂滋異論。江永古韻標準以爲古人相效之誤，戴本音義同。段玉裁六書音均表則以爲古音三部與九部之合韻，俞正燮癸巳類稿又以爲雙聲爲韻，殆皆未究其本矣。

九歌第二大司命

「固人命兮有當，孰離合兮可爲。」注云：「言人受命而生，有當貴賤貧富者，是天禄也。」

案：「當」猶「值」也。言人之命各有所當值，不能强爲。九辯云：「惟其紛糅而將落兮，恨其失時而無當。」注云：「不值聖王而年老也。」彼「無當」爲「不值」，則此「有當」即言有所值，明矣。此注義不若九辯注之密合也。

天問第三

「鮌何所營？禹何所成？」注云：「言鮌治鴻水何所營度？禹何所成就乎？」

案：「營」，惑也，亂也。淮南子原道訓「精神亂營」，高注云：「營，惑也。」大戴禮記文王觀人篇「煩亂之而志不營」，盧辯注云：「營，猶亂也。」言鮌、禹同治水，何以鮌獨惑亂，禹獨成功乎？王注失之。

〔一〕「本此」，原本作「此本」，今改。

「啟棘賓商，九辯、九歌。何勤子屠母，而死分竟地？」注云：「勤，勞也。屠，裂剥也。言禹愊與「腷」同。剥母背而生，其母之身分散竟地。」戴本音義説同。又引一説云：「勤子，勤勞生子也。謂啟母化石之事，石破北方而啟生。見淮南子。」今本淮南子無啟母化石之文，此據漢書武帝紀顏注。

案：「勤子屠母，死分竟地」，當亦冡啟言之，注以爲指禹母，未塙。戴引或説得之，而未盡也。此「勤」當讀爲詩鴟鴞「恩斯勤斯」之「勤」。鄭箋釋爲「殷勤」，言母殷勤其子，而子反害其母，致其化石也。「死分竟地」，亦即指啟死、太康失國之事。

「何羿之䠶革，而交吞揆之？」注云：「吞，滅也。揆，度也。言羿好䠶獵，不恤政事、法度，浞交接國中，布恩施德而吞滅之也。」洪云：「羿之射藝如此，唯不恤國事，故其衆交合而吞滅之，且揆度其必可取也。」戴説同。

案：王、洪、戴説竝望文生訓，非屈子意也。「揆」亦滅也，呂氏春秋知士〔一〕篇云：「靖郭君大怒曰：『剗而類，揆吾家，苟可以傔劑貌辨者，吾無辭爲也！』」戰國策齊策作「剗而類，破吾家」。此云「交吞揆之」，即謂浞與國人交結破滅羿之家也。

「何由并投，而鮌疾脩盈？」注云：「言堯不惡鮌而戮殺之，則禹不得嗣興民，何得投種五穀乎？」洪云：「并，竝也。言禹平水土，民得竝種五穀矣，何由鮌惡長滿天下乎？」戴説同。

〔一〕「士」，原本誤作「上」，今改。

案：「幷」當讀爲大學「迸諸四夷」之「迸」。釋文引皇侃云：「迸猶屏也。」「投」讀爲詩巷伯「投畀有北」之「投」。毛傳〔一〕云：「投，棄也。」「幷投」，猶言屏棄，即指極鮌羽山之事。王、洪竝以投種五穀爲釋，疏矣！

「厥萌在初，何所億焉？」注云：「言賢者預見施行萌牙之端，而知其存亡善惡所終，非虛億也。」

案：「萌」與「氓」通。史記三王世家「姦巧邊萌」，索隱云：「『萌』一作『甿』。」一切經音義云：「『萌』，古文『氓』同。」言生民之始，不可億度也。注非。

「昏微遵迹，有狄不寧。何繁鳥萃棘，負子肆情？」注云：「昏，闇也。遵，循也。迹，道也。言人有循闇微之道，爲淫泆、夷狄之行者，不可以安其身也。言解居父聘吳，過陳之墓門，見婦人負其子，欲與之淫泆，肆其情欲。婦人則引詩刺之曰：『墓門有棘，有鴞萃止〔二〕。』故曰繁鳥萃棘也。」

案：「狄」當讀爲「惕」。古从易聲字多與狄通。詩魯頌泮水「狄彼東南」，鄭箋云：「狄，當作剔。」釋文引韓詩作「鬄」。史記殷本紀「簡狄」，索隱云：「狄，舊本作『易』，又作『逷』。」言解居父昏闇微行，遵循軌迹，心當憂惕不安，何反肆其情而致繁鳥之刺乎？王謂爲夷狄之行，不可以安其身，非屈子意也。廣雅釋鳥云：「鷩鳥，鴞也。」山海經北山經：「涿光之山，其鳥多蕃。」郭注云：「或云即鴞也。」「繁」、「鷩」、「蕃」聲近字通。

〔一〕「傳」，原本誤作「專」，今改。

〔二〕詩墓門作：「墓門有棘，斧以斯之。」「墓門有梅，有鴞萃止。」

「會鼂爭盟，何踐我期？」洪云：「一作『會晁請盟』。『鼂』、『晁』竝朝夕之『朝』。詩云：『肆伐大商，會朝清明。』」戴云：「『盟』者，河北地名也。史記『師畢，渡盟津，諸侯咸會』，是其事。」

案：洪說是也。「爭盟」即「清明」，聲近叚借。屈子正用詩大明語也。戴謂「盟」即「盟津」，不足據。

「蒼鳥羣飛，孰使萃之？」注云：「蒼鳥，鷹也。萃，集也。言武王伐紂，將帥勇猛如鷹鳥羣飛，誰使武王集聚之者乎？詩曰『惟師尚父，時惟鷹揚』也。」

案：王以「蒼鳥羣飛」比諸將帥是也。而引詩「鷹揚」以證，義則未塙。攷史記齊世家云：「師尚父左杖黄鉞，右總白旄，誓曰：『蒼兕蒼兕，總爾衆庶，與爾舟楫，後至者斬。』」索隱云：「本或作『蒼雉』。馬融云：『蒼兕，主舟楫官〔一〕名。』」此本今文書大誓文。此「蒼鳥」，疑即指「蒼雉羣飛」，與「總爾衆庶」之文，亦相應也。

「勳闔夢生，少離散亡。何壯武厲，能流厥嚴？」注云：「壯，大也。闔廬少小散亡，何能壯大，厲其勇武，流其威嚴也？」

案：「嚴」與「亡」、「饗」、「長」韻不協。江永以爲效殷武詩「嚴」、「遑」韻而誤。古韻標準。段玉裁以爲古音八部十部之合韻。六書音均表。俞正燮以爲「嚴」是「莊」字，漢人所改。癸巳類稿。三說不同，

〔一〕「官」，原本無，據史記補。

俞是也。注「威嚴」亦即「威莊」，禮記表記云：「威莊日安。」孔疏釋爲「威嚴矜莊」是也。諸家如字讀，竝失之。

「荆勳作師，夫何長？悟過改更，我又何言？」注云：「荆，楚也。師，衆也。勳，功也。初，楚邊邑之處女與吳邊邑處女争采桑於境上，相傷，二家怨而相攻，於是楚爲此興師，攻滅吳之邊邑，而怒始有功。時屈原又諫言：『我先爲不直，恐不可久長也。』欲使楚王覺悟，引過自與，以謝於吳。不從其言，遂相攻伐。言禍起於細微也。」

案：吳楚搆兵，乃楚平王時事，屈子安得諫之？王注殊憒憒。此「勳」當讀如「闇」。易艮九三爻辭「厲薰心」，李鼎祚集解本「薰」作「閽」，引虞翻云：「古『閽』作『熏』字，艮爲『閽』。閽，守門人。」荀氏以『熏』爲『勳』。」釋文引荀本同。續漢書百官志「光禄勳」，劉昭注引胡廣漢官解詁云：「勳，猶閽也。易曰：『爲閽寺。』主宫殿之職。」漢書百官公卿表注如淳引胡公説略同。「荆勳」即「荆閽」，葢謂鬻拳也。莊十九年左傳：「初，鬻拳强諫楚子，楚子勿從，臨之以兵而從之。鬻拳曰：『吾懼君以兵，罪莫大焉。』遂自刖也。楚人以爲大閽，謂之大伯。使其後掌之。」杜注云：「使其子孫常主此官。」此云「作師」，師即官也。言鬻拳之後世，其官秩何久長也？「悟過改更」，亦冡上文而言，謂楚王既從鬻拳之諫而改過，則鬻拳又何言乎？此假鬻拳之諫君，以自寓其憂國之忱，何嘗直斥懷王乎？

九章第四惜誦

「壹心而不豫兮，羌不可保也。」注云：「豫，猶豫也。言己專壹忠信以事於君，雖爲衆人所惡，志不猶豫。」又云：「行婞直而不豫兮，鮌功用而不就。」注云：「豫，厭也。」又涉江云：「余將董道而不豫兮，固將重昏而終身。」注云：「豫，猶豫也。言己雖見先賢執忠被害，猶正身直行，不猶豫而狐疑也。」

案：「豫」，猶言詐也。晏子春秋問上篇云：「公市不豫。」鹽鐵論力耕篇云：「古者商通物而不豫。」禁耕篇云：「教之以禮，則工商不相豫。」周禮司市鄭注云：「定物賈，防誑豫。」皆即此「不豫」之義。王注竝失之。

懷沙

「巧倕不斲兮，孰察其撥正？」注云：「撥，治也。言倕不以斤斧斲斫，則曲木不治，誰知其工巧者乎？」洪云：「史記作『揆正』。揆，度也。」

案：「撥」謂曲枉，與「正」對文。管子宙合篇云：「夫繩扶撥以爲正。」淮南子本經訓亦云：「扶撥以爲正。」高注云：「撥，枉也。」脩務訓云：「琴或撥刺枉撓。」注云：「撥刺，不正也。」荀子正論篇云：「不能以撥弓曲矢中。」戰國策西周策云：「弓撥矢鉤。」皆其證也。王釋爲「治」，失之。史記作「揆」，亦誤。

思美人

「與纁黄以爲期。」王云：「纁黄，蓋黄昏時也。」洪校云：「『纁』一作『曛』，莊本作『曛』。注作：『曛黄，蓋昏時。』」

案「纁黄」即昏黄也。「纁」、「昏」古音相近，得相通借，猶「閽」之通作「勳」也。詳前天問。離騷云：「曰黄昏以爲期兮，羌中道而改路。」又前抽思云：「昔君與我誠言兮，曰黄昏以爲期。」九歎遠逝云：「舉霓旌之墆翳兮，建黄纁之總旄。」注云：「黄纁，赤黄也。天氣玄黄，故曰黄纁也。」校云：「『纁』一作『昏』。」注云：「黄昏時，天氣玄黄，故曰黄昏。」亦「纁」、「昏」字通之證。

橘頌

「淑離不淫，梗其有理兮。」注云：「淑，善也。梗，强也。言己雖設與橘離别，猶善持己行，梗然堅强，終不淫惑而失義也。」戴云：「離如離立，言孤特也。」

案：「離」與「麗」通。言橘之章色善麗而不淫邪，又有文理也。注説迂曲，不可從。戴説亦未允。

悲回風

「借光景以往來兮，施黄棘之枉策。」注云：「黄棘，棘刺也。言己願借神光電景飛注往來，施黄棘之刺以爲馬策。言其利用急疾也。」洪云：「懷王二十五年入，與秦昭王盟約於黄棘。其後，爲秦所欺，卒客死於秦。今頃襄信任姦回，將至亡國，是復施行黄棘之枉策也。『黄棘』，地名。」

案：洪以「黄棘」爲地名，其説太巧，且與上下語氣不相貫，殆非也。此「黄棘」自當以王詁爲正，即所謂「王棘」也。儀禮士喪禮云：「決用正，王棘若檡棘。」鄭注云：「王棘與檡棘，善理堅刃者，皆可以爲決。」「世俗謂王棘矺鼠」。「黄」、「王」音近，故通稱。神農本草經云：「黄連，一名王連。」是其例也。黄棘多刺，又策當直，而今反枉，皆言其不足用。注乃以爲「利用急疾」，則正與屈子意相戾矣。

「叛陸離其上下兮，遊驚霧之流波。」注云：「繚隸叛散以别分也。」

案：離騷云：「紛總總其離合兮，斑陸離其上下。」注云：「斑，亂貌。陸離，分散也。言己游觀天下，但見俗人競爲讒佞，僔僔相聚，乍離乍合，上下之義，斑然散亂，而不可知也。」洪校云：「『斑』一作『班』。」此文與彼正同，則「叛」亦當與「斑」通。招魂云：「放敶組纓，班其相紛些。」洪校云：「『班』一作『斑』。」遠遊云：「騎膠葛以雜亂兮，斑漫衍而方行。」七諫自悲云：「駕青龍以馳騖兮，班衍衍之冥冥。」『班』、「斑」錯出，義竝同。

遠遊第五

「左雨師使徑侍兮。」

案：「侍」當作「待」。離騷云：「路脩遠以多艱兮，騰衆車使徑待。」注云：「言崑崙之路險阻艱難，非人所能由，故令衆車先過，使從邪徑以相待也。」此文當與彼同。離騷洪校云：「『待』一作『侍』。」彼別本雖亦與此同，然以注「從邪徑相待」之義覈之，則王本必不作「侍」，明矣。

招魂第九

「巫陽對曰：『掌寱，上帝其難從。若必筮予之，恐後之。』句。謝不能復用。句。巫陽焉乃下招曰。」句。

注云：「謝，去也。巫陽言，如必欲先筮，問求魂魄所在，然後與之，恐後世怠懈，必去卜筮之法，不能復修用，但招之可也。」

案：此文奥衍難通，注説殊不憭。以意求之，「巫陽對曰掌寱」者，蓋言己非卜筮之官，「上帝其難從」，「從」疑當如書洪範「筮從」之「從」，言筮於上帝吉凶難必；「若必筮與之」，或初筮不吉，則當再筮，恐於時太後，魂魄或已離散，則不可復用也，「巫陽焉乃下招」者，正謂帝許其不筮，而即不招。注乃以爲恐不復用卜筮之法，非也。

「軒輬既低。」注云：「軒、輬，皆輕車名也。低，屯也。一曰低，俛也。」

案：九章涉江云：「邸余車兮方林。」注云：「邸，舍也。」洪校云：「邸，一作低。」此「低」與彼「邸」聲義同，蓋謂舍車而稽柱其輈於地。説文車部云：「卻車抵堂爲䡴。」「低」與「抵」義亦同。王釋「邸」爲「舍」，是也。洪謂「邸」無「舍」義，非。而釋「低」爲「屯」，則尚未密合。別説以「低」爲「俛」，尤誤。

「胹莊本作「臑」。鼈炮羔。」注云：「羔，羊子也。或曰：『血鼈炮羔，和牛五藏爲羔臛鶩爲羹者也。』」二字莊本無。洪校云：「一注云：『胹鼈炮羔，和牛五藏臛爲羹者也。』」

案：注「或曰」以下有譌。審校文義，或本正文「羔」蓋作「羹」，注當云：「或曰：『胹鼈炮羹，和牛五藏爲羹臛者也。』」今本「羹」誤涉正文作「羔」，又衍「鶩爲羹」三字，遂不可通。

「晉制犀比，費白日些。」注云：「比，集也。費，光貌也。言晉國工作簙棊箸，比集犀角以爲雕飾，投之皜然如日光也。」

案：王以「犀比」爲「簙箸」，古書未見。攷戰國策趙策説「趙武靈王胡服賜周紹黃金師比」。史記匈奴傳作「黃金胥紕」，集解引徐廣云：「或作『犀〔一〕毗』。」索隱云：「漢書見作『犀毗』。此作『胥』者，犀聲相近。延篤云：『胡革帶鉤。』班固與竇憲書牋云『賜犀比金頭帶』是也。」此「犀比」，

〔一〕「犀」，原本誤作「胥」，據史記集解改。

疑亦指金帶鉤言之，蓋本胡服，武靈效之，遂行於世。以其原本出於趙，故云「晉制」。趙即三晉之一也。「犀比」以黃金爲之，故得「光費白日」矣。「費」、「曊」字同。

大招第十

「直贏在位，近禹麾只」。注云：「贏，餘。禹，聖王，明於知人。麾，舉手也。言忠直之人皆在顯位，復有贏餘賢俊以爲儲副，誠近夏禹指麾取士，一國之人悉進之也。」

案：荀子成相篇云：「禹傅土，平天下，躬親爲民行勞苦。得益、皋陶、橫革、直成爲輔。」「直成」，吕氏春秋求人篇又作「真窺」。此「直贏」疑即「直成」也。「麾」當爲「戲」古字，音近通用。史記項羽本紀「麾下」，正義云：「麾，亦作戲。」「禹麾」，言禹與伏戲也。荀子又云：「文、武之道同伏戲。」語意亦與此略同。注義竝穿鑿，不足據。

哀時命第十四

「孰魁摧之可久兮，願退身而窮處。」注云：「言己爲諛佞所譖，被過魁摧，不可久止，願退我身，處於貧窮而已。」

案：「魁摧」義未詳，竊疑當作「魁堆」。「摧」、「堆」形近而誤。九歎遠逝云：「陵魁堆以蔽視，分雲冥冥而闇前。」注云：「魁堆，高貌。」此亦言高危不可久處，故欲退身而窮處也。莊子齊物論篇云：「山林之畏佳。」釋文云：「『畏』，崔本作『㟪』。李頤云：『畏佳，山阜貌。』」「魁堆」、「畏佳」，聲義同。

九思第十七怨上

「進惡兮九、旬，復顧兮彭、務，擬斯兮二蹤，未知兮所投。」注云：「紂爲九旬之飲而不聽政。」洪校云：「『惡』一作『思』。『進惡』一作『集慕』。莊本正如此。『九旬』一作『仇荀』。『復』一作『退』。」莊本正如此。補注云：「仇、荀，謂仇牧、荀息。」

案：此文當從別本。「惡」作「思」，「九旬」作「仇荀」，即仇牧、荀息，與下句「彭務」爲彭咸、務光正相對。故下文總承之曰二蹤也。「復」當作「復」。「復」、「退」古今字，故一本作「退」。「退」與「進」文亦正相對。以進退無主，故下承之云「未知所投」也。尋文究義，不當如今本，甚明。九思爲王逸自作，注不知何人所補，疑出魏、晉以後，此釋「九旬」爲「紂爲九旬之飲」，蓋所據已是誤本。洪興祖疑注爲叔師子延壽所作，則不宜有此巨謬，殆不然矣。

蔡中郎集 高均儒校刊本。勞格讀書雜識校。羅以智舉正校。

故太尉橋公廟碑

「廷尉郭貞私與公書，非接使銜命之儀。公封書以聞，貞以文章得用鬼薪，句。公離司寇」。

案：此言郭貞以文章得從輕比，罪止鬼薪，公則離刑司寇。蓋即本傳所云：「坐事爲城旦。」漢書刑法志云：「罪人獄已決，完爲城旦舂，滿三歲爲鬼薪白粲。」是城旦重於鬼薪也。漢志又云：「隸臣妾滿二歲，爲司寇。」是漢自有司寇之刑。此碑所云，或即司寇本刑，然本傳云城旦，必有所本。朱公叔謚議云：「前後三黜，一離胥靡。」又貞節先生陳留范史雲碑云：「用受禁錮，君離其罪。」朱議、范碑「離」字，高校竝作「罹」，今從鈔本。竝與此碑「公離司寇」文例相類，可以互證。盧文弨校讀「貞以文章得用」句，「鬼薪公」句，鍾山札記。高、羅諸校竝從之，殊繆。

「復拜太尉如前遜位。」高校云：「『前』，鈔本作『月』，非是。」

案：鈔本是也。此當作「數月遜位」。本傳云：「光和元年，遷太尉。數月，復以疾罷。」是也。「數」與「如」，草書形近而誤。上文「數億已上」，「數」，鈔本亦作「如」，是其證。凡「數」字，鈔本多誤作「如」，見後幽冀二州刺史久缺疏、難夏育上言鮮卑仍犯諸郡、答詔問災異、表賀録换誤上章謝罪諸篇高校語。

朱公叔墳前石碑

「篤棐不忘。」高云：「『篤棐』，鈔本作『謂督』，非是。」

案：鈔本是也。此用左氏僖十二年傳文。外集京兆尹樊德雲銘云：「膺帝休命，謂篤不忘。」「督」作「篤」者，聲同字通。書僞古文微子之命采左傳亦云「曰篤不忘」。

「降茲殘殃。」高云：「『殘』，鈔本作『篤』。」

案：楚辭大招王注云：「篤，病也。」鈔本是。

汝南周巨勝碑

「遯世無悶」。高云：「『遯』，鈔本作『道』，非是。」

案：依鈔本當是「遁」字。「遁」、「遯」字通。易遯，釋文云：「又作『遁』，同。」隸釋漢婁壽碑云：「遁世無悶。」

處士圂叔則銘

「深總麻部纖入藝。」高云：「『入』字下，鈔本有『寘』字，『寘』字下空格，無『藝』字，作『纖入寘』。」羅云：「劉後村詩話續集作『探總麻數，剖纖入冥』。」盧氏文弨校本同。空格當在『麻』字下，蓋脱數字。『深』爲『探』字，『部』爲『剖』字，『寘』爲『冥』字之誤文耳。且是文亦用韻。」勞校同。

案：盧、羅校是也。薦邊文禮書亦云：「心通性達，剖纖入冥。」與此可互證。

漢太尉楊公碑

「其在漢室，赤泉侯佐高，丞相翼宣。」高云：「『侯』，鈔本作『祐』，無『佐』字。」

案：鈔本是也。「祐」當作「佑」。此本作「赤泉佑高，與「丞相翼宣」，文正相儷。彭城姜伯淮碑云：「其裔吕望，佑周克殷。」與此「佑高」義同。姜碑「佑」字，高本亦作「佐」，今從鈔本。

「允執丕貞。」高云：「『允』，鈔本作『凡』。」

案：「凡」疑「允」之誤。後司空文烈侯楊公碑云：「允執國憲。」

文烈侯楊公碑

「譔録所審，言于碑。」高云：「『言』，鈔本作『書』。」

案：「書」字是。

司空文烈侯楊公碑

「命公作廷尉，惟刑之恤，旁施四方惟明，折獄蔽罪于憲之中。」高云：「鈔本無『四方』二字，非是。」

案：鈔本是也。此讀當以「旁施惟明」爲句，即用書「益、稷旁施，象刑惟明」也。此皆四字句，不當增「四方」二字。

琅邪王傅蔡君碑

「規誨之策，日諫于庭。」高云：「『于』，鈔本及他本皆作『王』。」

案：當作「日陳王廷」。

「參佐七德，俾相大藩。」高云：「『大藩』，鈔本作『二蕃』，非是。」

案：鈔本是也。碑云：「遷河閒中尉、琅邪傅。」「傅」上，高據俗本增「王」字，非，今從鈔本。「二蕃」即指河閒、琅邪二國而言也。續漢書百官志云：「王國中尉一人，比千石。」「蕃」、「藩」字通。

劉鎮南碑

「育、賁之勇勢。」高云：「『育』，鈔本作『烏』。」

案：「烏」謂烏獲也。鈔本亦是。

「仁者壽，宜享胡考。」高云：「鈔本無『壽』字。『胡考』，鈔本作『昭耇』，非是。」

案：鈔本是也。此當作「仁者宜享鮐耇」。詩大雅「黃耇台背」，毛傳云：「台背，大老也。」鄭箋云：「耇，凍梨。」「台之言，鮐也；大老則背有鮐文。」爾雅釋詁云：「鮐背、耇老，壽也。」方言云：「鮐，老也。秦、晉之郊，陳、兖之會，曰耇鮐。」郭注云：「言背文如鮐魚。」

「猗歟將軍，膺期挺生。」高云：「『生』，鈔本作『直』，非是。」

案：「生」，依鈔本當作「真」，與下「仁」、「臣」、「軍」協韻。「挺真」，見前列仙傳。

胡公碑

「公旦納于台屋。」高云:「鈔本『台』作『白』。」

案:「白」字是。漢書蕭望之傳云:「非周公相成王,躬吐握之禮,致白屋之意。」

「嘉丕績于九有。」高云:「『丕』,鈔本作『無』,非是。」

案:「無」葢「庶」字之誤。藝文類聚四十六職官部引此碑正作「庶」。

胡公碑

「用補前臣之所闕。」高云:「『補』字下,鈔本有『贅』字。」

案:鈔本是也。「補贅」即「補綴」也。

「彊記同乎富平,周愼逸于博士。」

案:「逸」、「軼」通用。喬本、張本作「過」,義亦通。「博士」疑「博陸」之誤,此以張安世、霍光爲況也。漢書霍光傳云:「小心謹愼,未嘗有過。」又云:「武帝遺詔,封光爲博陸侯。」「陸」,俗寫或省作「六」,校者不悟,復肊改爲「博士」,遂不可通。

「在盈思中。」高云:「『中』,鈔本作『忡』。」

案:「忡」當作「沖」。「中」字誤。外集樽銘云:「盈而不沖,古人所箴。」

太傅祠前銘

「三邦事寧。」高云:「鈔本『事』作『惟』。」

案：「惟寧」與上「機密惟清」文正相儷，鈔本是也。

「作此元輔。」高云：「鈔本『此』作『漢』。」

案：「漢」字是。

太傅安樂鄉侯胡公夫人靈表

「疾𤈦𤈦而日邁，氣微微以長浮。銷精魂以遐翔，曾不可乎援𤲅。」高云：「鈔本作『氣微微以長没消，精魂飄以遐翔』。『𤲅』作『招』。」

案：鈔本惟衍「没」字耳，餘皆是，當從之。「消」與「招」爲韻。

議郎胡公夫人哀讚

「迎棺舊土，同穴此城。」高云：「鈔本『城』作『域』。」

案：「域」字是。

光武濟陽宫碑

「升于中皇。」高云：「『于中』，鈔本作『中于』。」

案：鈔本是也。禮記禮器云：「因名山，以升中於天。」「皇」、「天」義同。

太尉汝南李公碑

「兼動，與神合契，抗流行。」高云：「『動』，鈔本作『洞』，『合』作『契』，『契』作『合』。」勞校云：「文選漢高祖功臣頌注引作：『明略兼洞，與神合契。』」羅同。

案：文選注是也。此「抗流行」句不可通，「抗」上疑當有挩文五字。外集翟先生碑云：「明哲與聖合契，該通五經，兼洞墳籍。」與此文可互證。

「激垢濁以揚清。」高云：「『激』，鈔本作『汰』。」

案：「汰」字是。

陳留索昏庫上里社銘

「永平之世，虞延爲太尉，司徒封公。」高云：「鈔本『封』下空一格。」

案：「封公」二字不可通，「公」字必明人肊補，當闕。似言「封侯」也。

陳留太守胡公碑

「公以手自繫，陳辭謝恩。」高云：「『繫』，張本作『擊』，非是。」

案：「擊」字是。

「其明二十一日，遣吏奉章報謝。」高云：「『吏』，鈔本作『生』，無『報謝』二字。」

案：「生」即門生，鈔本是也。「其明」，「明」疑當爲「月」。

「詔使謁者王謙送葬。」「謁」字各本缺，據羅引顧廣圻校補。高云：「鈔本『謙』字下空格，空格下有『且』字，閒疑有闕文。」羅云：「『謙』下，盧校增『□且』字。」

案：此當作「弔且送葬」。前漢交阯都尉胡府君夫人黃氏神誥云：「天子使中常侍謁者李納弔且送葬。」是其證也。

「敦厚忠恕。」高云：「『厚』，鈔本作『率』。校『遜』。」

案：「率」字是。

京兆樊惠渠頌

「清流浸潤，泥潦浮游。」高云：「『潦』，鈔本作『墳』，非是。」

案：「墳」，疑「埴」之誤。

「乃有樊君，作人父母。」高云：「『樊君』，鈔本作『惠臣』。」

案：當作「惠君」。後云：「貽福惠君，壽考且寧。」可證。

郡掾吏張玄祠堂銘

「損用節財，以贍疏族。」高云：「鈔本無『用節財以』四字，作『損則贍遺，遊疏於族』，非是。」

案：依鈔本，當作：「損財贍遺，施於疏族。」濟北相府君夫人誄云：「敷恩中外，施浹疏族。」「敷」，高本作「推」，今從鈔本。

「掾孫翻以貞固之質。」高云：「『掾孫』二字，鈔本空格。『貞』，鈔本作『頑』，非是。」

案：此文是中郎代翻作，於例不當自譽「貞固」，當從鈔本作「頑固」。「掾」字亦誤，當從鈔本缺。

司徒袁公夫人馬氏碑銘

「朝春政于王室，昭桑繭于蠶宮。」高云：「『政』，鈔本作『正』，『昭桑繭』作『窮霜肅』。」

案：「正」字是。

難夏育上言鮮卑仍犯諸郡

「天設山河，秦築長城，漢起塞垣，所以別内外，異殊俗也。」高云：「鈔本『河』作『慕』，活本作『幕』，竝非是。『内外』，鈔本作『外内』。」

案：活字本是也。「天設山河」當作「天設大幕」。「幕」謂沙漠也。鈔本作「慕」，即「幕」之形誤。下文云「乃欲越幕踰域，度塞出攻」，正承此文而言。「越幕」，即越大幕。「踰域」當作「踰城」，即踰長城。「度塞」，即度塞垣也。「内外」當從鈔本作「外内」。下文「其外其内」，亦即冢此文。

答詔問災異

「又前詔書實核，以主氣勢，爲官者踰時不覺。司隸校尉岑初考彦時，哉取典計教者一人綴之，如玉渚，所戒誡不朝可知。而還移州，釋本問末。」高云：「『主』，鈔本作『王』。『渚』，鈔本作『者』。『朝』，鈔本作『明』。」羅引顧廣圻云：「『哉』當作『裁』。」

案：「以王氣勢」，「王」當作「玉」，即指霍玉也。「渚」，當依鈔本作「者」。「朝」，鈔本作「明」，疑「問」之誤。此文雖有挩誤，大旨蓋言詔書命實核玉罪，而玉氣勢甚盛，司隸校尉岑初考問之時，裁取典計一人籥之，置玉不問，故云「釋本問末也」。「誡不朝可知」，疑當作「誡不問可知」。「考彦」，「彦」字疑當爲「讞」，聲之誤也。

「春秋之義，以貴治賤，遠間親，小加大，引在六逆。」

案：「貴治賤」當作「賤妨貴」。「引」當作「列」。此用左氏隱二年傳文。

「輔位重則上尊。」高云：「『上』，鈔本作『居』。」

案：「居」蓋「君」字之誤。

被收時表

「幷内阬陷。」高云：「『阬陷』，鈔本作『抗瀆』，非是。」

案：當作「阬瀆」。

和熹鄧后謚議

「饔人徹羞。」高云：「『饔』，鈔本作『雍』，非是。」

案：「雍」、「饔」字通。儀禮公食大夫禮、少牢饋食禮竝有「雍人」，鈔本是也。

薦皇甫規表

「自是以來，方外有事，戎狄猾華，進簡前勳，連見委任。」高云：「『華』，鈔本作『夏』。『進』，鈔本作『追』。」

案：鈔本竝是。

薦邊文禮書

「據狐疑之論。」高云：「『據』，鈔本作『處』，非是。」

案：「處」是也。處者，審察平議之謂。國語魯語云：「夫仁者講功，而知者處物。」是也。

「久佐煎熬臠胾之間。」高云：「『佐』，鈔本作『在』，非是。」

案：「在」是。

薦太尉董卓表

「卓聞乘輿已趨河津。」高云：「『已』，鈔本作『化』，非是。」

案：「化」疑「北」之誤。

宗廟迭毁議

「古人考據慎重，不敢私其君父。」高云：「司馬祭祀志注作『古人據正重順』。『慎重』從喬本及張本。徐本倒作『重慎』。鈔本未校正，又脱『考』字。」

案：鈔本與志注正同，但捝「正」字耳。「慎」亦即「順」之誤。

讓高陽侯印綬符策表

「退伏畎畝，復階朝謁。」高云：「『退伏』，鈔本作『恩過』，『朝謁』，鈔本作『宰朝』，非是。」

案：依鈔本，則「退伏」當作「思過」，「宰朝」亦當從鈔本。

「退省金龜紫紱之飾，非臣容體所當服佩。」

案：北堂書鈔一百三十一儀飾部引漢末雜事：「詔賜陳留蔡邕金龜紫紱。邕上表云：『邕退省金龜紫紱之飾，非臣庸體之所能當也。』」即指此文。「容體」當依彼作「庸體」。羅氏舉正以此爲佚文，殊失考。

明堂月令論

「樂記曰：『武王伐殷，薦俘馘于京太室。』」羅引惠氏棟云：「今樂記無此文，當在河間獻王所獻之二十一篇中。」又據呂氏春秋古樂篇有其文，以爲即河閒樂記無疑。

案：呂覽古樂篇云：「武王伐殷歸，乃薦俘馘于京太室，乃命周公爲作大武。」以樂記孔疏所載樂記二十一篇舊目校之，疑是樂作篇文。

「顓頊麻衡曰。」高云：「『衡』，鈔本譌作『衛』。」

案：惠棟云：「『衡』，疑作『術』。」易漢學。鈔本「衛」即「術」之誤。

月令問答

「以驚蟄爲立春中，雨水爲二月節，皆三統法也。」高云：「『法』，鈔本作『設』，非是。」

案：「設」疑「說」之誤。

「聊以應閒，高本誤「問」，羅引顧校從鈔本正，是也。此與張衡「應閒」義同。亦有說而已。」

案：「亦」當爲「示」之誤。

外紀上漢書十志疏

「常以爲漢書十志下盡王莽而止，世祖以來，雖有紀傳，無續志者。」高云：「鈔本無『止』字，非是。『雖』，鈔本作『唯』。」

案：鈔本竝是。

「輒先顛踣，謹條諸志。」高云：「『輒』，鈔本作『謹』，非是。『謹』，鈔本作『科』。」

案：鈔本竝是。

釋誨

「夫世臣閥子督御之族。」高云：「『閥』，范書傳及鈔本作『門』。」

案：作「門」是。「門子」見周禮小宗伯職，亦見正集明堂月令論。

外集銘論

「殷湯有甘誓之勒。」

案：「甘誓」夏書，與湯不相涉。疑當作「日新」，即用大學盤銘文。

琴操 孫星衍校刊本。

將歸操

「趙簡子循執玉帛以聘孔子。」

案：「『循執』，疑當作『脩摯』。」

履霜操

「吉甫更娶後妻，生子曰伯邦。」

案：「邦」、「封」古音近字通。御覽羽族部引陳思王貪惡鳥論云：「昔尹吉甫信後妻之讒，而殺孝子伯奇。其弟伯封求而不得，作黍離之詩。」又人事部引韓詩内傳云：「黍離，伯封作也。」中郎蓋本韓詩說。

箕山操

「日月運照，靡不記睹。」

案：「記」與「誋」通。淮南子繆稱訓云：「目之精者，可以消釋，而不可以照誋。」鹽鐵論相刺篇云：「天設三光以照記。」「照記」猶「昭誋」也。

文王受命

「與我之業，望來羊兮。」

案：「與」當作「興」，「羊」當作「翔」。此謂望鳳皇之來也。史記武帝紀云：「鳳皇來翔。」

儀鳳歌

「鳳皇來兮百獸晨。」

案：「晨」當爲「震」，與「振」通，謂振奮而舞也。

龍蛇歌

「龍蛇俱行，身辨山墅。」

案：「辨」、「徧」通。廣雅釋詁云：「辨，徧也。」

信立退怨歌

「去封立信，守休芸兮。」

案：「封」亦與「邦」通。「休」當爲「㭘」之借字。說文蓐部云：「薅，拔去〔一〕田艸，或从休。詩曰：『既㭘荼蓼。』」說苑政理篇云：「田畝荒穢而不休。」亦以「休」爲「㭘」，與此同。

三士窮

「三士窮者，其思革子之所作也。」

案：「其思」即「期思」也。漢書地理志汝南郡期思，顏注云：「故蔣國。」廣韻七之「期」字注云：「又姓。」風俗通有期思國。

文心雕龍

黄叔琳注本。紀昀評本。黄丕烈校元至正刊本。傳録馮舒、顧廣圻校本。

徵聖第二

「文章昭晣以象離。」元本「晣」作「哲」。馮鈔本、汪一元本、活字本竝同。

案：說文日部云：「昭晢，明也。」「晢」或作「晣」，「晣」即「晣」之譌體。此書多作「哲」者，用通借字也。易大有九四象云：「明辯晢也。」釋文云：「晢，又作哲。」易乾鑿度云：「虛無感動，清淨炤哲。」「炤哲」亦即「昭晣」也。後正緯、明詩、總術三篇「昭」、「晣」字，元本、馮鈔本亦竝作「哲」，今本皆譌。彥和用經語多從別本，如前原道篇「幽讚神明」，亦本易釋文或本，元本如是。黄注本作「贊」。顧校據易釋文正之。

〔一〕「拔去」原本作「披」，據說文改。

與此可互證。

正緯第四

「僞既倍摘則義異自明。」黃注云：「『倍』疑作『掊』。」紀云：「疑作『備摘』。」

案：上文云：「今經正緯奇，倍擿千里。」「倍摘」即「倍擿」，字竝與「適」通。方言云：「適，牾也。」廣雅釋詁同。郭注云：「相觸迕也。」「倍適」猶言「背迕」也。紀校上「倍擿」云：「擿疑作適。『倍適』猶曰『背馳』。」案：紀以「倍」爲「背」，得之。而釋「適」爲「馳」，則亦未允。黃、紀說竝失之。

祝盟第十

「舜之祠田曰：『荷此長耜，耕彼南畝。』四海俱有利民之志，頗形於言矣。」顧校云：「困學紀聞引尸子曰：『舜兼愛百姓，務利天下，其田也，荷彼耒耜，耕彼南畝，與四海俱有其利。』」

案：尸子文見御覽八十一，「其田也」作「其田歷山也」，無「祠田」之文，今無可攷。

誄碑第十二

「揚雄之誄元后，文實煩穢沙麓，撮其要而摯疑成篇。安有累德述尊，而闊略四句乎？」注云：「『摯疑成篇』有脫誤。」

案：此謂揚雄作元后誄。漢書元后傳僅撮舉四句，非其全篇也。「摯疑成篇」，「摯」當即摯虞，蓋揚文全篇，虞偶未見，撰文章流別，遂疑全篇止此四句，故彥和難以「累德述尊」，必不如此「闊略」也。文無挩誤。摯虞撰文章流別集見晉書本傳。本書頌讚、序志兩篇，竝云：「仲洽流別。」

諸子第十七

「篇述者，蓋上古遺語，而戰伐所紀者也。」元本作「戰代」。馮本、活字本竝同。紀云：「『戰伐』當作『戰國』。」

案：元本是也。銘箴、養氣、才略三篇，竝有「戰代」之文，紀校非。

「陸賈典語。」

案：「典」當作「新」。新語十二篇，今書具存。史記賈本傳及正義引七録竝同，皆不云「典語」。隋書經籍志儒家云：「梁有典語十卷，吴中夏督陸景撰。」亦見馬總意林。與陸賈書别。彦和葢偶誤記也。

論説第十八

「仲宣之去代。」

案：「代」當作「伐」，形近而誤。隋書經籍志儒家：「梁有去伐論集三卷，王粲撰。」即此去伐。言去矜伐。藝文類聚二十三引袁宏去伐論，仲宣論意，當與彼同。

「太初之本玄。」注云：「魏志夏侯玄字太初。注玄嘗著樂毅、張良及本無、肉刑論。按：『本玄』、『本無』，未知孰是。」

案：本玄論，張溥輯，太初集已佚。攷列子仲尼篇張注引夏侯玄曰：「天地以自然運，聖人以自然用。自然者，道也。道本無名，故老氏曰『彊爲之名』，仲尼稱堯『蕩蕩无能名焉』云云。」與「本無」

之義正合，疑即本無論之文。「無」、「无」，「玄」、「元」，傳寫貿亂，遂成岐互爾。

「平叔之二論。」注云：「魏志何晏好老、莊言，作道德論。」

案：隨書經籍志道家：「梁有老子道德論二卷。」何晏撰世説文學篇云：「何平叔注老子始成，詣王輔嗣，見王注精奇，因以所注爲道德二論。」是「二論」即道德論，顯較無疑。攷晏有無爲論，見晉書王衍傳，又有無名論，見列子仲尼篇注。天瑞篇注又引何晏道論，竝舉其總名。「無爲」、「無名」，皆道德經語。殆即二論之細目與？

詔策第十九

「孝宣璽書，賜太守陳遂。」注云：「『賜太守』元作『責博士』。攷漢書改。汪本作『責博進陳遂』。」馮校云：「『賜太守』，元版作『責博士』，梅鼎祚所改也，當作『責博進』。」紀云：「當作『償博進』，改爲『賜太守』，似非。」

案：疑當作「責博于陳遂」。此陳遂負博進，璽書責其償，漢書所載甚明。元本惟「于」字譌作「士」，「責博」二字則不誤。梅、黄固妄改，紀校亦誤讀漢書，皆不足馮也。

「詩云『有命在天』，明爲重也；周禮曰師氏詔王，爲輕命。今詔重而命輕者，古今之變也。」注云：「按：周官師氏職無此文。」

案：此據師氏職有「掌以媺詔王」之文，明以臣詔君，爲詔輕於命，非謂周禮有爲輕命之文也。黄注繆。

檄移第二十贊

「三驅弛剛。」紀云：「『剛』疑作『綱』。」

案：當作「弛網」。「網」譌「綱」，三寫成「剛」，遂不可通。呂氏春秋異用篇說「湯解網，令去三面，舍一面」，與易比九五「三驅失前禽」之文偶合，故彥和兼用之。

「惟壓鯨鯢，抵落蜂蠆。」

案：「惟壓」義不可通。「惟」，黃校元本、馮本、汪本、活字本竝作「摧」，是也。當據正。

奏啟第二十三贊

「皁飭司直，肅清風禁。」

案：「飭」疑當作「袀」。續漢書輿服志云：「宗廟皆服袀玄。」劉注云：「獨斷曰：『袀，紺繒也。』」吳都賦曰：「袀，皁服。」「皁袀」即「袀玄」也。

神思第二十六

「淮南崇朝而賦騷。」

案：高誘淮南子序云：「詔使爲離騷賦，自旦受詔，日早食已上。」即彥和所本也。漢書本傳云：「武帝使爲離騷傳。」班固楚辭序說同。王逸楚辭序又云：「作離騷經章句。」竝與淮南序不同。傳及章句非崇朝所能成，疑高說得之。

聲律第三十三

「若長風之過籟，南郭之吹竽耳。」「南」，元本、汪本、活字本、馮本並作「東」。注云：「元作『東』，葉循父改。」紀云：「東郭吹竽，其事未詳。若南郭濫竽，則於義無取，殆必不然。」

案：葉校作「南」，據韓非子内儲説上七術篇改也。今檢新論審名篇云：「東郭吹竽，而不知音。」袁孝政注亦以齊宣王東郭處士事爲釋。則「南郭」古書自有作「東郭」者，不必定依韓子也。但濫竽事終與文意不相應耳。

比興第三十六

「枚乘菟園云：『猋猋紛紛，若塵埃之間白雲。』」

案：枚賦見古文苑，「猋猋」作「疾疾」，誤，當據此正之。

夸飾第三十七

「論狹則河不容舠。」

案：詩衛風河廣「曾不容刀」，釋文云：「『刀』，字書作『舠』。」廣雅釋器及釋名釋舟並作「舠」，同。彥和依字書作「舠」〔一〕。説文舟部云：「舠，船行不安也。从舟，刖省聲，讀若抈。」與詩「容刀」字音義俱别。

練字第三十九

「子思弟子『於穆不祀』者，音訛之異也。」

〔一〕「舠」字原本無，今補。

案：「祀」當作「似」。詩周頌「維天之命，於穆不已」，毛傳引孟仲子說。正義引鄭譜云：「孟仲子者，子思弟子。」又云：「子思論詩『於穆不已』，仲子曰『於穆不似』。」即彥和所本也。今所傳歐陽修輯本鄭譜，殘闕，無此二文。

才略第四十七

「漢室陸賈，首發奇采，賦孟春而選典誥，其辯之富矣。」

案：「賦孟春」，蓋漢藝文志「陸賈賦三篇」之一。「選典誥」當作「進典語」。諸子篇云：「陸賈典語。」竝誤以「新語」爲「典語」也。史記陸賈傳：「凡著十二篇。每奏一篇，高帝未嘗不稱善，號其書以『新語』。」「進」即謂「奏進」也。「進」、「選」，「語」、「誥」，皆形近而誤。

附録

札迻正誤

胡懷琛

校訂先秦諸子之書，以清儒爲盛，清儒中，以高郵王氏念孫爲精，王氏而後，則推俞曲園樾、孫仲容詒讓矣，然亦不免有一二可商兑處。王氏之讀書雜誌，余嘗細讀數過，偶有所見，曾草正誤七十餘條。今讀孫氏札迻，又得正誤十二條，録而存之，以備觀覽，兼以求正於通人。夫豈敢專攻古人之短，然亦不敢一味盲從古人。語云：「智者千慮，必有一失；愚者千慮，必有一得。」一失不可掩飾，一得亦不可抹煞，然智者自智，愚者自愚，愚者終無損於智者也。寄塵自識。

「甲堅士選，器飽弩勁。」吴越春秋夫差内傳。

孫詒讓云：「『器』不可以言『飽』，『飽』當爲『飭』，形近而誤。」

此言非也。説文㗊部：「器，皿也。」皿部：「皿，飯食之用器也。」木部：「有所盛曰器，無所盛曰械〔一〕。」器字後雖以爲一切器具之通稱，初則僅謂飯食之用器。吴越春秋言「器飽」，乃足食之意。

〔一〕案：説文木部械字下曰：「有盛爲械，無盛爲器。」此處引文當有誤。

糧餉爲兵家一重要事件，故以「器飽」與「弩勁」並稱。若從孫説，「器飭」已可括「弩勁」，何必再言之哉！

「大成若缺，其用不弊。大盈若沖，其用不窮。大直若屈，大巧若拙，大辯若訥。」老子。

孫詒讓云：「傅奕校本『屈』作『詘』。韓詩外傳九引老子『屈』亦作『詘』，與傅本正同。『大巧若拙』句，在『大辯若訥』下，下又有『其用不屈』四字，以上文『其用不弊』、『其用不窮』二句例之，則有者是也。韓所據者，猶是先秦、西漢古本，故獨完備。魏、晉以後本，皆挩此句矣。」

此言未必然。此節應作：「大成若缺，其用不詘。大盈若沖，其用不窮。大直若屈，大巧若拙，大辯若訥。」蓋「沖」、「窮」爲韻，而「缺」、「弊」不協韻，故知「弊」應作「詘」。「缺」、「詘」始協韻。韓詩外傳所引多一句，實衍文也，似不應有。加此一句，則句法亦不一例，反不及無此句爲佳。「屈」、「詘」本可通，然「詘」字意義較廣，承上文「大成若缺」而言，則「屈」字與「缺」字不相應，故知爲「詘」。上文既有「詘」，故知「大直若屈」句，「屈」字不誤也。傅校韓引及通行本第三句作「不弊」，均疑誤。孫言非也。

「塞其兑，閉其門。」老子。

河上公注：「兑，目也，目不妄視也。」孫詒讓云：「『兑』當讀爲『隧』，二字古通用。襄二十三年左傳『杞殖、華還載甲夜入且于之隧』，禮記檀弓鄭注引之云『隧或爲兑』，晏子春秋内篇問下篇又作『兹於兑』，是其證也。廣雅釋室云：『隧，道也。』左傳文元年杜注云：『隧，徑也。』『塞其兑』，亦謂塞其道徑也。」

按：「兑」本爲卦名，後借卦爲指物之字。兑爲口字，易説卦所謂「乾爲首，坤爲腹，震爲足，巽爲股，坎爲耳，離爲目，艮爲手，兑爲口」是也，故此處兑字可作口字解。「塞其兑」者，塞其口也。河上公解兑爲目，亦非無故，蓋兑爲口，而口作洞形，故凡孔洞皆可謂之兑。淮南子道應訓：「王若欲久持之，則塞民於兑。」高誘注：「兑，耳目口鼻也。老子曰『塞其兑』是也。」高誘以耳目口鼻皆謂之兑，河上公任取其一，釋兑爲目，雖未確當，然亦非無據。孫詒讓謂兑爲隧，亦通。隧，地道也，左傳「隧而相見」是也。地道之入口處，必有孔洞，所謂兑者，指入口處之孔洞而言也。然兑字之本訓爲口，故解「塞其兑」爲塞其口，最爲簡明。

「行乎无路，遊乎无怠，出乎无門。」文子精誠。

孫詒讓云：「『無怠』與上下文不協。符言篇亦云：『行於無怠。』彼文出淮南子詮言訓，本作『行無迹』。此二篇『怠』字，疑並當爲『迹』。『迹』、『怠』二字草書相近而誤。」

此言非也。淮南子「行無迹」，出於老子「善行無轍迹」，言無迹者皆曰行，今曰「遊乎无跡」，似未確，其可疑者一也。「遊乎无迹」與上文「行乎无路」之意無別，其可疑者二也。「迹」與上下文之「路」與「門」不協，其可疑者三也。今疑「怠」當作「臺」，臺爲遊觀之所，老子「如登春臺」是也，故曰「遊乎无臺」。傳寫依俗書作「台」，後又誤爲「怠」，遂不可解。至於符言篇「行於无怠」句，待訂。

「故羽翼善者傷其骸骨，枝葉茂者害其根荄，能兩美者，天下無之。」文子符言。

孫詒讓云：「『骸骨』當作『骨骸』，與『荄』、『之』協韻。淮南子詮言訓正作『骨骸』可證。」

此言非也。「羽翼」、「枝葉」兩句爲偶語，偶語不協韻者爲多，不必强謂與「荄」協韻也。

「忠言於不忠，義生於不義。」鄧析子無厚篇。

孫詒讓云：「二句文例同，『言』疑亦當爲『生』。」

此言非也。「言」何以誤爲「生」，孫氏未明言，且兩句同作「生」字讀之，殊不順。按：「言」當爲「原」，因同音而誤。

「風俗之美，男女自不取於途，而百姓羞拾遺。」荀子正論篇。

孫詒讓云：「『取』當讀爲『聚』，古字通用。易萃『聚以正』，釋文：『聚，荀本作取。』『男女不聚於途』，即謂異路而行也。」

此言未必然。不異途而行者，亦未必爲聚。「取」字疑當爲「娶」，古字通用。「不娶於途」，猶言不以道路相逢，一言偶合而即嫁娶也。

「人之有胞，猶木實之有扶也。」論衡四諱篇。

孫詒讓云：「『扶』當爲『核』，形近而誤。下文『扶殼』同。」

此言非也。以木實之有核，比人之有胞，殊覺不倫。「扶」當作「拊」，此字說文作「柎」，段注引詩「鄂不韡韡」，箋云：「承華者曰鄂（今通作萼），『不』當作『柎』。柎，鄂足也。古聲『不』、『柎』同。」又引郭璞言「江東呼草木子房爲柎。草木子房，如石榴子房、蓮房之類，與花下鄂一理也」。而此字在廣韻作「楄」，亦謂爲草木子房。是故或作「拊」，或作「柎」，或作「不」，均可。論衡作「扶」，以聲似而誤也。以草木之子房比人之胞，甚確切。孫詒讓以爲當作「核」，非也。

「齊有三鄒衍之書。」論衡案書篇。

孫詒讓云：「『三鄒衍』當作『三鄒子』，史記孟子荀卿傳説『齊有三騶子』（「騶」、「鄒」字通），衍其一也。」

此言非也。史記孟荀傳稱三騶子曰忌、曰奭、曰衍，三騶中以衍爲最著，所謂「談天衍」也。於騶奭亦嘗言其「著書言治亂之事，以干王侯」，所謂「彫龍奭」也。至如騶忌，則但言其「以鼓琴干威王」，是忌無書。今如詒讓言，作齊有三鄒子之書，是與事實不合。按：論衡原文不誤，當讀作「齊有三鄒〔一〕，衍之書」。下文所言，皆指衍之書也。詒讓偶誤斷句耳。

「夫大山失火，灌以壅水。」論衡順鼓篇。

孫詒讓云：「『壅』當爲『罋』，形聲之誤。下同。」

按：「壅」、「罋」可通，不必是誤，蓋从土或从缶可任意書之，如「壚」、「罏」是也。論衡多别體字，此其一耳。

「東方朔曰：『目不在面而在於足，救昧不給，能何見乎？』」論衡狀留篇。

〔一〕「鄒」下原有「句」字注，今加標號，故删去。

孫詒讓云：「『眛』當爲『眯』，形近而誤。説文目部云：『眯，艸入目中也。』」按：「眛」本訓爲「昏」，原文不誤，何必改作「眯」？况艸入目中曰眯，目在足，自不能多見，何必待草入目乎？入目者也，何必艸乎？

「禹貢、山海經言日有十。」論衡説日篇。

孫詒讓云：「禹貢無十日之文，『貢』當作『益』。別通篇云：『禹、益以所聞見作山海經。』此下文亦云：『禹、益見之，不能知其爲日也。』又云：『當禹、益見之，若斗筐之狀。』又云：『禹、益所見，意是日非日也。』又云：『且禹、益見十日之時，終不以夜，猶以晝也。』皆其證。」按：禹貢誠無十日之文，然禹貢曾言暘谷，山海經作湯谷，即十日並出處，是禹貢雖未明言十日，實與山海經同言湯谷。論衡原文混言十日，語固疏略，而孫詒讓謂禹貢當作「禹、益」，亦非是。蓋山海經之上，何必冠以禹、益之名？詒讓所引禹、益二字連用之文，皆與此無涉，不足爲證。

跋

清代樸學，始於吾皖戴氏東原，傳之江蘇，爲高郵王氏念孫父子，流風所播，至于浙江德清俞氏曲園、瑞安孫氏仲容，皆爲皖學之一脈。至餘杭章氏太炎，遂結此派學術之終。蓋學術亦有生之物，一産生於外部之結婚，一産生於内部之反動。佛學入中國，儒學與之結婚，遂産生宋人之思想。思想空疎之弊，極於明末，至清而反動，遂産生乾、嘉之樸學。西方學術輸入中國，各自爲家，未能結婚，王氏靜安鑽穴踰牆，遂開學術一線之新路。寄塵喜深刻之思，中年以後，從事舊學，對于清乾、嘉時代樸學派之著作頗有正誤之作。茲札迻正誤十二條，雖未確能正仲容之誤，然不可謂不容學術界有此工作也。寄塵無外來學術與之結婚，或可云由於內部之反動。清乾、嘉學者反動之成功，一方面揭櫫東漢以爲幟，一方面致力於文字聲韻訓詁以植其基。寄塵以心爲師，而又根基未固，宜乎所成就只此，不過衡動之微末耳。易曰：「窮則變，變則通，通則久。」清乾、嘉學者所走之路，至今窮矣。即以立於考據學範圍以內而言，亦當以實物考證，如西方之考古學。章氏太炎不信甲骨中之古文，深信說文解字中之古文，所以結此派學術之終。王氏靜安以甲骨文證史，所以開學術一綫之新路。使寄塵不爲衣食所困，而又天假之年，成就當有可觀。余雖以整理中國學術自企，而塵事卒卒，一無成就。今又半身偏廢，多病餘生，來日殊未可必。寄塵已矣，此正誤雖不足重，後之覽者，對於中國學術，或亦有所感於其心也。

民國二十九年七月，樸安記。